Huellas del Sufismo en el

LIBRO DE BUEN AMOR
del
Arcipreste de Hita

Rita Sturam Wirkala, PhD

Huellas del Sufismo en el *LIBRO DE BUEN AMOR* *del* *Arcipreste de Hita*

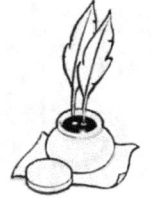

All Bilingual Press

© **del texto:** Rita Wirkala, 2020

© **de esta edición:** All Bilingual Press, 2020

Todos los derechos reservados. Queda prohibida cualquier forma de reproducción, distribución, comunicación pública y trasformación de esta obra sin contar con autorización de los titulares de la propiedad intelectual. La infracción de los derechos mencionados puede ser constitutiva de delito contra la propiedad intelectual.

Impreso en U.S.A.

Seattle, WA, U.S.A.
www.allbilingual.com

ISBN 13: 978-0-9998041-8-6

Otras obras de la autora

Novelas

El Encuentro- Ed. Pearson, Madrid, 2011 (Premiada en el International Latino Book Award, 2011)

The Encounter – All Bilingual Press, Seattle, 2014 (Premiada en el Books into Movies Award, 2014)

Las aguas del Kalahari- All Bilingual Press, Seattle, 2018 (Premiada en el International Latino Book Award, 2019)

Novelas juveniles

Tarsiana, All Bilingual Press, (Bilingüe español-inglés), 2011

Tales for "The Dreamer"- Hoopoe Books, Los Altos, 2018

Cuentos para "El Soñador" – All Bilingual Press, Seattle, 2019

Crónicas y Cuentos

Los huesitos de mamá y otros relatos, Ed. Laborde, Argentina, 2018

Poesía infantil y juvenil

Mis primeros poemas, ABP, 2014

Poemas para chicos y grandes, ABP, Vol. 1, 2013

Poemas para chicos y grandes, ABP, Vol. 2, 2015

Ensayos

La magia de la palabra. *Guía para la escritura creativa en español,* All Bilingual Press, Vol. 1, 2020

Fasta que el libro entienda,

dél bien non digas ni mal

Ca tú entenderás uno

e el libro dize ál

Diseño de la portada

El Mulá Nasrudín

Elwin Wirkala

A mi esposo Elwin Wirkala, por su amor y apoyo,

y por el compartido amor a las letras que nos unió

por más de cuatro décadas y nos sigue deleitando.

ÍNDICE

Prólogo de Joseph T. Snow 1
Notas de la autora a la presente edición 9

Capítulo 1: La perspectiva histórico-cultural 5

1.1 Breve reseña de la crítica 17
1.2 A favor del mudejarismo del LBA 27
1.3 Algo más sobre una lectura mudéjar 36
1.4 Un origen extraño para un extraño libro 41
1.5 Una lectura sufí del tema y la técnica ruiciana 53

Capítulo 2: El misticismo islámico: su presencia en España y en el *LBA* 61

2.1 Sufíes medievales y su influencia en España 75
2.2 Los sufíes hispanomusulmanes 81
2.3 Los sufíes hebreo-españoles y la cábala 93
2.4 Sufismo en el ámbito cristiano 100
2.5 Goliardos, derviches, arlequines y bufones 104
2.6 Pensamiento y práctica dentro del sufismo 116

Capítulo 3: El método indirecto, I 121

3.1 Didáctica vs. entretenimiento, una falsa dicotomía 121
3.2 Antecedentes 152

Capítulo 4: El método indirecto, II 175

4.1 Las técnicas de trabajo y la polaridad mental 175
4.2 Una nueva lectura de las *Maqāmāt* 214

Capítulo 5: Buen Amor, Loco Amor 239

5.1 La Diosa Universal: Venus, la Virgen María y la dama... 240
    del Arcipreste
5.2 La doble lectura de la poesía amorosa 246
5.3 El amor cortés, la poesía *udhri* y mística 262
5.4 El amor del Arcipreste 273
5.5 Una única aventura 303
5.6 Un acercamiento final. Amor vs. idolatría 305

Capítulo 6: El mundo, los astros y el Plan Divino 313

6.1 El carácter efímero del mundo
6.2 La búsqueda del Arcipreste. Voluntad y Destino 317

Consideraciones finales 331

Agradecimientos 337

Bibliografía selecta 338

Prólogo

Este libro de Rita Wirkala sobre huellas del sufismo en el *Libro de buen amor* (desde ahora *LBA*) promete un más profundo entendimiento del plan del libro, su estructura y sus fuentes. El enfoque de su estudio es una constante comparación de los más destacados aspectos de la literatura sufí con lo que intentó hacer Juan Ruiz en las varias "ediciones" de su libro. A lo largo de este estudio, iremos viendo en el texto ruiciano huellas sufíes que, por razones que hace muy claras la autora, se entrelazan con otras fuentes más conocidas de las 1728 estrofas del libro.

En la introducción a su edición del *LBA*, G.B. Gybbon-Monypenny menciona varias posibles influencias árabes: (a) las *Maqámat* hispano-hebreas (p. 9);[1] (b) las traducciones del árabe de obras científicas y filosóficas que circulaban en los siglos XIII y XIV (p.14); (c) la tradición oriental de la historia ficticia que funciona como marco de una colección de cuentos y refranes, citando el *Kalilah-wa-Dimna* (y su precursor el *Panchatantra*), y el *Sintipas (Sendebar)* (p. 21); (d) la introducción al occidente del concepto de la fisionomía como indicadora del carácter de una persona, gracias a, nuevamente, traducciones árabes tales como el *Secreto Secretorum* o el enciclopédico *Speculum Naturale* de Vicente de Beauvais (p. 35); (e) la literatura sapiencial, de innegable origen oriental (p. 39); (f)

---

[1] Sin embargo, Rita Wirkala es convincente cuando demuestra, en el capítulo 4, que las *Maqámat* árabes tienen más que ver con el tono y contenido del *LBA* que las hispano-hebreas.

los poemas de amor refinado de los poetas árabes Udhri;[2] y (g) otros aspectos culturales tales como describir a la mujer con "las encías bermejas" y "los sobacos húmedos" (*LBA* 434c y 445ª, respectivamente) lo que refleja asimismo gustos árabes (p. 47). Pero no menciona Gybbon-Monypenny en esas páginas la palabra "Sufi" (o "sufismo").[3] Es en este nuevo estudio de Rita Wirkala donde vamos a aprender que las influencias de la cultura árabe oriental en la obra de Juan Ruiz incluyen la literatura y filosofía de los sabios del sufismo, y que la estructura misma del libro se asemeja al diseño de las obras sufíes.

En el *LBA* hay mínimas referencias explícitas a cosas árabes. Después de la muerte de Doña Garoça, que era el único 'amor limpio' que vivió el arcipreste protagonista[4] y solo por dos meses, la alcahueta le busca una mora (est. 1508-1512). Esta lo rechaza (no quiere ninguna unión con el "que es de Alcalá" (1510a)[5], y Juan Ruiz interrumpe el hilo de la narrativa en una digresión abrupta con estas estrofas:

---

[2] Ver el capítulo 5 de este libro sobre los poemas Udhri.

[3] *Arcipreste de Hita. Libro de buen amor*, ed. G.B. Gybbon-Monypenny, Clásicos Castalia 162, Madrid, Castalia, 1988.

[4] Juan Ruiz pone uno de sus temas centrales aquí en boca del arcipreste: "En *locura del mundo* [Garoça] nunca se trabajava. / Para *tales amores* non son las rreligiosas; / para rrogar a Dios, con obras piadosas; / que *para amor del mundo mucho con peligrosas* (est. 1504d, 1505abc, énfasis añadido).

[5] La conversación con la mora se lleva a cabo en castellano; sin embargo, la mora, entendiendo perfectamente la intención de Trotaconventos, se niega a caer en su trampa, contestando siempre con palabras en árabe.

> *Después fiz muchas cantigas de dança e troteras.* 1513
> *para judías e moras e para entendederas;*
> *para en instrumentos de comunales maneras;*
> *el cantar que non sabes, oy lo a cantaderas.*

Aquí nos enteramos de dos talentos del protagonista de los que antes no teníamos conocimiento: el arcipreste compone música y toca instrumentos árabes. Y es al final de esta digresión cuando nos enteramos de que Trotaconventos "ya non anda nin trota" (1518d).

Las referencias a "moras" en estas estrofas separan las dos muertes que alteran la dirección de la trama del *LBA*: la de Doña Garoça y la de Trotaconventos. Todo esto le permite a Juan Ruiz agregar a sus múltiples secuencias de "cuentos y refranes" el planto a la memoria de la medianera—maldiciendo la muerte[6] (est.1520-1575)—y un breve epitafio que escribe para su sepultura (est. 1576-1578). Hay indicaciones de que en este epitafio estamos ante el tratamiento de la alcahueta como una fusión del loco amor y de buen amor en estos versos:

> *Çierto en Paraíso estás tú assentada:* 1570
> *con dos mártires deves estar acompañada;*
> *siempre en este mundo fuste por dos martiriada.*
> *¿Quién te me rrebató, vieja por mí lazrada?*

El elogio que hace el arcipreste protagonista de su medianera, su "leal verdadera" (1569a), contrasta con la

---

[6] Esta diatriba en contra de la Muerte personificada podría haber sido compuesta en otro momento y agregada al *Libro* más tarde por Juan Ruiz, aprovechando el fallecimiento de Trotaconventos. Nótese que el planto de Pleberio al final de *Celestina* tiene varias reminiscencias del planto del arcipreste.

figura de la vieja pecadora que presenta el "yo" autor (Juan Ruiz) a su público lector.

Estas abruptas introducciones de nuevos temas, estos cambios de perspectivas y contrastes constantes son algunos de los tantos ejemplos donde vemos la similitud en estructura entre el libro y la literatura sufí. Según las comparaciones que lleva a cabo Wirkala en su estudio, se trata de estrategias literarias que tienen como objetivo abrir las mentes de sus lectores y oyentes.

Otro ejemplo de viraje y sorpresa se ve en la elección del siguiente mensajero, Don Furón, cuyos valores son diametralmente opuestos a los adjudicados a Trotaconventos:

> *Hurón avía por nonbre., apostado doncel;*   1619c
> *si non por quatorze cosas, nunca vi mejor que él.*
>
> *Era mintroso, bebdo, ladrón e mesturero,*   1620
> *thafur, peleador, goloso, rrefertero,*
> *rreñidor e adevino, suzio e agorero,*
> *nesçio, pereçoso, tal es mi escudero.*

Que el arcipreste haya escogido tal "escudero" como medianero, con exactamente catorce características negativas, resulta en un contraste estridente comparado con la "mensajera fiel" (1619a) alabada por Don Amor (est. 437-442) y Doña Venus (est. 645). De nuevo, Juan Ruiz emplea los opuestos como estrategia de choque. Y es esta técnica la que Juan Ruiz comparte plenamente con los autores sufíes, que interrumpe el pensamiento linear del lector, desafiando el automatismo y las creencias doctrinales y subrayando la creatividad y la intuición.

Otra técnica es la presentación de múltiples posibilidades de interpretación, ejemplificada en el debate entre los griegos y los romanos (est. 44-63) o los conflictivos augurios de los cinco astrólogos del rey Alcaraz (est. 123-151)][7], lo que postula que siempre—según el punto de vista—hay dos o más verdades. A esto podemos agregar la constante inversión de valores, tan evidente en las aventuras con las cuatro serranas (est. 950-1042).

Para descentrar y luego acercar a los oyente-lectores a una nueva comprensión del mundo en que viven, tanto los sufíes como Juan Ruiz recurren a sorpresas, inversiones, digresiones y discontinuidades, tales como las arriba comentadas, así como al uso de fábulas y cuentos bruscos con humor, técnicas estas que permean todo el texto ruciano. El vaivén entre el loco amor y buen amor, entre Venus y la Virgen María, entre lo sagrado y lo erótico, al estilo del bíblico Cantar de los Cantares, la oposición de lo literal a lo figurativo, la ambivalencia, la paradoja y otras ambigüedades intencionales, son todos recursos esenciales a un método de enseñar distinto, cuyo objetivo es quitar el velo que oscurece la visión de las dobles verdades y así facilitar el abandono del pensamiento linear, las obsesiones, las creencias doctrinales, y combatir la rigidez mental.

La autora demuestra que esta variedad de estrategias, perspectivas distintas y tonos discordes de Juan Ruiz

---

[7] Al final del primero de los ejemplos, leemos de Juan Ruiz: "La burla que oyeres, no la tengas en vil, / la manera del libro, entiende la sotil" (65ab); y después de la segunda: "Non son por todo aquesto *los strelleros mintrosos*, / que judgan según natura, por *sus cuentos fermosos*; / *ellos e la çiençia son çiertos* e non dubdosos, / mas *non pueden contra Dios ir*, ni son poderosos" (énfasis añadido: 150abcd).

reflejan las prácticas literarias dispersas a lo largo de la obra de poetas como Rumi y otros sufíes.

En su exploración de los Maqámat árabes (en particular las de Al Hariri y Al Hamadhani en el capítulo 4), Wirkala nos revela la existencia de un escenario en común con el que inventa Juan Ruiz. Como en estos encuentros ("maqamat"), los del arcipreste con la mujer también terminan siempre en separación. Y este es precisamente el patrón común sobre el que se basan sus venturas: la búsqueda sin éxito (el arcipreste "no recabda"). Pero ¿por qué es así? Una razón es que el "servicio constante" es esencial para, al final, merecer la dama. La mujer humana—como en el caso de la *domna* de los trovadores provenzales—puede optar por mantener su distancia de su "entendedor", cuyo servicio constante son sus canciones celebrando sus excelencias, siempre sin nombrarla (lo que es otra convención de la poesía udhri).

A pesar de no ser aceptado una vez tras otra, el arcipreste persiste en su búsqueda, porque, como expresan estas estrofas más bien filosóficas, él nació bajo el prometedor signo de Venus:

En este signo atal creo que yo nasçí: 153
siempre puné en servir dueñas que conosçí;
si bien que me feçieron, non lo desagradesçí;
a muchas serví mucho, que nada non acabesçí.

Commo quier que he provado mi signo ser atal,   154
en servir a las dueñas punar, e non en ál,
pero aunque omne non goste la pera del peral.
en estar a la sonbra es plazer comunal.

Prólogo de Joseph T. Snow

En el sufismo, la figura femenina es usada metafóricamente como "la verdad", el objetivo del buscador, a la cual rinde sus servicios. Y aunque no la consiga, *"estar a la sonbra es placer comunal"*.

Muchos estudiosos han visto en el *Collar de la paloma*, de Iban Hazm, el énfasis en este tipo de amor básicamente platónico. Pero es notable que en este tratado también habita el espíritu sufí, que regulariza la simultaneidad de la esperanza y la desesperación en el que busca y nunca abandona la búsqueda.

En suma, entramos por muchas puertas en la ficción de Juan Ruiz, y todas nos llevan a aprender que las verdades del mundo son un laberinto y que "en feo libro está saber no feo" (16d).

Ahora es el momento de entrar en el libro de Rita Wirkala y seguir sus conversaciones con los sufíes: Jami, Faris, Anwar, Rumi, Ibn al-Arabi, Isfahani, Saadi de Shiraz, Al-Hariri, Al-Hamadhami, Rabia el-Adauria, Niffari, Ibn Hazm, Bahaudin, y el contemporáneo exponente del sufismo en occidente, Idries Shah. Les espera una nueva apreciación de lo que ha hecho Juan Ruiz en su inimitable *Libro de buen amor*.

Joseph T. Snow
Michigan State University, Emeritus

Huellas del sufismo en el *Libro de buen amor*

Notas de la autora a la presente edición

Estas páginas son una reedición de mi tesis doctoral *Huellas del pensamiento sufí en el Libro de buen amor del Arcipreste de Hita*. [1]

Mi objetivo principal continúa siendo el mismo: aportar otra lectura que podría dilucidar algunos de los enigmas más insolubles que presenta el *LBA*[2] a través de una comparación de sus aspectos primordiales con otros inherentes a la literatura producida por la mística islámica. Consciente de que en las casi dos décadas posteriores a mi trabajo inicial se ha originado una copiosa cantidad de estudios, he ampliado y actualizada la bibliografía. Sin embargo, a pesar del gran caudal de nuevos artículos y libros, no he encontrado una elaboración de las premisas de mi tesis. Tal vez sea por falta de resonancia dada la naturaleza extraña a las investigaciones previas; tal vez por la prudencia del investigador que no quiere arriesgarse aventurándose en tal terreno problemático como es el estudio del sufismo.

Mi actual posición fuera de la academia y como escritora independiente me permite revisitar el tema, libre de resquemores, impulsada solo por el amor al *Libro* y un desinteresado deseo de profundizar más en tan desconcertante obra que todavía me hace sonreír cuando la releo, y apoyada ahora por unas cuantas nuevas

---

[1] Disertación presentada al departamento de *Romance Languages* de la Universidad de Washington, Seattle, diciembre de 2002.

[2] Para referirme al texto del Arcipreste, usaré tanto el título completo, *Libro de Buen Amor*, como su abreviatura, *LBA*, o el "texto" o, simplemente, el *Libro*.

investigaciones sobre el mudejarismo de la época del Arcipreste. Me atrevo a hacerlo con la esperanza de que futuros estudiantes se sientan inclinados a indagar más sobre el tema.

El punto fundamental en el que baso mi propuesta es la doble similitud—en tema y en técnicas—entre el texto del Arcipreste de Hita y la literatura sufí. Por un lado, tenemos un tema en común que es un intento y un fracaso, delineados en las repetidas aventuras y desventuras amorosas, tanto del Arcipreste como del que se embarca en el así llamado Credo del Amor, que es el sufismo evolutivo; y, por otro lado, las técnicas narrativas del autor del *Libro* que guardan fuerte semejanza con la de los textos sufíes. Desde esta lectura, el *LBA* tendría un sentido altamente metafórico y un objetivo didáctico, aunque se trata de un didacticismo indirecto y no convencional.

En primer lugar, hago una breve reseña de las principales figuras del sufismo, así como la presencia de sus escuelas en la península, entre hispanoárabes y hebreos, y de otros aspectos culturales que podrían haber sido una fuente de inspiración para el autor del *Libro*.

El resto de mi estudio está dedicado al cotejo del *Libro* con varios textos medievales influidos por la llamada "filosofía perenne". El primer grupo de ellos (textos como el *Calila e Dimna*, las *Maqāmāt* árabes, el *Masnavi* de Rumi y otros) comparten con el *LBA* un muy particular método didáctico, llamado "indirecto", basado en la pluralidad de significados, la ambigüedad intencional, el humor y la sorpresa, todas técnicas destinadas a cuestionar los modos mecánicos de pensamiento, a fin de cultivar un modo mental para lograr el desarrollo de los llamados órganos percepción superior.

Notas de la autora a la presente edición

El segundo tipo de material, que sirve al estudio comparativo del tópico del amor y la búsqueda, se centra en la figura femenina de la lírica amorosa antes y durante la época del Arcipreste de Hita, de origen *udhrí*, cortesana y mística.

Finalmente, analizo la filosofía del Arcipreste frente al dilema predeterminación vs. libre albedrío, que coincide con la postura de las escuelas de conocimiento interior (también llamado "conocimiento interno de la realidad") que florecieron dentro del islam, y cuyas premisas están íntimamente vinculadas al tema de la obtención de una conciencia superior.

La lectura del texto desde esta perspectiva me ha llevado a concluir que las aventuras de su protagonista y sus repetidos reveses son una representación alegórica del deseo amoroso, pero también de los tropiezos y desasosiego, que el "Buscador de la Verdad" de dichas escuelas de desarrollo interior experimenta en su camino.

No pocas controversias ha despertado el estudio e interpretación del *LBA*,[3] obra sorprendente por su forma y contenido, y por las múltiples fuentes de donde Juan Ruiz ha recogido los hilos con los cuales trabajó, para hacer—y a menudo deshacer—el multicolor tejido de sus estrofas. [4]

---

[3] A menos que se indique lo contrario, aquí y en lo sucesivo se usará la edición sinóptica de Anthony N. Zahareas con la colaboración de Thomas Mc Callum, *Juan Ruiz, "Libro del Arcipreste" (también llamado "Libro de buen amor")* (Madison: Hispanic Seminary of Medieval Studies, Ltd., 1989).

[4] Usaré de forma intercambiable los nombres "Juan Ruiz", "el autor", "el Arcipreste", o simplemente "J.R." ateniéndome a los últimos estudios que identifica al autor con un arcipreste llamado Juan Rodríguez de Cisneros.

El texto suscita innumerables interrogantes, y el lector curioso reclama una explicación. Estamos hablando de un libro que no parece serlo; de una miscelánea de géneros diversos ensamblados de manera aparentemente caprichosa; de una serie de tópicos que adquieren el don de transformarse en su contrario; de un autor cuyo nombre y existencia se aproxima a la anonimia; de un narrador que cuenta la dudosa historia de su vida en series fragmentadas; de un arcipreste protagonista que ama a las mujeres, de un buscador que nunca encuentra; de un hombre, en fin, que bien puede ser todos los hombres. El debate al respecto ha sido amplio, y a menudo motivo de frustración para quien toma a pie juntillas los famosos versos:

> *Fasta que el libro entienda,*   986
> *dél bien non digas nin mal*
> *ca tú entenderás uno*
> *e el libro dize ál.* [5]

¿Y por qué no tomarlo a pie juntillas? Después de todo, el autor insiste en esta idea recurrente, la cual es una de las pocas que nunca contradice: que el significado de su obra está escondido, y es tan elusivo como las damas que el Arcipreste busca, una tras otra. Parece ser que para hallarlo hay que mirar en otra dirección.

Mi primera experiencia al intentar penetrar la sabiduría burlesca y desconcertante del *Libro de buen amor*, y mi

---

[5] En lo sucesivo, el número referente a las estrofas o versos aludidos en el texto serán indicados entre paréntesis, o a continuación de la estrofa o versos citados.

familiarización con los métodos didácticos—e igualmente desconcertantes—de la corriente místico-filosófica que floreció durante el período de la expansión islámica, me llevaron a sospechar la existencia de un parentesco con la literatura y prácticas de las escuelas iluministas, típicas por sus sorprendentes técnicas para combatir la automaticidad. La audacia del presente trabajo, que pretende descifrar una posible intención del *Libro* a través de la comparación con una fuente aparentemente tan foránea, se ve mitigada por el hecho de no ser un trabajo totalmente pionero. El investigador Richard Kinkade ha señalado en un artículo suyo las posibles conexiones sufíes del *LBA*.[6] Pero su teoría cayó en el vacío. Me inclino a pensar que la falta de carácter persuasivo de su artículo puede ser atribuida a la dificultad de tratar un motivo tan complicado como éste en unas pocas páginas. De cualquier modo, creo que Kinkade ha estado en la pista correcta, y que vale la pena ahondar en el problema y presentar otra vez esta lectura con la esperanza de que los oscuros enigmas del *Libro de buen amor*, tanto en su estructura como mensaje, queden un poco más iluminados.

---

[6] Richard Kinkade, "Arabic Mysticism and the *Libro de buen amor*," *Estudios literarios de hispanistas norteamericanos dedicados a Helmut Hatzfeld con motivo de su 80 aniversario*, ed. Josep M. Sola Solé et al. (Barcelona: Ediciones Hispan, c 1974) 51-70.

Huellas del sufismo en el *Libro de buen amor*

1: La perspectiva histórico-cultural

Cuando un discípulo disconforme se queja a su mentor—el legendario Mulá Nasrudín—de que éste siempre le da respuestas diferentes y hasta contradictorias para la misma pregunta, el maestro contesta: "¡Qué! ¿No has notado que soplar sirve tanto para calentarse las manos como para enfriar la sopa? [1]

No hay duda de que el sectarismo de la crítica literaria con respecto al *Libro de buen amor* del Arcipreste de Hita deriva de la naturaleza excéntrica de esta obra tan compleja como seductora. Pero creo que, por veces, la posición que muchos de los críticos han adoptado en cuanto a los modelos literarios y a la intención del autor también ha sido, en algunas instancias, innecesariamente polarizadora.

Una somera mirada a la crítica muestra que a los férreos defensores de la tradición europea se le han opuesto los que definitivamente adscriben la obra a la vertiente oriental; y mientras algunos propusieron un objetivo netamente didáctico, otros prefirieron atribuir al texto una intención claramente burlesca. Los componentes de estos pares de oposiciones se han combinado entre sí, de una u otra manera, acabando en las varias teorías que ya nos son familiares. Por fortuna, críticos más recientes han sido menos radicales y prudentemente aceptan una u otra teoría de forma matizada.

---

[1] Idries Shah, *The Sufis* (New York: Penguin, 1964) 89.

Como es sabido, el libro tiene otras dificultades además de dilucidar sus fuentes o su propósito. Las complicaciones comienzan con el problema de identificar al *yo* autoral con el histórico Arcipreste de Hita, que declara ser el autor (19cd); con las dos diferentes fechas de su aparición, según se desprende de los tres principales códices existentes (Toledo, Gayoso y Salamanca) y la consecuente discusión sobre la existencia de una o dos redacciones (años 1330 y 1343) o aun varias, o correcciones sucesivas de un mismo texto;[2] y con el propio título que su autor le dio, *Buen Amor dixe al libro* (933b), en contraste con el "loco amor" según lo llama a menudo el narrador a través de mil setecientas veintiocho estrofas. A esto se suma: un tipo de narrativa falsamente autobiográfica, un yo fluctuante que no siempre coincide con la voz del narrador,[3] una gran miscelánea de géneros, un sistema métrico que, aunque se adhiera al "cuento rimado" del mester de clerecía no tiene el mismo grado de precisión de las *sílavas cuntadas*, y la falta de un visible hilo conductor que dé coherencia a la estructura, por mencionar algunos de los elementos más evidentes. Pero sin duda la mayor dificultad ha sido "entender" el significado del *Libro*, si lo tiene, pues cualquier intento de aprisionar una interpretación a alguna de sus partes se desvanece ante una contradicción en alguna otra parte. Por lo tanto, la intención que el autor quiso dar al libro, junto a las fuentes de las cuales se nutrió, son los dos aspectos

---

[2] Véase un resumen de la polémica en la introducción al *Libro* en la edición de Jacques Joset, *Libro de buen amor* (Madrid: Espasa-Calpe, 1988)

[3] En "Posturas e imposturas autorales en el *Libro de buen amor*", Maud Le Guellec trató más recientemente el aspecto autobiográfico del libro. Véase *El autor oculto en la literatura española, siglos XIV a XVIII*. Madrid (Casa Velázquez, 2014) 225-246.

más debatibles. Del didacticismo moralista al ánimo paródico, y de su origen oriental al puramente latino y europeo, o con elementos de uno y otro, pero de ninguna manera complementarios, los puntos de vista han sido de lo más variados.

1.1 Breve reseña de la crítica

Dado el enorme caudal de material existente de los principales críticos de la obra de Juan Ruiz en cuanto a sus modelos literarios, la estructura y el sentido del libro, esta reseña será relativamente breve.

Féliz Lecoy, pionero en los estudios modernos del *LBA*,[4] ve una procedencia netamente occidental al identificar la mayoría de las fábulas que cuenta el Arcipreste con las esópicas, las que le habrían llegado vía traducciones europeas, y le atribuye una función didáctica tomando estos cuentos como núcleos de clara enseñanza. Llama la atención el hecho de que a Lecoy no parece haberle molestado que muchas de las fábulas no ilustran lo que pretenden ilustrar, y frecuentemente la "moraleja" de una narración se ve cancelada por la de otra, de modo que el supuesto didacticismo del libro sufre constantes ataques. Además, resta decir que gran parte de la materia fabulística se encuentra en el *Disciplina Clericalis* y en el *Calila e Dimna.*

También Menéndez Pidal sostiene que el texto está fuertemente anclado en la tradición autóctona de Occidente, pero al detectar el tono juglaresco y goliardesco,

---

[4] Feliz Lecoy, *Recherches sur le "Libro de buen amor" de Juan Ruiz, Arcipreste de Hita* (Paris: Librairie E. Droz, 1938).

no vacila en afirmar que la obra de Juan Ruiz es una "despedida burlona de la época didáctica."[5]

Por otro lado, María Rosa Lida de Malkiel le confiere un propósito didáctico, y ve en él una estructura similar a la de las *maqāmāt* hispano-hebraicas (derivadas de las *maqāmāt* árabes) cuyo principal ejemplar sería la obra de estructura episódica y sentido didáctico del judío español Yosef ben Meir ibn Sabara, *El libro de las delicias*.[6]

Alborg, por su parte, toma poco en serio la declarada devoción religiosa del narrador y sostiene que el autor intentó hacer toda una crítica burlona a la sociedad de su tiempo.[7]

Leo Spitzer,[8] Gybbon-Monypenny,[9] Francisco Rico[10] y Alan Deyermond[11] creen asimismo que la tradición europea es suficiente para explicar el texto. Pero mientras los tres

---

[5] Ramón Menéndez Pidal, *Poesía juglaresca y orígenes de las literaturas románicas* (Madrid: Instituto de estudios políticos, 1957) 202-214.

[6] María Rosa Lida de Malkiel, "Nuevas notas para la interpretación del LBA," NRFH 13 (1959): 17-82.

[7] Juan Luis Alborg, *Historia de la literatura española,* vol. I (Madrid: Gredos, 1966) 139-152.

[8] Leo Spitzer, "En torno al arte del Arcipreste de Hita," *Lingüística e historia literaria* (Madrid: Gredos, 1955) 103-160.

[9] G. B. Gybbon-Monypenny, "Autobiography in the *Libro de buen amor* in the Light of Some Literary Comparisons," *Bulletin of Hispanic Studies* 34 (1957): 63-78.

[10] Francisco Rico, "Por aver mantenencia," *El aristotelismo heterodoxo en el 'LBA,'* Homenaje a J. A. Maravall, (Madrid, 1985) 271-297.

[11] Alan Deyermond, *Historia de la literatura española I. Edad Media* (Barcelona: Ed. Ariel, 1976) 189-207. Véase también su estudio "Some Aspects of Parody in the *Libro de buen amor,*" *'Libro de buen amor' Studies*, ed. G. B. Gybbon-Monypenny (Londres: Tamesis Books, 1970) 53-78.

primeros ven un deseo didáctico (basándose en el *Pamphilus de Amore* como modelo del libro y en su forma pseudo autobiográfica), Deyermond descarta la función didáctica, ya que la parodia, típica de la tradición literaria europea, es su técnica principal. Del mismo modo, Alicia Ferraresi alega que el *LBA* puede ser leído como una parodia de la iglesia católica.[12] Vicente Reynal, quien dice que el mensaje de J.R. es "el amor es bueno para todos," aunque sin preocuparse mucho de que el asunto central del libro sea el constante fracaso amoroso del personaje, asegura que la obra es una crítica a la sociedad civil y a la iglesia efectuada por un Arcipreste adversario del celibato eclesiástico.[13]

A pesar de su preferencia por el género paródico, Deyermond sospecha que la intención de Juan Ruiz puede no ser siempre o solamente burlesca, siendo así uno de los primeros en apartarse de las posturas radicales de sus antecesores. Respecto a este punto, Jacques Joset ha notado con gran sentido común que no todo lo que es burlesco es parodia. Parodiar, señala el investigador, "implica una intención agresiva con respecto a lo parodiado que, por más que examinemos los textos, no alcanzamos en este caso."[14]

Tal vez lo más prudente sería quedarse con estas palabras de Deyermond, buen resumen de los problemas característicos del *LBA:*

---

[12] Alicia Ferraresi, *De amor y poesía en la España medieval: Prólogo a Juan Ruiz* (México: El Colegio de México, 1976).

[13] Vicente Reynal, *El buen amor del Arcipreste y sus secretas razones* (Alcácer: Humanitas, 1982).

[14] Jacques Joset, *Nuevas investigaciones sobre el "Libro de buen amor,"* (Madrid: Cátedra, 1988) 78.

> Los rasgos más llamativos del *Libro de Buen Amor* vienen constituidos por su diversidad y exuberancia, por su resistencia a adscribirse de modo claro y definitivo a una tradición o a dejarse aprisionar dentro de una interpretación unidimensional y, por último, y lo que es más llamativo, por su forma autobiográfica.[15]

Américo Castro[16] y más tarde Diego Catalán y Suzanne Petersen[17] son los pioneros de la teoría mudéjar, apuntando hacia una nueva dirección en cuanto a la interpretación y posibles fuentes del *Libro*. Castro, en su ya canónica obra, se abstiene de atribuirle a este un sentido burlesco o didáctico, porque ve la ambigüedad, la vitalidad y la fluidez, así como la variedad estilística, como un espejo del modo de vivir y sentir del musulmán; un espíritu empapado en los modos árabes donde la sensualidad se mezcla con lo sagrado y lo chistoso con lo moralizante. Castro se inclina por una influencia directa de *El collar de la paloma* de Ibn Hazm (994-1064); pero, entendámoslo bien, no específicamente como "modelo" sino en la existencia de una intertextualidad que contiene un modo de pensar y escribir similar. Ve en sus supuestas incoherencias, su estructura compleja, sus transiciones bruscas, su versatilidad, su erotismo y su exuberancia la marca indeleble de la cultura islámica. Lo define como un "arabesco abierto sin principio ni fin posibles" y como "un marco cristiano encerrando un intrincado diseño

---

[15] Deyermond, *Historia de la literatura española I. Edad Media*, 190.

[16] Américo Castro, *Realidad histórica de España* (México: Porrúa, 1954) 378-442.

[17] Catalán y Petersen, "Aunque omne non goste la pera del peral," *Hispanic Review* xxxviii. 5 (1970): 56-96.

oriental."[18] Advierte, además, que la interpretación del *Libro* como obra burlona y salaz al modo goliardesco impide ver lo que hay de serio y aun religioso tras su estilo alegre y juguetón.

Otros estudios reforzaron esta tesis: Dámaso Alonso acertadamente identificó a la dama ideal según descripta por el Arcipreste con la *Doncella Teodora*, cuento derivado de *Las mil y una noches* ("La esclava Tawaddud") y de amplia circulación en los países mediterráneos. Aunque destaca el posible papel que tuvieron las raíces folklóricas y populares de ascendencia europea, este estudioso cree que la obra del Arcipreste se empieza a comprender mejor desde el punto de vista de una mentalidad árabe.[19] También Francisco Márquez Villanueva observó, posteriormente, que el concepto amoroso del *LBA* está fuertemente influido por la concepción oriental del amor, especialmente el de la poesía *udhri*, paralela al amor cortés iniciado por los trovadores, y que le habría llegado a Juan Ruiz a través de los poetas sarracenos.[20] Más tarde, en 1985, Luce López-Baralt defendió el mudejarismo de Juan Ruiz en su análisis del "signo de Venus" donde la investigadora pone de relieve el pobre conocimiento ptolomeico de parte de Juan Ruiz y una gran familiarización, en cambio, con la vulgarización oriental del saber astrológico. Y en otro artículo, señala la erotología

---

[18] Castro 413.

[19] Dámaso Alonso, "La bella de Juan Ruiz, toda problemas," *Insula* 79 (1952): 3 y 11. *De los siglos oscuros al Siglo de Oro* (Madrid: Gredos 1958) 96-99 y 108.

[20] Francisco Márquez Villanueva, *Relecciones de literatura medieval* (Sevilla: Universidad de Sevilla, 1977).

musulmana en la descripción de la dama ideal. [21] El novelista y ensayista Juan Goytisolo, quien ya había elaborado el fenómeno de la convivencialidad en la España andaluza propuesta por Castro, y especialmente la tolerancia religiosa tomando como ejemplo la figura del sufí Ibn el Arabi de Murcia, trata específicamente del "atípico libro del Arcipreste" como una obra cuyo germen estaría en la literatura semítica.[22]

Otro estudioso, Waleed Saleh Alkhalifa, aporta más datos sobre el paralelismo entre el *LBA* y *El collar de la Paloma*.[23] María Jesús Lacarra encuentra paralelos con algunos relatos insertados. "Podemos afirmar" dice, "que el *Cuento del hijo del rey Alcaraz* tiene precedentes orientales más próximos que los occidentales hasta ahora reseñados.[24]

La teoría mudéjar no niega la fuerte presencia de prototipos cristianos y occidentales, naturalmente. Casi todos los materiales que se manejan en el *LBA* se pueden encontrar en la tradición europea, como se ha demostrado a partir de Lecoy. Pero estos modelos palidecen al

---

[21] Luce López-Baralt, *Huellas del Islam en la literatura española* (Madrid: Hiperión, 1985). Véase también "Juan Ruiz y el morisco Tarfe, Galanes de la *dueña chica*", en el "Congreso en Homenaje a Allan Deyermond" (Alcalá la Real, 2007).

[22] En su estudio *España y los españoles* (España: Lumen, 1979), Juan Goytisolo señala, entre otras cosas, la diferencia entre las dos culturas con relación al amor y la sexualidad. En su artículo "El Arcipreste de Hita y nosotros," *Contracorrientes* (España: Montesinos,1985) 49-57, hace más explícita la relación entre el *Libro* y los modos orientales.

[23] Waleed Saleh Alkhalifa, "Impronta Árabe del Libro de Buen Amor", Universidad Autónoma de Madrid, 2003. www.hottopos.com/collat6/waleed.htm

[24] Alkhalifa. "El cuento del hijo del rey Alcaraz entre oriente y occidente", en *Incontro di culture. La narrativa breve nella romania medievale.* (Medioveo Romanzo, 30.2, 2006) 282-296.

compararlos con las recreaciones de Juan Ruiz. El *Libro* difiere de todo lo producido en la Europa cristiana en cuanto a su estructura básica y estilo narrativo, tanto en sus recreaciones como en su materia original, que según Castro y otros provienen de la tradición árabe.

Respecto a la estructura, se ha sostenido en el pasado que las partes misceláneas que componen esta obra serían meros injertos de secciones compuestas independientemente unas de las otras, en diferentes momentos, juntadas al azar, lo cual explicaría en parte las ambigüedades en el significado. Por otro lado, ha habido también un esfuerzo por mostrar la existencia de un hilo conductor, concediendo al texto una unidad basada en su carácter aparentemente autobiográfico. María Rosa de Malkiel enfatizó su aspecto episódico, mientras que otros investigadores más recientes han visto una estructura simétrica, en que se juega con la interdependencia de elementos narrativos o temas didácticos, o donde la estructura sigue un esquema simétrico bipartito,[25] o aun de una forma circular.[26]

La crítica de las tres últimas décadas es más ecléctica. Especialmente los estudiosos de los últimos veinte años han evitado mayormente las opiniones extremas, o han dado énfasis a la posible pluralidad de significados, adoptando una postura más conciliatoria. Zahareas y sus

---

[25] Aluden a esto los trabajos de Oliver Myers "Form in the *Libro de buen amor*," *PQ* 51 (enero 1972): 74-84; y de César Banderas, "La ficción de Juan Ruiz," *PMLA* 88 (mayo 1973): 496-510.

[26] Esther Martínez, en su artículo "La estructura circular del *Libro de buen amor*," *Actas Irvine 92* (1994): 25-32, propone un esquema A B C D E D C B A, basándose en el análisis de las damas del Arcipreste y el desenlace de cada encuentro, aunque admite que se dan muchas variaciones.

colaboradores, en un extenso estudio que abarca tres volúmenes,[27] se abocaron a un análisis textual para delinear la relación con su tiempo histórico y de alguna manera superar la confrontación radical de dos lecturas opuestas, la didáctica y la de "ruptura" o, en otras palabras, lo cristiano y lo profano. Estos estudiosos anteponen un propósito estético por parte del autor a cualquier motivo didáctico, y atribuyen la falta de coherencia del texto, aunque algo tímidamente, a la mentalidad de la época, proponiendo que Juan Ruiz, a la manera de los filósofos influidos por Averroes, está manejando conscientemente la teoría de la "doble verdad." Pero en otros momentos simplemente le atribuyen este desdoblamiento a la tensión del "yo" narrador como resultado de la mera convergencia de dos tradiciones distintas. De cualquier manera, esta posición "ternaria" de su lectura está presente en los términos de "mediación" del texto (la Virgen María, Trotaconventos) y en el concepto de "mesura," en consonancia también con la mentalidad cambiante de la Baja Edad Media.[28] Siguiendo la misma línea de pensamiento en cuanto a redefinir lo que es la

---

[27] Esta obra es un tríptico que aspira a abarcar todas las facetas necesarias a la comprensión del libro del Arcipreste. El primer tomo de Anthony N. Zahareas y Oscar Pereira, *La función histórica del discurso autobiográfico del libro del Arcipreste* (Madison: Seminary of Medieval Studies, Ltda., 1988) es un análisis intratextual de la narración y sus nexos con el tiempo histórico. El segundo, de Anthony N. Zahareas, *Edición sinóptica: Juan Ruiz, libro del Arcipreste* (Madison: Seminary of Medieval Studies, Ltda.,1989) es una edición basada en el texto de Salamanca y con lectura simultánea de los contenidos en los otros manuscritos existentes. El tercer tomo, también de Anthony N. Zahareas, *Itinerario del libro del Arcipreste (*Madison: Seminary of Medieval Studies, Ltda.,1990) contiene las glosas críticas que sirve de útil guía para el lector.

[28] Zahareas y Pereira, *Itinerario* xx-xxi.

ambigüedad y pluralidad del libro, John Dagenais se acerca a su estudio teniendo en cuenta que la literatura didáctica medieval utiliza parámetros diferentes a los usados modernamente, y que lo que parece incoherente hoy sería casi una convención literaria en los manuscritos de la Edad Media.[29] Eloísa Palafox sugiere que el J.R. pretende desautorizar el discurso ejemplar ya que todos los mensajes llevan impresa la huella de una intención manipuladora por parte de los emisores.[30]

Alberto Blecua lo ve como una obra en la que "confluyen todas, o casi todas, las tradiciones literarias medievales o, si se quiere, es la obra creada por el sistema escolar de la Edad Media [. . .]," [31] y de ahí su peculiar variedad. Su estructura, nos asegura, "puede explicarse por la conjunción de tradiciones literarias occidentales sin necesidad de acudir a las *maqāmāt*."[32] Sobre su indeterminación, aduce Blecua, es necesario recordar que en esa época "es frecuente el eclecticismo, y ser aristotélico para unos aspectos y platónico para otros."[33] Esta última aserción de Blecua me parece fundamental para entender el *Libro,* así como el sistema filosófico que lo sustenta, como trataré de demostrar en las siguientes páginas.

---

[29] John Dagenais, *The Ethics of Reading in Manuscript Culture. Glossing the "Libro de buen amor"* (Princeton: Princeton University Press, 1994).

[30] Eloísa Palafox, *Las éticas del exemplum. Los "Castigos del rey don Sancho IV," el "Conde Lucanor" y el "Libro de buen amor"* (México: UNAM, 1998).

[31] Alberto Blecua, Prólogo a su edición del *Libro de buen amor,* 4ta. ed. (Madrid: Cátedra, 1998) xxv.

[32] Blecua xxx.

[33] Blecua xxxvii.

Sin embargo, un convincente estudio de James Monroe sí encuentra que la estructura del *LBA* se debe a una "combinación de ciertos géneros literarios orientales, lo que resultó en una obra culturalmente híbrida". Monroe se refiere específicamente a la confluencia de dos géneros, las *maqāmāt* y el *zajal,* y atribuye la familiaridad del autor con las obras orientales y el idioma árabe a su propia familia. Rastreando el origen de Cisneros, quien parece ser el mismo Arcipreste, Monroe descubre que su madre había sido musulmana o criada en un medio musulmán y concluye: "Es enteramente posible que el *LBA* haya sido escrito por un converso, del islam al cristianismo, quien tendría más que una superficial familiaridad con la cultura árabe."[34]

Tampoco ha faltado la lectura estrictamente estética de la obra, la que, según Juan Ignacio Ferreras, ha sido guiada por un principio eminentemente artístico sobre cuyo eje gira toda su organización.[35]

Finalmente, la yuxtaposición de elementos incongruentes resultó a molesta para algunos críticos, quienes optaron por desmembrar este todo multidimensional y realizar exégesis unidimensionales, dejando de lado la discusión central. Así, se analizaron algunos aspectos aislados tales como el lado sexual y femenino (por ejemplo, el léxico erótico y las alusiones pornográfico- humorísticas,[36] la trasgresión sexual en las

---

[34] James Monroe. "Elementos de la literatura árabe en la estructura del *Libro de buen amor*". (Al-Qantara XXXII 1, enero-junio 2011.) pp. 27-70.

[35] Juan Ignacio Ferreras, *Las estructuras narrativas del "Libro de buen amor"* (Madrid: Endymion, 1999).

[36] Véase el artículo de Louise Varvári, "Peregrinaciones por topografías pornográficas en el *Libro de buen amor,*" *Actas del VI Congreso internacional de la Asociación Hispánica de Literatura Medieval*, Tomo II

figuras femeninas,[37] o las "dueñas" como interlocutoras y el resultante desdoblamiento de la voz del narrador).[38]

Esta reseña es apenas una breve muestra del enorme volumen de estudios producidos desde que el *LBA* comenzó a estudiarse con seriedad. Pero a pesar del caudal, diversidad y riqueza de la crítica, el significado de este enigmático texto continúa siendo atrayente, y creo útil retomar la discusión sobre la, al parecer, insondable incógnita de sus fuentes de inspiración y, si lo hay, de su sentido general. Todos estos estudios han contribuido de una u otra manera para llegar a una lectura que creo ser más holística, considerando al libro como una totalidad multifacética compuesta de partes orgánicamente interactuantes, de significados varios y simultáneos, que respondería entonces a los dos propósitos tan caros al autor: aprender—en los casos más afortunados—y disfrutar de su delicioso texto en todo momento.

1.2 A favor del mudejarismo del *Libro*

Aunque Deyermond, en principio, ve el aspecto paródico del *Libro,* reconoce la dificultad de atribuirle un sentido netamente goliardesco y anticlerical, e intuye sinceridad en muchas de las coplas devotas del autor.[39] Por eso no nos

---

(Alcalá de Henares: Servicio de Publicaciones Universidad de Alcalá, 1997): 1563-1570.

[37] Consuelo Arias, "El espacio femenino en tres obras del medioevo español: de la reclusión a la trasgresión," *La Torre. Revista de la Universidad de Puerto Rico.* Año I, 3-4 (1987): 365-387.

[38] Joseph Snow, "Las dueñas del *Libro de buen amor*," *Actas de las IV Jornadas internacionales de literatura española medieval* (Buenos Aires: Universidad Católica Argentina, 1993) 181-188.

[39] Alborg 205.

aclara realmente el sentido del texto, y confiesa sus vacilaciones. En un primer momento rechaza la influencia oriental porque duda que Juan Ruiz hubiera conocido el árabe clásico o el hebreo. Pero más tarde agrega:

> Ha habido siempre una inverosimilitud fundamental en la hipótesis mudéjar. ¿Por qué el poeta iba a tomar todos sus materiales de la tradición cristiana occidental y la estructura básica de su obra de la tradición árabe? En cierto sentido la combinación es enteramente posible, pero siempre ha resultado dificultoso el imaginarse las circunstancias que la hubieron podido motivar. La identificación que ahora hacen Sáenz y Trenchs del poeta con Juan Rodríguez de Cisneros, si fuera correcta, proporcionaría esas circunstancias: un autor nacido y criado en territorio musulmán, trasladado a Castilla cuando tenía unos diez años de edad, podría haber asimilado profundamente las estructuras narrativas árabes, y después, sin embargo, hallar sus fuentes literarias específicas en la educación cristiana.[40]

Deyermond alude aquí a la identificación que hicieron los profesores Emilio Sáenz y José Trenchs en 1972 del misterioso Arcipreste de Hita con Juan Ruiz de Cisneros, hijo ilegítimo, nacido hacia 1295 en la España musulmana en la ciudad de Alcalá, no la de Henares, sino la de Benzayde, llamada después La Real. Según ellos, la historia bien documentada de Juan Ruiz de Cisneros, tanto en su

---

[40] Deyermond, *Historia y crítica de la literatura española. I Edad Media* (Barcelona: Ed. Crítica, 1980) 218.

nacimiento como en su trayectoria, inclusive en su relación con don Gil de Albornoz por cuyo mandato este Juan Ruiz fue preso, coincide con la persona del Arcipreste de Hita. Esta teoría ha sido bastante bien recibida y dio lugar a nuevas investigaciones donde se acrecientan otros elementos que parecen corroborar dicho descubrimiento.[41]

Por supuesto, estos datos son primordiales en cuanto a que justificarían históricamente el fuerte mudejarismo del libro del Arcipreste. Pero, verificada esta teoría o no, no creo necesario que un autor medieval tuviera que estar o haber crecido en tierra mora o manejar las lenguas semíticas para

---

[41] E. Sáenz y J. Trenchs, "Juan Ruiz de Cisneros (1295/1296-1351/1352) autor del buen amor," *Actas del I Congreso internacional sobre el Arcipreste de Hita* (Barcelona: Seresa, 1973) 365- Para una elaboración reciente de la investigación de Sáenz y Trenchs, véase el trabajo de Carmen Lovera y Francisco Toro Ceballos "Origen Andaluz de Juan Ruiz," *XIV Certamen internacional de Poesía Arcipreste de Hita.* ed. Francisco Toro Ceballos (Alcalá la Real: Diputación Provincial de Jaén, 1993).

Según noticia aparecida en la prensa el 12 de mayo de 2002, Deyermond corrobora en el Congreso Internacional sobre el *Libro de buen amor y el Arcipreste* la tesis de Sáenz y Trenchs de que el Arcipreste y el canónigo Juan Ruiz (o Rodríguez) de Cisneros eran la misma persona. Véase, de José Luis García de Paz, "Unas notas sobre el Arcipreste de Hita", *Alcarría,* Guadalajara, Mayo, 2002, http://www.alcarria.com/fita.cfm?body=yes&key=14

[48] Castro 96. Castro menciona que, especialmente en la Edad Media, ese contacto entre culturas era incesante. El traslado en masa de los mozárabes (cristianos bilingües establecidos entre los musulmanes) durante el período de los almorávides y almohades hacia tierras del norte ha sido quizás el medio de propagación cultural más importante. Pero había también otros tipos de clases sociales que participaban del bilingüismo y biculturalismo que aquella especial conjunción histórica había permitido, y que de diversas maneras impregnaron la cultura cristiana de valores, actitudes, costumbres, gustos estéticos y modos mentales característicamente musulmanes. Eran estos los "mudéjares", moros vasallos de los reyes cristianos; los "muladíes" o cristianos islamizados; los "tornadizos" o moros convertidos al cristianismo y los "enanciados", habitantes de lugares fronterizos que "no participaban cabalmente de ninguna religión".

absorber ciertos aspectos de la literatura y modalidad árabes, porque el mudejarismo de Castilla era suficiente para hacer sentir su impulso vital, como demuestra Castro.[42] La propia figura de la Trotaconventos es la medianera de *Las mil y una noches* y varios *zajales*; por ejemplo, el escabroso número 84 de Ibn Quzman.[43]

La trasmisión de valores culturales por vía oral era y seguiría siendo por otros dos siglos fuerza vital para la diseminación de los modos orientales y la familiarización con los mismos. Además de los frecuentes viajes desde el centro del califato musulmán a España y viceversa, también los artistas y arquitectos itinerantes de aquella época habrían sido vehículos de transmisión cultural entre árabes y cristianos. Así lo expresa Sanchez-Albornoz en su *El Islam en España y occidente:*

> La adopción de tierras ultra pirenaicas [...] naturalmente implicó el caminar de artistas de sur a norte y de norte a sur del Pirineo, de artistas mozárabes de Al-Andalus o de la España cristiana hacia Francia [y viceversa], ...quienes en su condición de artistas no podemos suponer faltos de curiosidad ni podemos tener por mudos y lerdos.[44]

Sabemos que muchos escritores cristianos incluyeron materia prima de la cultura sarracena y judía recibida

---

[43] Véase el ensayo de Jean Dangler, "Vecina, adivina y/o prostituta en el *zajal* 84 de Ibn Quzman. Congreso homenaje a Joseph T. Snow: Dueñas, cortesanas y alcahuetas: *Libro de Buen Amor, La Celestina y la Lozana Andaluza,* ed. Francisco Toro Ceballos. Alcalá la Real, 2017. 57-70.

[44] Sánchez-Albornoz, *El Islam en España y Occidente,* pp.173-174.

oralmente, empezando por el noble don Juan Manuel y por Pedro Alfonso, cuya *Disciplina Clericalis* está fuertemente influenciada por las narrativas sufíes y adaptadas a la prédica cristiana para ser usadas en los sermones. Tres siglos más tarde, el mismo Cervantes va a incluir en su *Don Quijote* varias historietas directamente extraídas del acervo oriental. Véase como ejemplo una que ha pasado mayormente inadvertida: la aventura del Caballero Andante con el "Clavileño" (Segunda Parte, capítulo LXI), cuyo original es el cuento "El caballo mágico" de *Las mil y una noches*.⁴⁵

Asimismo, una profusión de chistes del anecdotario de Sancho Panza son análogos a los contados por *Hodja*, el cómico sefardí cuya versión turca es Nasrudín, y Kohja entre los árabes, como explica Reginetta Haboucha en su interesante estudio.⁴⁶ ¿Sabía Cervantes hebreo, árabe o turco? Posiblemente no, pero estamos hablando aquí de autores—Cervantes y Juan Ruiz—dotados de una personalidad vital, curiosa e interesada por la gente

---

⁴⁵ Véase "The Story of the Enchanted Horse," *The Arabian Nights Entertainments*, Cornell Series (New York: A. L. Burt Company, 1920) 146-160. Versión similar aparece en la colección de Idries
Shah, *Caravan of Dreams* (Londres: The Octagon Press, 1988) 95. Según este autor, la historia era usada por los sufíes de la comunidad Sermoun. Para el contenido sufí de colección oriental, véase el Prólogo de Teresa Rhode a *Las Mil y Una Noches* (México: Porrúa, 1986) viii. Evidentemente el cuento llegó bastante diluido a Cervantes, que solo capturó la descripción y función del caballo de madera.

⁴⁶ Para el origen de este personaje oriental, véase el Índice de Reginetta Haboucha, *Types and Motifs of the Judeo-Spanish Folktales* (New York: Garland, 1992) x-xi, xxv-xxvi. Para mayor información podrá consultarse la colección de Matilde Koen-Sarano, *Djoha Ke Dize? Kuentos populares djudeo-espanyoles* (Israel: Kaza editora Kana, 1991).Véase, asimismo, Rita Wirkala, "Don Quijote, Sancho Panza y el Mulá Nasrudín," *Working Paper Series*, vol. IV (Pennsylvania: U.P., 1999-2000): 113-130, donde se hace una comparación entre estas tres figuras.

común, lo que les habría llevado sin duda a compenetrarse con los modos de pensamiento del pueblo en un medio tan transcultural como la España de sus tiempos. Recordemos que el narrador de Cervantes dice en su *Don Quijote*:

> Estando yo un día en el Alcana de Toledo, llegó un muchacho a vender unos cartapacios [. . .] y como yo soy aficionado a leer, aunque sean los papeles rotos de las calles, llevado desta mi natural inclinación, tomé un cartapacio [. . .] anduve mirando si aparecía por allí algún morisco aljamiado que los leyese, y no fue muy dificultoso hallar intérprete semejante [. . .].[47]

Si aún en el siglo XVII era tan fácil encontrar un "morisco aljamiado", ¿qué no sería tres siglos antes, cuando Toledo era un centro de gran contacto multicultural? En otras palabras, para entender el *Libro de Buen Amor*, podemos optar por variadas vías, pero todas ellas van a quedar cortas si no nos ubicamos históricamente en el momento en que fue escrito. Allá en su propia Castilla no sólo convivían tres culturas en un mismo suelo, sino que circulaban ya gran variedad de tratados en lengua árabe traducidos al latín y a la lengua romance desde el siglo XIII, y para aumentar la información y enriquecer la instrucción todavía se miraba hacia Oriente. Es notable que Alfonso X reclutara para el avance científico y literario de su corte no solamente a los sabios y especialistas más eminentes en las "ciencias orientales" de España o Italia sino también del otro lado del Mediterráneo.

---

[47] Cervantes, *Don Quijote de la Mancha*, ed. Martín de Riquer, tomo II (Barcelona: Juventud, 1985) 96.

Según Francisco Márquez-Villanueva:

> He now looks instead to the Orient, and we know for sure that in 1254 he brought over from "allende" a number of "physicians" to impart their "vast learning" —so the documents tell us.[48]

Fuera de la corte, el pueblo mantenía la tradición oral, y especialmente entre las comunidades árabes y judías circulaban los chistes de Nasrudín-Hodja, según nos recuerda Haboucha. Las propias *maqāmāt* a las que Lida de Malkiel atribuye las fuentes del *LBA* (ver p. 175) serían también parte de la literatura oral contadas tanto en los *caravanserai* del Oriente como en las tabernas que nuestro Arcipreste frecuentaba en Hita, Alcalá o Toledo, o en los mismos ambientes mudéjares, donde habría conocido de cerca ciertos rasgos peculiares de la cultura musulmana. Sólo alguien totalmente familiarizado con los trazos del arte popular allí donde se practicaba podría haber llegado a compenetrarse, por ejemplo, con las singulares propiedades de los instrumentos musicales sarracenos, cuya forma, sonido y aplicación se nos describen con tanto detalle en varias estrofas (1228-1234). Castro dice:

> Ignoro si Juan Ruiz conoció [*El collar...*] por tradición escrita u oral, viva esta última en cualquiera de los miles de personas capaces de entender lo esencial de ambas lenguas.[49]

---

[48] Villanueva, "The Alfonsine Cultural Concept," *Alfonso X of Castile, the Learned King. An International Symposium* (Harvard University, 1984) 86.

[49] Castro 423.

Algo más tarde, Juan Goytisolo, al identificarse con el Arcipreste de Hita en cuanto autor "mudéjar," dice:

> Ni el anónimo autor del Mio Cid ni el Arcipreste de Hita fueron probablemente dos arabistas cultos sino simples juglares o bardos mozárabes, habituados a los valores y usos de Al Andalus y cuya obra se fraguó en el zoco o en la calle, en las entrañas de la vida en creación y movimiento.[50]

Si la vida entre moros y cristianos, relativamente fácil durante el dominio musulmán y progresivamente más violenta después de la caída de Granada, no significó necesariamente una convivencia pacífica y de mutuo entendimiento, sabemos por lo menos que la conformación de ciertos modos biculturales fue inevitable, y la inserción de valores de la cultura dominante en la dominada fue un corolario lógico de la ocupación.[51] No hay por qué suponer que el grupo dominante siempre sea el indiscutible "donador" de elementos culturales y el sometido su recipiente pasivo. Pero en el caso particular de la España árabe, la cultura del invasor fue, sin duda, largamente admirada y copiada, y su erudición codiciada, aunque fuera con resentimiento. Hasta el mismo Calderón de la Barca, avanzado el siglo XVII, copió una historia de *Las Mil*

---

[50] Goytisolo, "El Arcipreste" 52.

[51] Para la presencia de judíos y mozárabes en Andalucía, véase "Judíos y Mudéjares en Andalucía (siglos XIII-XV) de Isabel Montes Romero-Camacho, en *Un intento de balance historiográfico, Minorías étnico-religiosas na Península Ibérica*. Centro Interdisciplinar de Historia, Culturas e Sociedades da Universidade de Évora. (Publicacoes do Cidehus. 2008) 143-209.

y Una Noches para inmortalizarla en su obra teatral "La vida es sueño".

Del mismo modo que Juan Ruiz aprendió el sonido y uso de los instrumentos árabes también pudo haber conocido y absorbido otros aspectos de la cultura islámica a los que se refiere Castro, y aun otros menos familiares para el estudioso occidental, por su propia característica más o menos oculta. Me refiero al misticismo islámico, cuyo modo alternativo de expresarse por escrito estaría por detrás de esa estructura y ese estilo narrativo del *Libro*, los que nos dejan tan asombrados.

En suma, creo que no se le ha hecho justicia a la investigación de Américo Castro; al contrario, se ha tratado de disminuir las evidencias haciendo más hincapié en las diferencias que hay con *El collar de la paloma*, que sin duda las hay, y borrando con ello lo que pudiera haber de semejanzas, que también las hay. Aunque el mismo García Gómez en su introducción al *Collar* rechaza la relación que había propuesto Castro, reconoce que "el poema del Arcipreste no puede ser entendido sin multitud de supuestos árabes; que es, si se quiere, una obra mudéjar, e incluso que presenta algunas analogías turbadoras, aunque de menudo detalle, con el libro de Ibn Hazm."[52]

Poco convencida de la teoría "mudéjar", Margherita Morreale alegó:

> Con esto no me ciego al hecho histórico de la convivencia en la Península de distintas razas y religiones, ni a la evidente receptividad del A. hacia todos los estímulos exteriores. Sólo abogo el

---

[52] Emilio García Gómez, Introducción a su edición de *El collar de la paloma* de Ibn Hazm de Córdoba (Madrid: Sociedad y Publicaciones, 1952) xv.

> principio de que para conocer mejor la ideología del A. y particularmente su sentido religioso, el intérprete ha de agotar primero las fuentes cristianas, esforzándose, además, por abandonar todo prejuicio [. . .].[53]

Varias décadas han pasado y centenas de trabajos se han realizado tratando de aportar luz a tal sentido religioso, o antirreligioso, del Arcipreste, y lo cierto es que no se ha llegado a un acuerdo. Deberíamos preguntarnos si, después de todo, estos esfuerzos no habrían agotado ya los manantiales cristianos. Con esto no pongo en duda la identificación con los ejemplos literarios occidentales, pero sí afirmo que esos modelos han sido más bien marcos dentro de los cuales se desliza otro diseño más extraño, y que aquéllos no han sido suficientes para explicar el sentido de un libro que habla en una dirección y apunta hacia otra. Esos precedentes occidentales aún hoy nos dejan sin saber a qué tipo de religiosidad se refiere su autor cuando, por ejemplo, eleva al mismo nivel de sublimidad a la Virgen María y a la Trotaconventos, las dos medianeras que rigen su destino. Propongo que, para entenderlo, se hace necesario un cambio de paradigma.

1.3 Algo más sobre una lectura mudéjar

El hecho es que hoy podemos acrecentar más evidencia a la posición de Castro con respecto al *Libro de buen amor*. Si Juan Ruiz se inspiró o no en *El collar de la paloma*, no me parece la pregunta más relevante si tenemos en cuenta

---

[53] Margherita Morreale, "Más apuntes para un comentario literal del *Libro de buen amor*," *HR* XXXVII (1969) 162.

que muchos de los elementos que Castro ve en común entre ambos textos en realidad se encuentran en toda la literatura del Medio Oriente, ya sea sagrada o secular.

Comenzando con la diversidad estilística de texto, tales como la alternancia de prosa, verso narrativo y verso lírico, Castro dice que, como en *El collar de la paloma,* "los trozos poéticos serían a la prosa lo que la metáfora a lo metaforizado." Reconoce también este investigador que no es solamente el texto de Ibn Hazm el que echa mano de este género híbrido, y nombra *Las mil y una noches*, y "libros místicos y ascéticos."[54] Quiero agregar que prácticamente toda la obra en prosa del islam rebosa en poesía intercalada. *Las luces de Canopus*, versión persa del *Panchatantra*,[55] las *maqāmāt* árabes y hebreo-españolas, los tratados de amor cortés de los árabes andaluces antes de Ibn Hazm, tales como los de Ibn Daud, son otros de los muchos ejemplos en que se alterna prosa y poesía en un espléndido despliegue de alegorías y de figuras retóricas típicas del idioma semítico.

En cuanto a temas similares, la valoración de todas las clases sociales como marca sobresaliente en el libro del Arcipreste es un aspecto a menudo aludido por los críticos.[56] Castro demuestra que este leitmotiv es asimismo

---

[54] Castro 416.

[55] Arthur N. Wollaston, trad. *The Anwar-iSuahili; or, Lights of Canopus Commonly Known as Kalilah and Damnah, Adapted by Mulla Husain Bin'Ali Al Wai'z-al-kashifi from the Fables of Bidpai* (Londres: Murray, 1904).

[56] Dice Deyermond, en *Historia de la literatura española,* 195: "Cazurros eran los juglares de ínfima clase y, puesto que nos confiesa el autor que compuso canciones para ellos, para estudiantes, mendigos ciegos y otros juglares, nos damos cuenta de la gama de simpatías de un autor que parodió el sermón culto en modo que solamente los clérigos podían apreciar. Toda la sociedad castellana del siglo XIV tomada en su conjunto constituye realmente su público, así como el objeto de su arte."

característico de la literatura árabe popular, especialmente en *Las mil y una noches*. Notemos, nuevamente, que también las *maqāmāt* árabes urden sus narraciones alrededor de todas las camadas sociales de la época, y toda la narrativa de las escuelas esotéricas del Oriente maneja un sinnúmero de personajes que reflejan la estructura social en toda su complejidad, donde el más humilde campesino puede tener una audiencia con el gobernador, el califa o el rey de su tierra.

Otros aspectos que, según Castro, son marcadamente orientales, incluyen los cantares de ciegos y las teorías sobre los efectos del vino.[57] Respecto a este último, idéntica actitud se halla en el *Libro de las delicias*,[58] en una larga discusión sobre el asunto en el primer capítulo, en donde se exaltan los beneficios médicos y los psicológicos del vino y los peligros de su exceso, tal como lo hace el Arcipreste en su debate con don Amor (528-549).

Menciono aquí el *Libro de las delicias* y el *Collar de la paloma* por ser los dos textos árabes que más se han estudiado en relación a los precursores del *LBA*.

---

[57] Castro 390, 395 y 429.

[58] Joseph Ben Meir, *The Book of Delight*, trad. Moses Hadas (New York: Columbia U. P. 1960) 47- 51. Ésta obra, de finales del siglo XII, es la más conocida dentro del género de las *maqāmāt* hebreo-españolas, que proliferaron en la península en el siglo XII y XIII. Su autor, médico y poeta de Barcelona y heredero de una larga tradición de científicos e intelectuales judíos, usó la forma pseudo autobiográfica y episódica, la mezcla de poesía y prosa, y otros elementos típicos de las *maqāmāt* árabes, así como la inserción de narrativas y dictados sapienciales de la cuentística oriental, para transmitir una serie de conceptos médicos y filosóficos. Según Moses Hadas, las fuentes utilizadas por Ben Zabara son exclusivamente de origen árabe y hebreo (43).
   Véase el final del capítulo cuatro para una comparación entre el *Libro de las delicias* y las *maqāmāt* árabes.

Sin embargo, el tema del amor ha sido tratado en muchos otros en lengua árabe y, se diría, era un clásico de los escritores musulmanes. Emilio Tornedo Poveda hace mención de varios de estos tratados en su ensayo "El libro de buen amor y los libros árabes de buen amor", y resume así su estudio:

> Existen en la literatura árabe diversos tratados de teoría amorosa que por haber surgido en un clima religioso están concebidos como tratados de lo que debe ser un buen amor. Sin embargo, a la vez que ponen en guardia frente al amor se deleitan en sus descripciones y comentan que en estos libros se puede encontrar, si se quiere, también un estímulo hacia la pasión amorosa, habiendo, pues, una ambigüedad en sus consideraciones muy similar a la de *El libro de buen amor*.[59]

Poveda nos da los títulos y comentarios de tres de estos tratados entre los más prominentes. El primero es el de al-Jara'it (m. 938) titulado *La enfermedad de los corazones,* que comienza con una loa a la razón, al estilo de *Intellectum tibi dabo*. El segundo, de al-Yawzi, (m. 1200) es el *Vituperio de la pasión amorosa,* aunque tal título, según Poveda, no hace justicia a su contenido, pues hay tanto un vituperio como una exaltación del amor. El último es el tratado de Ibn Qayyum al-Yawziyya llamado *El jardín de los amantes y la delicia de los nostálgicos,* donde el autor "se centra en movilizar las afecciones humanas a fin de conseguir unas metas espirituales positivas".[60]

---

[59] Poveda 223.

[60] Poveda 225-227.

A continuación, hace un análisis de los puntos más significativos del prólogo de estos tres tratados y su coincidencia con el prólogo del *LBA:*

> En los prólogos y primeros capítulos de estos libros árabes nos encontramos básicamente con los siguientes temas: a) Una loa a la razón. b) Una valoración positiva de la pasión amorosa. c) Un toque de atención respecto a que no siempre hay que estar serio y ceñudo, y que para subsanar eso va a servir el libro que se tiene entre manos. Ése es uno de sus objetivos. d) Un aviso de que el libro se puede usar para bien o para mal. Y todo ello lleno de abundantísimas citas religiosas extraídas del Corán y de la Tradición del Profeta.[61]

La lista de coincidencias entre los temas favoritos de la literatura oriental y del texto de J.R. podría ser ampliada sin esfuerzo: comidas, instrumentos musicales, hasta utensilios de cocina son algunos ejemplos entre tantos. En términos de lenguaje y motivos, S. Sadiq nos brinda una comparación (en el español del Arcipreste y en árabe de varias fuentes) en su ensayo "Otros ecos árabes en el *Libro de buen amor*".[62]

Sin embargo, no son estas semejanzas en temas, ni siquiera la heterogeneidad estilística lo que sustenta la tesis de Castro, sino la existencia de un "modo" que en el *Libro* se manifiesta en una línea continua que existe entre lo terrenal y lo inmaterial, y la que él describe como

---

[61] Poveda 228-232.

[62] Sabih Sadiq, "Otros ecos árabes en el *Libro de buen amor*". *Congreso homenaje a Jacques Joset,* (Alcalá la Real, 2011) 409-418.

"curiosa mezcolanza de sensualidad y meditación ascética" [63] y que identifica también en la obra de Ibn Hazm:

> Bajo cada cosa, cada instrumento de música, cada animal, cada manjar, cada mujer de sobacos húmedos y ancheta de caderas, late el espíritu del Dios islámico, que dignifica el vuelo hacia la sublimidad mística y no desdeña hablar de suciedades, ritualmente reglamentadas en los *hadices* de Mahoma. Con media vida se afirma la validez y sustancialidad del mundo, y con la otra media lo volvemos en nube poética.[64]

1.4 Un origen extraño para un extraño libro

En este estudio me he propuesto explorar y ampliar más este asunto central que es la mezcla del lenguaje sensual y el sublime, típica de la poesía espiritual árabe, desde los poetas *udhri* del comienzo del islam hasta el erótico poema *Yusuf y Zulaikha* del siglo XV. El amor como elemento erótico-mundano y como representación de lo divino ha marcado profundamente la literatura europea desde el siglo XII hasta el siglo XVII. Muy acertadamente Octavio Paz ha observado:

> Es imposible leer los poemas de la mística española solo como textos eróticos o solo como textos religiosos. Son ambos, y algo más, algo sin lo cual no serían lo que son: poesía.[65]

---

[63] Castro 415.

[64] Castro 429.

[65] Octavio Paz, *The Double Flame, Love and Eroticism,* trad. Helen Lane (New York: Harcourt Brace, 1995) 19.

Huellas del sufismo en el *Libro de buen amor*

Este doble uso del amor es apenas uno de los dos vectores que rigen mi presente estudio. El otro tiene que ver con el consabido problema de las contradicciones que campean en toda la obra de Juan Ruiz, y que no puede ser explicado recurriendo tan sólo al *Collar de la paloma*. Si J.R. aprendió de las *maqāmāt* árabes o hebreo-españolas su forma de falsa autobiografía; del amor cortés de Ibn Hazm, la mezcla de diferentes formas poéticas y el pasaje de lo mundano a lo divino y viceversa; y de la cultura general musulmana, su vitalismo y sensualidad, como propone Castro, todo esto todavía no resuelve la cuestión de los constantes zigzagueos filosóficos, las inconsistencias, los chocantes contrastes y los innumerables enigmas que muchas coplas encierran. Tampoco examinan la insistencia del autor sobre un significado del libro más allá del aparente. En principio concuerdo completamente con Dagenais en que el estudio de las obras y documentos medievales requiere un ajuste en nuestros paradigmas mentales. Dagenais nos informa que la literatura didáctica medieval,

> ...functioned in a region of unlikeness in which few signs had a single constant value, where contradiction and contrast dominated [. . .] in a world [. . .] in which to dwell on the negative was to exalt the positive."[66]

Sin embargo, no toda la didáctica medieval se mueve en este mundo ilógico; lo cierto es que coexisten dos

---

[66] Dagenais, xiv.

[66] Véase la indispensable obra de Asín Palacios, *El Islam cristianizado. Estudio del "sufismo" a través de las obras de Abenarabi de Murcia* (Madrid: Plutarco, 1931).

modalidades, representadas por los dos grandes escritores del mismo siglo: el desconcertante Juan Ruiz y el prolijo y lógicamente moralista don Juan Manuel.

Propongo que esta modalidad medieval a la que Dagenais se refiere en relación al *Libro* puede ser entendida a través de un estudio comparativo con la mística islámica, la que se ha dado a conocer en occidente con el nombre de sufismo, y en Oriente con varios nombres, tales como el Camino sufí, la Tradición, la Gente del Sendero, o del *Mutassawif* (aspirante a sufí).

Soy consciente del automático rechazo que esta inverosímil asociación pueda provocar, ya que cuando se habla de misticismo o esoterismo se piensa en lunáticos o en piadosos santones, de la índole descrita por Asín Palacios en sus voluminosos estudios del sufismo, que en nada se parecen a nuestro jocoso Arcipreste.[67] Sin embargo, poco se conoce sobre las técnicas de estas escuelas metafísicas del Islam, y vale la pena tener en cuenta otros aspectos que por alguna razón u otra no nos son tan familiares.

Una cita de Roncaglia hecha por Menéndez Pidal (para defender la teoría "popularista" en lo concerniente a la temprana lírica europea) viene muy al caso:

> La moderna reacción antirromántica se ha excedido en su mezquino positivismo, renunciando a tender la vista en la obscuridad, más allá de los textos conservados, y rehusando el comprender que en esa obscuridad pudiera haber algo diverso de lo que nos es conocido.[68]

---

[68] Ramón Menéndez Pidal, "La primitiva lírica europea. Estado actual del problema," *Revista de Filología Española* LIII (julio -diciembre 1960): 288.

Cuando Deyermond rechaza la teoría mudéjar o la acepta sólo bajo las concretas pruebas de un autor supuestamente nacido en tierra mora, está pecando, en mi opinión, de un exceso de positivismo, y la investigación se vuelve más estrecha de lo necesario. Dagenais, en cambio, entiende que nuestra manera habitual de leer el texto no nos ayuda a captar su esencia:

> We attempt to return to more comfortable pursuits, such as attempting to determine the sense (good or bad, ambiguous, contradictory) of the *Libro* from the words Juan Ruiz has written "on the page."

Y para ilustrar su punto presenta, por feliz coincidencia, una analogía tradicional entre los derviches, atribuida a Nasrudín:

> Like the man who has lost his key down the block but prefers to look for it under the streetlamp where the light is better, we persist in seeking the sense of the *Libro* in a place where Juan Ruiz specifically told us it does not lie.[69]

El punto de partida de mi estudio ha sido, admito, una fuerte impresión intuitiva de que, quienquiera que haya escrito el *Libro de buen amor*, estaría señalando hacia una dirección diferente (buscando la llave perdida, diría Nasrudín), hacia un subtexto invisible, el "meollo", con el cual el autor espera que sus lectores u oyentes se

---

[69] Dagenais 8. Véase la versión de Nasrudín "There is More Light Here," en *The Exploits of the Incomparable Mulla Nasrudin* de Idries Shah (Londres: The Octagon Press, 1983) 9.

conecte. A partir de esta intuición he extendido la mano en la obscuridad, como sugiere Roncaglia, y este gesto me ha brindado muchos encuentros fortuitos y reveladores que han confirmado la primera impresión: que el modo mental que prevalece en el texto de J.R., y al cual responden tanto tema como técnica, no se han de hallar en las literaturas conocidas del occidente cristiano, sino en las más o menos desconocidas de las escuelas psicológico-esotéricas del Oriente.

Si hemos de convenir en que la cultura islámica, con todo lo que ello implica—lenguaje, arquitectura, música, filosofía, literatura y poesía, organizaciones monásticas, órdenes militares y numerosos otros aspectos de la cultura secular y religiosa—ha influido en la cultura española en su misma raíz, no sería menos importante el legado del misticismo, ya que éste está visceralmente entretejido en la malla cultural de todo pueblo del Medio Oriente.

Repito: no estoy diciendo que el misticismo es el patrón que delineó las páginas del *LBA*: amplias evidencias hay de que este representa la confluencia de no pocas tradiciones. El eclecticismo es tal vez la singularidad—valga el oxímoron—más sobresaliente y, como "libro fronterizo de autor fronterizo," según lo expresa Julio Rodríguez Puértolas, todo tiene cabida.[70] Pero sí creo que está cargado de ingredientes sufíes en sus dos vertientes más notables: en la sorprendente técnica narrativa de retruécanos y sorpresas—sin paragón en la tradición occidental— y en el también ambivalente tratado del amor. Es decir, el mensaje

---

[70] Julio Rodríguez Puértolas, "Horizonte literario en torno al Arcipreste de Hita: Un hombre y un libro fronterizos". *Primeras Jornadas. Estudios de Frontera Alcalá la Real y el Arcipreste de Hita, Congreso internacional celebrado en Alcalá la Real, del 22 al 25 de noviembre de 1995*: 561-567.

que encierra es el elemento más intangible que el autor ha vertido dentro del molde occidental.

Antes de abordar estos dos aspectos y su relación con el sufismo, es indispensable recalcar que Américo Castro, al acercarse al asunto, también se ha aventurado por este camino, aunque de manera tangencial. Por ejemplo, cuando resalta en numerosas ocasiones que la filosofía y conducta general del árabe andaluz impregnó en gran medida la identidad española, a menudo cita los grupos iniciáticos como centro de gravedad de donde emana tal identidad:

> La espiritualidad sufí hizo posible alcanzar, ya en el siglo X, la altura expresiva de una poesía como la de Ibn Faray, gracias a la indistinción entre lo divino y lo mundano, entre la doctrina y la expresión del existir total de la persona.[71]

Asimismo, Castro destaca la presencia de esta escuela en Ramón Llull (Raimundo Lulio), y compara al *Libro de buen amor* con el *Libro de amigo y amado*, al cual ve como otro ejemplo más de mudejarismo literario donde "la tradición neoplatónico-cristiana del amor divino se entrelaza con la mística musulmana."[72] Recuérdese que es el propio Llull quien en su obra reconoce su deuda con los maestros sufíes.[73]

No es solamente en trabajos aislados donde este investigador ve una influencia del misticismo sino en

---

[71] Castro 340.

[72] Castro 303.

[73] Véase la introducción de la obra de Ramón Llull, *Libro de Amigo y Amado*, trad. y notas de Martín de Riquer (Barcelona: Planeta, 1985).

ciertos aspectos del quehacer literario español que él llama "con todo su ser," tal como lo hacían Ibn el Arabi o Avicena;[74] y como lo harán más tarde muchos de los grandes escritores y poetas españoles, pasando por Cervantes y culminando en *La vida es sueño* de Calderón de la Barca. Estos rasgos generales, dice Castro, entraron en la España cristiana a través de la ocupación árabe primero, y más tarde a través de lo que quedaba de esta filosofía entre la población morisca. "Los moriscos," agrega Castro, "inclusive deslizaron en el catolicismo español formas sutiles de misticismo."[75]

Más tarde, hablando específicamente del *LBA*, Castro observa que el arte de Juan Ruiz "consistió en dar sentido cristiano a formas literarias de algunos ascetas islámicos, y es así paralelo a algunas construcciones mudéjares tan frecuentes en su tiempo."[76]

Castro no llegó a adscribir la obra de Juan Ruiz abiertamente al sufismo, pero las conexiones que investigó son tantas que, de haber escrito unas décadas más tarde, cuando el sufismo con sus premisas y sus técnicas tan específicas se volvió más conocido en occidente, es totalmente plausible que hubiera trazado la relación más decididamente.

Sería el ya mencionado investigador Richard Kinkade quien notara estos paralelos:

Familiarizado con la literatura y especialmente la narrativa y el humor de los sufíes, el profesor Kinkade reconoció en el *Libro*, y en su estructura en especial, un

---

[74] Castro 333-334.

[75] Castro 103.

[76] Castro 383.

modo mental que es típico de aquella escuela de desarrollo interior, precisando así un relevante punto de partida:

> If, instead of confronting each individual source of influence, we again take a look at the title of the *LBA* and together with its purported didactic objective search for a mode instead of a single model, we will discover certain undeniable precedents in the area of Arabic mysticism, and most especially in the realm of Sufism, a mystic doctrine nearly as difficult to define in lay terms as the *LBA* itself [subrayado mío].[77]

A este respecto quiero citar una observación de Jacques Joset en su *Nuevas investigaciones sobre el "Libro de buen amor"*. Dice:

> Otros combinan "intención polisémica" y búsqueda—quizá mítica—de UN modelo a Juan Ruiz, como si éste hubiera sido incapaz de inventar una estructura nueva por incorporación de varios moldes textuales preconstruidos a la manera de tantas construcciones del gótico flamígero que conglomeran diversas formas arquitectónicas y decorativas [...]. No veo que los historiadores del arte se empecinen en buscar EL modelo de la catedral de Palencia [. . .].[78]

Concuerdo con Joset en lo innecesario de buscar un patrón modal único a los versos de Juan Ruiz. El "estilo

---

[77] Kinkade, 54.

[78] Joset, *Nuevas Investigaciones*, 68.

deslizante" al que se refieren respectivamente Castro y más tarde Kinkade responde, más que a un modelo literario, a un modo mental que sería tanto un resultado de su propia personalidad e inclinación como una técnica aprendida, absorbida en un medio propicio. Y este modo es típico de los escritos de las escuelas místicas.

Joset continúa:

> Quizás sea menos arriesgado dejar de achacarle una intención mimética y tratar de entender su ambigüedad como existencia.[79]

Por lo que aparece en su trabajo, Joset no investiga si esta "ambigüedad como existencia" tendría por detrás una postura filosófica y una intención definida. Mi objetivo es mostrar en estas páginas que tal postura y tal intención existen y, siguiendo la tesis de Kinkade, que la obra responde a un modo mental alternativo. Este modo trabaja con la simultaneidad y la discontinuidad, lo que propicia el acercamiento a lo que se ha dado en llamar "conocimiento superior", "expansión de la conciencia", "transcendencia de las limitaciones ordinarias de la mente", etc., en contraste con el modo lógico o lineal, que a menudo actúa como impedimento. El estímulo de este modo mental es parte central de la metodología de las escuelas iniciáticas del Oriente.

La propuesta de Kinkade ha sido desechada de un plumazo por algunos estudiosos alegando que adolece de pruebas convincentes.[80] Afortunadamente, en la introducción de su edición del *Libro* de 1998, Alberto

---

[79] Joset, *Nuevas Investigaciones* 69.

[80] Deyermond, *Historia y crítica* 218.

Blecua identificó cierta vena espiritual en Juan Ruiz, y percibe en su filosofía una filiación neoplatónica y eckhartiana, lo que revela la familiaridad de Juan Ruiz con las corrientes metafísicas opuestas al aristotelismo cristiano. Blecua comenta, asombrado de su propio descubrimiento:

> ¡Quién iba a pensar en las raíces místicas del autor del *LBA*! Y sin embargo, esta filiación neoplatónica tan marcada es la más coherente con el ataque a los aristotélicos heterodoxos que en el libro están representados por el arcipreste protagonista. Y probablemente, esta creencia es la que origina esa veta alegre, confiada en la salvación, que atraviesa toda la obra [. . .].[81]

Otra excepción es el artículo de Ahmed Benremdane de la Universidad de Fez (Marruecos), quien alude al singular uso del lenguaje del Arcipreste de Hita, que él encuentra

> ... similar, en muchas ocasiones, al de los sufíes musulmanes. Dicha similitud se nota, muy en especial, en los varios significados que se dan a una palabra determinada.[82]

Llama la atención que, fuera estos pocos hispanistas, este aspecto del *LBA* no haya suscitado curiosidad dentro

---

[81] Blecua xxxvi-xxxvii.

[82] Ahmed Benremdane, "Aspectos culturales árabe-musulmanes en el Arcipreste de Hita: El mudejarismo de Juan Ruiz y su influencia en Juan Goytisolo," *Primeras Jornadas. Estudios de Frontera Alcalá la Real y el Arcipreste de Hita, Congreso internacional celebrado en Alcalá la Real, del 22 al 25 de noviembre de 1995*: 54.

de la crítica, teniendo en cuenta las explícitas menciones de las escuelas de espiritualidad oriental que hiciera Castro veinte años antes en su canónica obra, incluso dedicándole un apartado especial.[83] La misma suerte corrieron los varios tomos en los que el destacado investigador Asín Palacios expuso su estudio de los místicos árabe-españoles. Aunque estudiados por algunos arabistas, no llegaron ni llegan hoy a ser ni aludidos de paso entre los hispanistas en general. Es decir, si tomamos como base cualquiera de los cuantiosos tratados generales de literatura española, nos quedamos con la impresión de que tal corriente de pensamiento nunca ha existido en España. Parece ser que estamos frente a un fenómeno ya familiar en otras áreas, y que esta reticencia a siquiera considerar la influencia de las teorías y prácticas metafísicas islámicas en nuestros autores medievales encuentra un paralelo en la misma resistencia que el arabismo ha venido sufriendo entre los críticos tradicionales de la literatura española. La existencia de un "punto ciego" es una condición constante que se observa por doquier, ya sea en el campo de las ciencias o en la crítica literaria, y en general, en todo quehacer humano.

Claro es que reconozco la dificultad de la tarea en el caso de querer hablar del sufismo. Hay que admitir, en primer lugar, los tropiezos que esperan al investigador en su

---

[83] Castro 103, 219-220, 302-306, 324-327, 330-340, 412, especialmente 339-340. Este autor ve también el sello de la literatura mística en la obra de Gonzalo de Berceo. Más que un poeta candoroso y primitivo, como se le suele calificar, Castro ve en Berceo lo divino vivido en perspectiva secular y terrena, y el "integralismo" de su estilo como una marca netamente sufí; encuentra asimismo paralelos entre los milagros de Santo Domingo de Silos y otros relatados por los santos sufíes de Andalucía. Pero sin duda el tono festivo del Arcipreste de Hita no es el mismo de Berceo, ni tampoco la duplicidad de sentidos y la ambigüedad, típicos de la literatura sufí, tienen lugar en la obra del poeta riojano.

camino al tratar de estudiar un fenómeno caracterizado por la versatilidad y diversidad de actividades no siempre reconocibles como conectadas al mismo. Esto se debe a la necesidad de adaptación de la doctrina al tiempo, lugar, cultura y gente sobre las cuales actúa una auténtica escuela. Por otro lado, existe el inconveniente de querer evaluar un fenómeno que a menudo ha tenido que disfrazarse u ocultar su existencia bajo una apariencia más aceptable ante los ojos del dogma religioso oficial, ya sea islámica o cristiana, tanto en Oriente como en España.[84] Por eso pienso que el estudio de esta época de cruces de caminos culturales no puede ser completo si no se observa este componente de la corriente del islamismo en Occidente, que, emanando de su centro de gravedad en el Oriente, obró a la luz del día por largos siglos y luego de forma más oculta. A partir de la expulsión de los moros y la Inquisición, hubo un esfuerzo consistente en erradicar todo recuerdo de islamismo y sus corrientes metafísicas, tanto en los libros como en la memoria colectiva de la península. Pero este esfuerzo comenzó aun antes. Idries Shah, quien, en la opinión de muchos, es el máximo exponente literario del sufismo en el siglo XX, dice, en su ya canónico libro *Los sufís:*

> La lucha geopolítica tan bien delineada por el profesor Toynbee, unida a la mentalidad de las cruzadas, logró estigmatizar todo lo sarraceno, todo lo

---

[84] Ernest Scott, *The People of the Secret* (London: The Octagon Press, 1983) 59. Scott nota que "As Cordoba became stabilized as a showpiece of colonial Islam, several schools of Initiates formed within it, using the external form of Islam as their cover. Some such camouflage was necessary, for the work they had to do was as incomprehensible to the zealots of Islam as it was to what was now accepted christianity."

musulmán o árabe, no sólo como hereje, infiel y desagradable, sino también diabólico y peligroso.[85]

Por último, otro factor al que se debe la falta de interés es la propia naturaleza extraña del tema, la cual lleva a una lectura inconscientemente selectiva por la ausencia de una categoría previa en el proceso mental del estudioso que le permita archivar rápidamente la nueva información bajo una etiqueta fácilmente reconocible.

Todos estos elementos y quizás otros en la orden de los simples prejuicios, a los cuales María Rosa Menocal ha dedicado buena parte de sus estudios,[86] se han confabulado para que esta posible vinculación del escritor con los sistemas místicos islámicos no haya recibido más atención (y aun hayan sido descartados en casos) por los hispanistas. Pero todo esto debería servir como aliciente para nuevos estudios.

1.5 Una lectura sufí del tema y la técnica ruiciana

En el presente estudio parto a priori de la tesis mudéjar de Castro. Primero, porque no sería posible sustraer a un autor del entorno donde se gesta su obra, y este entorno es netamente intercultural. Segundo, porque es imposible encontrar un texto peninsular del siglo XIV en donde no se halle estampada la huella del islam.

Pero iré más allá de un mero diseño mudéjar porque el texto así lo requiere, deteniéndome en ese particular

---

[85] Shah, *Los sufís*, Ed. Kairós, Barcelona 307-08.

[86] María Rosa Menocal, *The Arabic Role in Medieval Literary History* (Philadelphia: U. P., 1987).

didacticismo de Juan Ruiz, e intentaré demostrar que el influjo de la modalidad oriental, que Castro subrayó repetidas veces, Kinkade identificó específicamente con las escuelas sufíes y Blecua con el misticismo neoplatónico, tiene su justificación en varios elementos.

En primer lugar, tenemos una técnica narrativa extraña a la literatura europea, y que guarda una asombrosa relación con las aplicadas en las escuelas metafísicas del Oriente. Sigo en esto la tesis esbozada por Kinkade, que espero poder elaborar, expandir y hacer más comprensible.

Segundo, el tratamiento del tópico amor se halla desdoblado, práctica también común a la literatura oriental, y así el libro tiene por lo menos dos lecturas, o dos niveles de didacticismo, como propongo a continuación:

a) A un nivel, el Arcipreste nos advierte sobre lo efímero y huidizo del amor mundano, en contraste con el amor divino, firme y permanente, que se traduce en el amor a Dios, o el amor a la Virgen, "comienzo y fin de todo".

b) A otro nivel—y ésta sería mi contribución original al estudio del significado del amor en el *Libro*—este deseo amoroso como algo difícil de satisfacer estaría mostrado de manera figurativa.

Si tuviéramos que hacer un resumen de toda la obra, diríamos que es una sucesión de episodios donde un narrador-protagonista trata de seducir a una mujer, generalmente con la ayuda de una medianera, pero cuya intención se ve siempre frustrada con la sola excepción de una ocasión donde se adapta un cuento latino (aventura que, nos asegura el narrador, él no protagoniza). Pero en este episodio el amor tampoco perdura. Lo que vemos, de comienzo a fin, es una serie de fracasados intentos de nuestro Arcipreste de alcanzar a la dama.

Esto me anima a declarar que las aventuras del Arcipreste son una metáfora de las peripecias que el "buscador de la sabiduría" encuentra en su arduo sendero y las dificultades de alcanzar su meta, tal como se venía haciendo durante siglos en la poesía y la cuentística del sufismo (a veces llamado Credo o Camino del Amor"). Dicho de otro modo: la propia arquitectura y contenido del *Libro,* centrado en las vicisitudes amorosas, son una alegoría de la búsqueda del aspirante a sufí, también llamado *derviche.*

La meta del adherente es llegar a una comprensión más aguda o "entendimiento" como lo llama Juan Ruiz, o "Verdad" entre las escuelas esotéricas y neoplatónicas. Su simbología más común en la narrativa y poesía mística oriental es la mujer amada. Esta dama se nos presenta invariablemente como una figura elusiva, inasequible; el menor vislumbre de su belleza requiere un constante esfuerzo y la anhelada unión es imposible si el discípulo no es merecedor de su "gracia".

Curiosamente, el lector también está embarcado en una tarea llena de incertidumbres, al querer atrapar el "mensaje", si lo hay, tan escurridizo como la propia dama del Arcipreste.

Dagenais muestra una interesante coincidencia:

> The Archpriest's failed love adventures seem to mock our own pursuit of meaning in the text. If the Archpriest is looking for love in all the wrong places, then perhaps we too must reorient our quest for understanding that object of our desire, as elusive for us as the *dueñas* of medieval Castile were for the Archpriest of Hita.[87]

---

[87] Dagenais xiv.

No creo que esto sea una casualidad, sino una expresión más del genio artístico de J.R. Así como estilo y sustancia se funden y funcionan complementariamente, también la aventura del lector halla su inmediata correspondencia en la aventura del protagonista. El hecho de que tan valioso emprendimiento del espíritu humano sea metaforizado en una obra jocosa e irreverente como la de Juan Ruiz no hace más que confirmar sus fuentes *Mutassawif,* ya que el humor y la irreverencia hacia el dogmatismo rígido son una de las marcas más patentes de tal escuela iluminista.

En resumen, el tema del amor se mueve en dos planos que se mezclan y yuxtaponen: el mundano y el trascendental, ambos íntimamente relacionados. De la misma manera, los dos elementos en los que está vertebrado el libro, técnica y tema, también parecen haber sido cuidadosamente elegidos para lograr su finalidad: el tema, para recordarle al lector las dificultades y los requisitos del "Camino del Amor" (camino hacia lo que se da de llamar la iluminación, la Verdad, lo Trascendente, etc.) para aquéllos que en ello se interesan; y la técnica, para estimular el tránsito de lo burdo a lo refinado en la conciencia del lector, u oyente, y ayudarlo así en su trabajosa empresa.

El capítulo siguiente lo dedico primeramente a una introducción sobre esta área desatendida de la mística que creo que ha servido como inicio de inspiración para el desarrollo del tema y las técnicas ruicianas. Me detendré más en los principales exponentes sufíes en la España medieval, así como en la presencia de huellas de su pensamiento en varias manifestaciones culturales de la península, para concluir identificando los puntos principales del sufismo y su correspondencia con el *Libro de buen amor.*

Seguidamente me detendré en el análisis del prólogo y las

setenta coplas que le siguen, ya que es donde se define el asunto que encierra toda la obra: la necesidad de un esfuerzo para lograr el entendimiento y la dificultad de conseguirlo, a raíz de la constante confusión entre lo real y lo aparente, cuestión central de las disciplinas espirituales. Creo que el autor declara aquí la problemática existencial del que aspira a una realización espiritual, la que va a ser ilustrada en adelante en dos planos superpuestos: a través de la dificultad de conseguir su deseo en el terreno amoroso, y a través de la propia dificultad del lector de penetrar su texto.

Establecido así el tema, analizaré más adelante la técnica narrativa y su conexión con varios libros populares en la época del Arcipreste desde esta perspectiva. Estos son el *Calila e Dimna* y las *maqāmāt* árabes y judeoespañolas, textos en que el didacticismo está presentado a través de ambigüedades, contradicciones, sorpresa, inversión de valores, ilógica, digresiones, entretenimiento y humor. En los tratados sufíes hacen parte del llamado "método indirecto" de enseñanza, cuya intención es ayudar al "buscador" a desarrollar las facultades cognitivas necesarias para alcanzar su meta. No es mera coincidencia que en estos textos también se advierta al lector sobre la indispensabilidad de buscar lo real detrás de las apariencias y de saber leer entre líneas.

Seguidamente, analizaré la consabida ambivalencia entre buen amor y loco amor, a través del estudio de diversos tratados del amor cortés del mundo árabe y cristiano, de la poesía mística y de los llamados cuentos-enseñanza. En este contexto comentaré el *Yusuf y Zulaikha*, de Hakim Jami (siglo XV), poema en lengua persa que, aunque escrito cien años después del *LBA*, es uno de los principales exponentes de los preceptos sufíes clásicos. En él se refleja el concepto del amor como sustancia primordial, cuando se refiere de forma alternativa—y aun simultánea—tanto a la pasión humana como al amor espiritual, tal como figuraba ya en el amor *udhri* del inicio del islam. En todos estos textos hay un amor desdoblado en el "loco amor" y el "buen amor."

Finalmente, la tan debatida cuestión de la astrología merece especial atención, ya que en él se puede ver la posición filosófica de J.R., con relación al destino del hombre que es, en mi lectura, una postura esencial de las escuelas de desarrollo interior.

Antes de proseguir, se hace necesaria una aclaración sobre algunos términos que uso de manera intercambiable, aunque no signifiquen estrictamente lo mismo, al referirme a ciertas propuestas afines al sufismo sobre el alma humana y su posibilidad de transcendencia. Ellos son: filosofía hermética/pitagórica o neoplatónica/emanantista; filosofía "secreta"; escuelas místicas, o del "Camino"; ciencias esotéricas, metafísicas, gnosticismo, iluminismo. La multiplicidad de nombres responde al concepto de "sabiduría" como una cadena ininterrumpida de conocimiento que se ha llamado filosofía perenne, que se manifiesta en diferentes momentos históricos bajo diversas formulaciones, trabajando a veces de manera oculta y otras abiertamente, con diferentes metodologías, pero conservando de modo general los mismos principios axiomáticos, que es el perfeccionamiento humano. No estoy diciendo que unas son las derivaciones de las otras en un sentido lineal, sino que su impulso interior es idéntico y atemporal, y que están diseñadas para guiar la conciencia humana hacia una percepción y realización más elevadas.

El hecho de que me he referido desde el comienzo al sistema sufí es porque esta particular manifestación de la llamada filosofía perenne es la que floreció en el islam y pasó a España con la conquista, como demostró Miguel Asín Palacios, por lo tanto, sería la que influyó más directamente en la literatura española y, creo, en nuestro Arcipreste.

Mi esperanza es que el análisis de este trasfondo cultural y su comparación con el *LBA* sirva de preparación para una lectura alternativa de este singular poema, siguiendo sobre todo el consejo del Arcipreste acerca de las sutilezas escondidas: *la manera del libro, entiende la sotil* (65b) para poder llegar a comprender un poco más el propósito de cada una de esas aparentemente desordenadas partes y entender la unidad subyacente, a la vez que disfrutamos de su revitalizante comicidad.

Huellas del sufismo en el *Libro de buen amor*

2: El misticismo islámico: su presencia en España y en el *LBA*

La necesidad de dedicar algunas páginas a la disciplina sufí y a su presencia en la Península Ibérica antes de abordar de lleno sus posibles conexiones con el *Libro* se hace perentoria, debido a la escasa atención que en general los hispanistas, con la excepción de Castro y Asín Palacios, le han dispensado al tema.

Sin embargo, numerosos investigadores no hispanistas han abordado el estudio del sufismo, especialmente desde el siglo pasado, aunque con las restricciones propias del acercamiento escolástico que observa el fenómeno desde afuera y desde otra perspectiva cultural. [1]

La mayor dificultad del estudioso que aborda el tema es, como ya he mencionado, la enorme variedad de sus actividades de acuerdo al momento, lugar o idiosincrasia de cada una de las muchas órdenes, lo cual hace a veces complicada la tarea de deducir un "método". Uno de los aspectos más desorientadores es el caso de la práctica en la orden de los *Malamati* (del árabe *malama* o "culpa"), el "Camino de la culpa", que consiste en actuar de manera reprobable ante los ojos de la sociedad por diversas razones y con variados efectos. Esta práctica puede que haga parte de las exigencias de un determinado camino, que requiere

---

[1] Algunas obras clásicas sobre el sufismo son: A. J. Arberry, *Sufism: An Account of the Mystics of Islam* (London: Penguin, 1950); R. A. Nicholson, *The Mystics of Islam* (London: Penguin-Arkana, 1989), y Louis Massignon, *The Passion of al-Hallaj*, 4 vols., (Princeton, NJ: U. P., 1982).

atraer oprobio hacia sí mismo como manera de combatir la vanidad y desenmascarar el llamado "falso ego" o "yo dominante" (*nafs*).[2] O puede estar conectada con la llamada técnica de "desvío", adoptada por un guía que actúa de forma contraria a las expectativas de los postulantes a fin de disuadir a candidatos inadecuados. Estos son apenas ejemplos de la falta de ortodoxia del sistema que, al desconocerlos, lleva a la confusión.

A esto debe sumarse la dificultad de entender los múltiples significados de un simple vocablo, debido a la variedad de combinaciones vocálicas que permiten las lenguas semíticas, y al desconocimiento del sistema *abjad*, que emplea el valor numérico de cada letra para cifrar o descifrar textos, práctica común en poesía árabe a partir del siglo XII y en los tratados de alquimia.[3] Los sufíes a menudo han aprovechado el *abjad* para crear palabras en código, o con múltiples significados, ya sea a fin de protegerse de posibles inculcaciones de herejía o para proteger la información del peligro de la vulgarización o institucionalización de sus maneras u otros usos

---

[2] Julian Baldick, en su *Mystical Islam. An Introduction to Sufism* (New York U. P., 1989) 17, nos da algunos ejemplos de este extraño comportamiento: "Pretending to engage in illicit sexual relations, behaving like a madman, sitting on a dunghill, and so on [. . .] the mystic puts himself in a position where he is indifferent to the opinions held by others about him, or indeed prefers to be despised."

[3] El sistema *abjad* consiste en la substitución numérica de letras de acuerdo con la convención semítica. La suma de los valores da un nuevo número, el cual, dividido en unidades, decenas y centenas, da origen, a su vez, a una nueva palabra (o palabras, dada la flexibilidad que dan las variaciones vocálicas), todas ellas conectadas de alguna manera el vocablo o idea original. Por ejemplo, las palabras *Alf Layla wa layla* = Mil y una noches, al ser decodificadas con el sistema *abjad*, resulta en *Umm el Quissa* = Fuente o Madre de Registros, que sería el significado subyacente del palimpsesto oriental. Para comprender mejor el funcionamiento, véanse los varios ejemplos proporcionados por Idries Shah, en *Los sufis,* capítulos "El lenguaje secreto, I, II y III.

inadecuados, limitando la transmisión de la misma a un grupo selecto de lectores que estarían en condiciones de usar sus procedimientos.

Por fortuna, a partir del siglo XX surgieron traducciones a lenguas occidentales publicadas desde dentro del sufismo contemporáneos, lo que ha posibilitado la transmisión a Occidente de una buena parte de sus principios a modo introductorio para su estudio. Pero esto ha tenido también sus consecuencias inevitables y no siempre estimulantes para el investigador. En la medida en que la literatura se hizo más accesible, centenas de grupos autodenominados "sufíes", pero esencialmente imitativos, crecieron de la noche a la mañana en Europa y en América, verdaderos cultos que guardan poca semejanza con el estudio serio de aquella doctrina y que dan una impresión errónea de lo que es la actividad real. Cualquier visitante curioso podrá atestiguar con facilidad las actividades de agrupaciones de "derviches giradores" en algún barrio de Londres, Los Ángeles o Buenos Aires, que repiten imitativamente fórmulas, rituales y ejercicios pero que cumplen apenas una función terapéutica entre sus miembros, que acuden por diversas motivaciones de orden social o psicológico.[4]

La reintroducción del sufismo en Occidente también dio lugar a la publicación de considerable cantidad de libros sobre esoterismo, en los que, con frecuencia, se plagiaron materiales y se creó mayor

---

[4] "Derviche" deriva del persa *darwish* que significa "pobre" y también "aquél que espera a la puerta", con la doble connotación de la puerta del proveedor de limosna y la "puerta de la iluminación". Por lo tanto, podría decirse que el "derviche" es el practicante que sigue el camino, o *tariqa*, y el "sufí" es el producto final. Naturalmente, entre todas las disciplinas humanas, la religión y la espiritualidad son las que más se prestan al auto-engaño y la confusión.

confusión. No es de extrañar entonces que ante tanta literatura pseudo espiritual y ante tanto cultismo, el estudioso que por acaso haya tenido noticias del sufismo a través de tales fuentes sienta rechazo o poco interés en investigarlo. Pero, como asegura Rumi, la moneda falsa existe sólo porque también existe tal cosa como la moneda verdadera. Lo cierto es que la práctica de esta doctrina ha producido los más grandes escritores y poetas del Oriente y de la España arabizada, cuya influencia en la cultura europea es incalculable. Y, a pesar del "circo" de las últimas décadas, hay que admitir que existen lectores que de alguna manera intuyen la importancia de sus escritos entre los clásicos; sólo esto explicaría por qué Rumi es uno de los poetas más leídos en los Estados Unidos. Bastaría visitar la sección de poesía de cualquier gran librería del país para constatarlo.

Sirva este preámbulo para justificar la necesidad de ubicar al sufismo dentro de la categoría a la que pertenece, esto es, una sofisticada escuela de psicología de origen oriental y que tiene como meta la expansión de la consciencia. Aunque comparta la misma base filosófica con las teorías herméticas, pitagóricas y neoplatónicas, el sufismo tiene su propio *modus operandi,* así como una extrema versatilidad, variedad de apariencias y adaptabilidad.

Antes de adentrarnos en la presencia sufí en España, conviene describir lo que normalmente se entiende por misticismo.

Karen Armstrong, al hablar del peligro de un "Dios personal" (el de la mayoría de los nominalmente devotos) opina que esto es apenas una etapa en el desarrollo de las religiones, y que el misticismo es una evolución posterior:

> When monotheists turned to mysticism, however, mythology reasserted itself as the chief vehicle of religious experience. There is a linguistic connection between the three words "myth", "mysticism" and "mystery". All are derived from the Greek verb *musteion:* to close the eyes or the mouth. All three words, therefore, are rooted in an experience of darkness and silence. They are not popular words in the West today. The word "myth", for example, is often used as a synonym for a lie [. . .]. Since the Enlightenment, a "mystery" has been seen as something that needs to be cleared up [. . .]. Similarly, "mysticism" is frequently associated with cranks, charlatans or indulgent hippies. Since the West has never been very enthusiastic about mysticism, [. . .] there is little understanding of the intelligence and discipline that are essential to this type of spirituality.[5]

Si estudiamos las grandes religiones de la historia—aquellas que han tenido cierta trascendencia y perdurabilidad—es posible notar que cada una de ellas contiene o ha contenido en algún momento de su existencia una corriente viva de espiritualidad que va más allá de sus dogmas externos y ofrece una vía de contacto directo con la divinidad. Es decir, para cada doctrina existe una función exterior de estabilización social y sanción de normas de conducta, y una función individual de perfeccionamiento espiritual. Este segundo aspecto de las religiones, que gusta a un pequeño número de adherentes, mentes inquisitivas atraídas por el concepto

---

[5] Karen Armstrong, *A History of God* (New York: A. Knopf, 1994) 211.

del "misterio central", tiene como objetivo el despertar ciertas facultades mentales, alcanzar una total realización del potencial humano, transcender las limitaciones y, en su máxima expresión, lograr lo que se ha llamado tradicionalmente por diversos nombres: sabiduría, conocimiento o percepción superior, extrasensorial, acercamiento a Dios, a la Verdad, a los Orígenes, la iluminación, el "Jardín Secreto", entre otros tantos.

Es precisamente en esta función interior en que los credos universales se conectan y en donde el ecumenismo religioso tiene su realidad. Los emanantistas griegos, por ejemplo, así como los maniqueístas y los gnósticos de los primeros tiempos del cristianismo, representaron tal corriente. El mosaico de cultos y sectas que pululan en la historia de las sociedades son derivaciones deterioradas y cristalizadas, en mayor o menor grado, de un principio más universal que responde a un deseo intrínseco sentido ya sea de forma recóndita o explícita por el humano. Es en esta concepción de los credos como un *continuum* que se entienden las palabras de San Agustín: "Lo que llamamos cristianismo existió entre los antiguos y nunca dejó de existir desde los comienzos de la raza humana."[6]

En cierta manera, podría decirse que el sufismo es su manifestación dentro del islam, donde floreció al encontrar un terreno más propicio para su expansión dada la característica íntima del credo islámico, la relativa tolerancia y otros factores históricos, como lo explica Américo Castro en su reseña sobre los "Ascetas y Místicos Sufíes":

---

[6] San Agustín, *Epistolae*, Lib. I, xiii, p.3.

> La ascética y la mística hallaron pronta y abundante expresión en el islamismo. [Como] la estructura de la nueva religión incitaba a ello, fue posible utilizar los contactos con el neoplatonismo cristiano o budismo [. . .]. El sufismo contó en seguida con numerosos adeptos, situados de hecho frente a la ritualidad oficial de la mayoría de los fieles. Un movimiento análogo dentro de la Iglesia cristiana hubiese significado un riesgo muy serio y habría sido contrario a la misma estructura de la Iglesia.[7]

Dada la similitud con la filosofía hermética y neoplatónica, Castro no duda en anunciar que:

> El sufismo, como la especulación neoplatónica que le sirve de base, está siempre inclinado a borrar los límites entre el hombre y Dios. Un sufí dice: en el principio mi alma y la tuya no eran sino una [. . .]. Yo no soy yo, Tú no eres tú, Yo soy a la vez Yo y Tú.[8]

Asimismo, Asín Palacio ha visto el sufismo como "derivado" del cristianismo original, por hallarse este cargado de nociones neoplatónicas.

Pero los mayores exponentes de esta disciplina reclaman un origen más lejano, en los albores de la humanidad, y advierte que su doctrina no puede adscribirse exclusivamente al islam, ya que todas estas corrientes son fenómenos temporarios que responden a algo de mayor durabilidad. De ahí la tolerancia que Castro halla contenida en el Corán:

---

[7] Castro, 340.

[8] Castro 306.

> La idea sufí de que todos los caminos llevan a Dios estaba ya sugerida en aquel libro [Alcorán] fundado a su vez (me atrevo a pensar) en la creencia de que nada es sustancial ni seguro fuera de la esencia divina. [. . .] la ascética y la mística musulmanas (sufismo) hubieron de hacer de la tolerancia (o de la indiferencia dogmática) el centro mismo de su experiencia religiosa, basada en el amor de Dios.[9]

La conquista por parte del islam de grandes territorios donde la tradición hermética ya existía hizo que de alguna manera cuajaran estos principios y dieran origen a lo que históricamente se llama sufismo. Shah explica:

> Según la tradición sufi, el hundimiento del orden antiguo en el Próximo Oriente operó la reunión de las "gotas de mercurio", es decir, las escuelas esotéricas que funcionaban en los imperios egipcio, persa y bizantino, para integrarlas en la "corriente de azogue" que era el sufismo intrínseco y evolutivo.[10]

Y, citando a Halki, continúa: "Olas innumerables, que pasan destellando por un instante bajo el sol—todas formando parte del mismo mar."[11]

Por otra parte, los propios historiadores han comprobado que cristianos y judíos, además de

---

[9] Castro 220.

[10] Shah, *Los sufis* 67.

[11] Shah, *Los sufis* 75.

musulmanes, fueron discípulos de esta filosofía práctica, lo que prueba el ecumenismo del sistema.

Resulta así que el enfocar al sufismo con miras a sus orígenes o su trayectoria es una tarea tanto ardua como innecesaria, desde el punto de vista de sus maestros. Annemarie Schimmel comprende la dificultad de la tarea cuando advierte que:

> To write about Sufis, or Islamic mysticism, is an almost impossible task. At the first step, a wide mountain range appears before the eye [. . .] to set out and delineate some main features of Sufism both historically and phenomenologically, will yield no result that satisfies everybody: it is easy to overlook certain aspects and give too much weight to others.[12]

Esto no evitó que otros intentaran trazar la historia de su desarrollo. Es el caso de Julian Baldick, quien centra su estudio en una enumeración cronológica de nombres y escuelas y sus propios comentarios que, lamentablemente, no se ven apoyados por citas directas de los mismos clásicos que menciona.[13]

---

[12] Annemarie Schimmel, *Mystical dimensions of Islam* (University of North Carolina, U. P., 1975) xvii. Este texto es a menudo consultado para el estudio del sufismo en los medios académicos, y contiene una gran cantidad de información. Sin embargo, el peligro del que nos advierte es muy real: para acercarse a una comprensión del sistema, se hace necesario el estudio directo de los textos sufíes, que abarcan material experimental.

[13] Baldick 65. El autor dice sobre Al-Ghazzali "received a vast amount of attention in the West, which he hardly deserves since his work has neither the spirituality nor the philosophical rigour with which it has often been credited." Es recomendable, sin embargo, que el lector tome esto como lo que es, una opinión personal de Baldick, y que se informe por sí mismo, yendo directamente a los escritos de este eminente sufi medieval.

Tampoco buscar una definición de tal doctrina ayudará mucho. Desde luego, intentos no faltan, podrían llenar el presente capítulo, y todas serán de alguna manera incompletas, según los propios sufíes, quienes desestimulan tal ejercicio intelectual. Sin embargo, la advertencia no siempre es tomada en serio.

Baldick nos dice:

> Here I shall give a preliminary reply to the classic question "What is Sufism," which the Sufis have always been fond of asking, and of answering with poetic or allusive evocations of their experience (which one could hardly call definitions).[14]

Evidentemente, este investigador no se resigna a la idea de que algo no tenga definición, y no pudo resistir el buscarle una que satisfaga la demanda de racionalidad; por lo tanto, nos avisa inmediatamente que sería algo así como "between monasticism and Freemasonry".

También parece ser un ejercicio inútil el querer sistematizar la enseñanza, y a menudo el observador exterior queda confuso al buscar—como lo haría en cualquier dogma—una serie de reglas sobre lo permitido o lo prohibido. Baldick lo ha señalado acertadamente, cuando habla de los diferentes "senderos" dentro del sistema:

> In later centuries it is common for a Muslim to belong to two or more "paths" at the same time and engage in practices which are forbidden in one (such

---

[14] Baldick 3.

as listening to the flute) but permitted in another. What seems self-contradictory to the westerner is, seen from a Sufi angle, entirely natural: to travel on different paths to the same destination.[15]

Lo que estas escuelas buscan es superar las limitaciones de la lógica—que a menudo conduce a falsos silogismos—y la subjetividad, haciendo uso para ello de muy diversos métodos, desconocidos dentro de los sistemas educativos convencionales. Giovanna de Garayalde, en su estudio sobre las fuentes de inspiración de Jorge Luis Borges, explica:

> The Sufis maintain that man, like all living beings, is included in a continual and evolutionary process within the Universe. It is man's duty to take part harmoniously in this process and to participate in the advancement of this evolution. But because of his way of seeing things, he can only become partially aware of the process. His perceptions are faulty because they are subjective and relative and conditioned by the outside world; therefore, man interprets things according to limited patterns that are not objective and consequently he has little capacity for judging things correctly.[16]

Si hay un punto en común entre todos los estudios llevados a cabo es este: se trata del camino del "Amor". Castro lo explica así: "El amor a Dios entre los sufíes es la

---

[15] Baldick 77.

[16] Giovanna de Garayalde, *Jorge Luis Borges: Sources and Illumination* (London: The Octagon Press, 1978) 13.

fórmula del esfuerzo concentrado del alma para absorber la apariencia de la existencia personal en la realidad del Ser divino que lo abarca todo."[17] En otro momento, cita al sufí de Murcia, Ibn el Arabi:

> Mi corazón puede tomar cualquier forma:
> es un pasto para gacelas
> y un convento para monjes cristianos.
> Un templo para ídolos, y para la Ka'aba
> de los peregrinos,
> y para las tablas de la Tora,
> y para el libro del Alcorán.
> Sigo la religión de amor:
> sea cual fuere el rumbo de los camellos
> de mi amor, allá están mi religión y mi fe.[18]

Pero, como sucede en todo sistema esotérico, este "amor" está íntimamente ligado a la activación de ciertas modalidades mentales. Si el amor es el combustible, digamos, y el vehículo es el sistema o doctrina, la práctica es una no necesariamente ligada al discurso de la lógica. Así lo resume Karen Armstrong:

> The experience of the Sufis showed that it was possible for people to attain a vision of God that was philosophically sound <u>without using logic and rationality.</u> Instead of syllogisms, they used the imaginative tools of symbolism and imagery.[19] [subrayado mío]

---

[17] Castro 306.

[18] Castro 220.

[19] Armstrong 184.

Las reflexiones de Richard Kinkade destacan éstas y otras marcas de la amplia actividad de tales escuelas en este pasaje de su artículo:

> Above all, the Sufis represent an effort to divulge and disseminate an awareness of higher truths and this they do mainly through the paroemiological use of allegory. Sufis advocate interior change through external methods, the concept that a student grows in perception until such time as he is able to apprehend a degree of unity in apparent multiplicity. All literary forms but most especially the joke, the moral tale, the parable and the fable, are used to produce a transmutation of consciousness which is in direct contrast to the formal intellect which Sufis feel cannot arrive at the truth because of an ingrained process into categories of true or false, black or white, while neither of these mundane realities may in fact be remotely related to the spiritual or metaphysical concept which the Sufi wishes to inculcate [. . .]. Sufis have to use the basic elements which exist in every human being, and which are not entirely killed by any form of conditioning [. . .]. Of these the first and permanent one is love. Love is the factor which is to carry man, and all humanity, to fulfillment.[20]

Nótese que Kinkade describe aquí varios temas y técnicas que serán también recurrentes en el *Libro de buen amor*: el tema del amor, el de las apariencias que esconden la

---

[20] Kinkade, 63, 64.

unidad (corteza y meollo), así como la diversidad de géneros literarios y el uso del humor, métodos elaborados por el sufismo a fin de trabajar con un área mental no condicionada por los patrones normales de pensamiento mecánico. La siguiente es la opinión que nos da Shah, desde dentro de la escuela: [21]

> Los Sufis afirman que cierta actividad mental o de otro tipo puede producir, en condiciones especiales y con determinados esfuerzos, lo que se llama un funcionamiento superior de la mente que conduce a percepciones especiales, cuyo órgano está latente en el hombre común. Sufismo, por lo tanto, es trascender las limitaciones ordinarias. No debe sorprender, entonces, que algunos hayan vinculado la palabra *Sufi* con el vocablo griego para la sabiduría divina (Sofía) y también con el término cabalístico hebreo *ain sof* (el infinito absoluto) [. . .] si bien los mismos Sufis señalan que su conocimiento ha existido durante varios milenios, niegan que sea un derivado y afirman que es un

---

[21] Siguiendo el principio de que la enseñanza esotérica debe adaptarse a la sociedad a la cual se dirige, Shah ha llevado a cabo la inmensa tarea de actualizar la información de manera que pueda ser útil al hombre y mujer común del mundo moderno. Pero esto le ha valido la crítica contraria de algunos orientalistas que lo acusan de haber popularizado la enseñanza, actitud propia de quienes creen que el conocimiento es monopolio de los "especialistas" de la academia, cuando en realidad este tipo de saber esotérico es sólo aprehendido por aquél que posee suficiente percepción. A pesar de alguna crítica escolástica adversa, pensadores, escritores y poetas renombrados como Eric Fromm, Robert Graves, Tedd Hughes, Doris Lessing y Desmond Morris, entre otros, han estudiado y reconocido en sus propios libros y declaraciones la autenticidad de lo presentado por Shah.

equivalente de las corrientes hermética, pitagórica y platónica.[22]

A pesar de este pedigrí, el sufismo no resulta atrayente más que para una minoría, dice el poeta Robert Graves, para aquellos que poseen un "innato sentido del misterio central". [23]

2.1 Sufíes medievales y su influencia en España

Todos los escritos sufíes que de una manera u otra llegaron a la Península Ibérica enfatizan estos temas y técnicas que he apenas esbozado en esta introducción. Aunque no intento hacer una enumeración cronológica, por las razones ya enunciadas, citaré al menos algunos de estos intrigantes individuos y sus legados, a modo de ejemplo de los principales pilares de su filosofía, de su manera de enseñar y de sus estilos literarios. Me detendré en autores cuya manera de operar guarda relación, según mi lectura, con aquélla que guio la pluma del Arcipreste de Hita.

Quizás el nombre más notable, por la profunda influencia que ha ejercido en Occidente, es Al-Ghazzali, (1075-1141), el gran filósofo conocido en Europa como *Algazel*. Ocho siglos antes de que Pávlov explicara el mecanismo del condicionamiento mental a través del estudio de la

---

[22] Shah, *El camino del sufí*. (Paidós, 1986) 19. Nótese asimismo la otra explicación del origen de la palabra "sufí" que difiere de la conocida asociación con la "lana" de los ermitas cristianos. En otros tratados sufíes, desde dentro de la tradición, se alega que el objetivo del sufismo no es meramente la realización personal de un individuo sino la evolución de la raza humana, no ya en términos meramente físicos sino perceptivos.

[23] Shah, *Los sufís,* 228.

conducta animal, Al-Ghazzali ya describía el proceso, especialmente términos de fe religiosa, y advertía sobre la inutilidad de aquellos dogmas adquiridos a través del adiestramiento psicológico o adoctrinamiento social.

Armstrong dice: "Al-Ghazzali was as aware as any modern skeptic that certainty was a psychological condition that was not necessarily objectively true." Y acerca de su concepto sobre el razonamiento, agrega:

> But in order to make it clear that by "reason" he did not merely refer to our cerebral, analytical powers, Al-Ghazzali reminds his readers that his explanations cannot be understood in a literal sense [but as] figurative language [. . .]. Some people possess a power that is higher than reason [. . .] People who lack this faculty should not deny that it exists simply because they have no experience of it [. . .]. This sounds elitist, but mystics in other traditions have also claimed that the intuitive, receptive qualities demanded by a discipline like Zen or Buddhist meditation are a special gift, comparable to the gift of writing poetry. [24]

Los libros de Al-Ghazzali fueron quemados tanto en Siria como en España por los teólogos musulmanes, pero su tremendo impacto en la filosofía tomasina y franciscana es ampliamente reconocido.[25] En España, las teorías de Al-Ghazzali fueron transmitidas mayormente por los filósofos judíos, como se verá más adelante.

---

[24] Armstrong 117-19 y 187-89.

[25] Armstrong 190-92. Aquí la autora prueba también la influencia de Al-Ghazzali en la mística judía.

Por la misma época tenemos otro de los mayores escritores clásicos del sufismo, Fariduddin Attar de Nishapur, también llamado El Farmacéutico (1150-1229-30). Fue autor de ciento catorce libros, entre ellos el famoso *Parlamento de los pájaros*, cuyo argumento (el viaje de los pájaros como alegoría de la búsqueda de conocimiento) inspiró al *Parliament of Fowles* de Chaucer. Attar incorpora todo tipo de componentes ilustrativos: fábulas, máximas, proverbios y biografías, lo que lo asemeja en este sentido al *Libro* del Arcipreste. Sus escritos, según Garcin de Tassy, se asemejan al *Roman de la rose*, y pertenecen a la corriente súfica en forma de romance que se introdujo en Europa. Murió a manos de los ejércitos de los mongoles, igual que Najmuddin Kubra, en el siglo XIII.

Kubra, también llamado el "Pilar de su Época", fue un maestro sufí al que se le atribuye el poder de comunicación con los animales, y con el que tuvo contacto San Francisco de Asís durante sus viajes al Oriente.[26]

Hakim Sanai (siglos XII y XIII) fue uno de los primeros maestros persas que usó el motivo del amor. Su obra más conocida, *El jardín amurallado de la Verdad,* encierra varios posibles niveles de lectura. Sobre su especial estructura, Shah hace un comentario que bien se podría aplicar al libro del Arcipreste, tan colmado de constantes fluctuaciones en el enfoque de un mismo tema:

> El resultado es un cambio en las percepciones análogo al del enfoque sobre un mismo tema. Si se utilizan una serie de métodos interpretativos con este libro, se revela un conjunto muy interesante de

---

[26] Shah, *Los sufis* 293-300.

material de instrucción, casi un sistema.[27]

Saadi of Shiraz es otro poeta clásico del siglo XIII (1184-1291) que preservó la transmisión de la enseñanza sufí a través de cuentos y aforismos de carácter multifuncional. Fue parte del grupo de escritores que sirvieron de fuente para la *Gesta Romanorum*, obra en latín ampliamente difundida en Europa. De sus libros, *El Gulistán* (*Jardín de Rosas*) y el *Bustán* (*El Huerto*), se dice que comprende una vasta gama de sabiduría escondida bajo una apariencia moralista, lo cual lo protegió del escrutinio de los teólogos musulmanes.[28] Esta apariencia de devoto también le habría servido a Juan Ruiz como escudo protector ante la mirada inquisitiva de la iglesia.

Jalaluddin Rumi (1207-1273) es sin duda el más célebre de todos los mentores espirituales, fabulista y poeta por excelencia, y su *Masnavi*—o al menos, partes de él—es el libro escogido de los amantes de la poesía trascendental. Su técnica consiste, como la del Arcipreste, en dar a cada uno lo que puede llegar a absorber. Su obra *Fihi ma Fihi* significa, justamente, "en él, lo que hay en él", o dicho de otra manera: lo que en él hay *para el lector,* según su capacidad de entendimiento.

Al respecto, Idries Shah comenta:

> Rumi, como otros tantos autores Sufíes, ubica sus enseñanzas dentro de un contexto que con eficiencia puede tanto ocultar como manifestar su significado interno. Esta técnica cumple con las funciones de impedir que quienes sean incapaces de utilizar el

---

[27] Shah, *El camino del Sufí* 120.

[28] Shah, *El camino...* 102.

material en un nivel superior puedan experimentar eficazmente con él, y permite que quienes quieran poesía la seleccionen: entretiene a la gente que desea historias' y estimula el intelecto de quienes valoran tales experiencias.[29]

También Chaucer recogió material de Rumi. El relato del peral, por ejemplo, se encuentra en el Libro IV del *Masnavi*.

La presencia de múltiples interpretaciones posibles en un mismo texto también es un sello de los escritos de Hafiz, otro celebrado poeta persa (m. 1389) cuyo *Diwan*, repleto de versos sensuales, encierra diversos niveles de la experiencia espiritual.

Este uso multifacético de un mismo elemento es, como ya se habrá podido deducir, típico de todo escritor de las escuelas metafísicas orientales. Y no por coincidencia también lo expresa explícitamente Ibn al Muqaffa en su prefacio del *Calila e Dimna,* como se verá más adelante.

Un buen número de sufíes dejaron manuscritos que se introdujeron en la España musulmana de diversas maneras, a través del constante intercambio entre Oriente y Occidente; pero otros trasmitieron su enseñanza oralmente, la que fue más tarde recogida por escrito por otros maestros. Un temprano ejemplo es la sufí Rabia quien, en el siglo VII, al comienzo de la era Islámica, hablaba ya de la doctrina del amor puro (sentimiento exento del temor al infierno o la codicia del Paraíso). Attar de Nishapur fue quien recogió su enseñanza y probablemente fue a través de su *Recital de los Santos*, de mediados del siglo XII, que la doctrina llegó a España (recuérdese aquel poema anónimo "No me mueve, mi Dios,

---

[29] Shah, *El camino...* 123.

para quererte...")._ Pero también puede haber sido introducida por Dhu'l-Nun, o *Dulnún El Egipcio* (m. 861), como sugiere Asín Palacios en su estudio del sufismo en *El Islam cristianizado*.[30]

Otros ejemplares entre quienes profesaron esta disciplina fueron no sólo prolíferos escritores sino también destacados científicos, artistas y músicos, exponentes de lo que más tarde llamaríamos "hombre renacentista". A Dulnún se le atribuyen tratados de alquimia y medicina, además de la elaboración de conceptos como los estados (*ahwal*) y estaciones (*māqamāt*) centrales en el camino *Mutassawif*. Otro ejemplo es Abu Nasr al Farabi, de Turquía (m. 980), cuyos trabajos—harto conocidos en España entre los filósofos musulmanes y judíos—fueron portadores de los conceptos emanantistas y ptolomeicos que tanto abundan en sus textos literarios.[31] También Ibn Kaldún, el primer historiador científico, confirma su adherencia a los principios de la disciplina sufí, así como Gerber, alquimista y padre de la química moderna.[32] Y Omar Khayyam, el célebre persa que poetizó sobre el amor en su doble signo, fue asimismo un matemático.

---

[30] La "doctrina del amor puro" en España está expuesta en el libro de Asín Palacios, *El Islam cristianizado*, 172. Siguiendo las huellas del profesor Palacios, hago una elaboración del concepto del amor en la mística española en mi artículo "El camino del Amor en el anónimo 'No me mueve, mi Dios, para quererte,'" *JAISA* (The Journal for the Association of the Interdisciplinary Study of the Arts), vol. 1. N° 2 (Spring 1996): 89-102.

[31] Para este concepto, véase Asín Palacios, 57, y Armstrong 174-75. En éste último, la autora dice que: "Like the Greeks, al-Farabi saw the chain of being proceeding eternally from the One in the successive emanations or 'intellects,' each of which generates one of the Ptolemaic spheres."

[32] Para una reseña de la inserción de los sufíes en la ciencia, véase E. Scott, *The People of the Secret* especialmente el capítulo VI.

Las enseñanzas y la producción poética de algunos de estos maestros los hizo célebres entre sus contemporáneos, valiéndoles el reconocimiento de reyes y sultanes. Tal fue el caso de Hakim Jami (al que dedicaré más espacio cuando trate la ambigüedad del signo del amor). Otros, en cambio, fueron mártires del fundamentalismo de la época, tales como Hallaj, ejecutado en Bagdad en 922 por declaraciones consideradas heréticas y por atribuirse a sí mismo propiedades divinas (que revelaban su interior identificación con Dios).[33]

Finalmente, Suhrawardi, (m.1191), seguidor de la disciplina del maestro Junaid y conocedor de Platón a través de Plotino y Proclo, extendió su filosofía a Persia, India y norte de África. De allí pasó a España donde tuvo un famoso e influyente discípulo, el franciscano y alquimista Roger Bacon (1214-1294), que estudiara en la escuela cordobesa de Ibn Masarra.[34]

2.2 Los sufíes hispanomusulmanes

El trabajo de estos iluministas hispanoárabes es incalculable y los conductos por los cuales su doctrina se extendió en Europa fueron varios y no siempre fáciles de detectar.[35] Por lo que atañe a esta

---

[33] Baldick 46.

[34] Shah cuenta, en *The Sufis*, 246, que "Roger Bacon (died 1294), wearing Arab dress, discoursed at Oxford, quoting the *Hilemat el Ishraq* (Wisdom of Illumination) identified with the Sufi school of Sheikh Shahabudin Suhrawardi." Y en la introducción al mismo libro de Shah, Robert Graves nos dice que ciertos pasajes de una obra en latín de Bacon mencionan la teoría evolucionista de los sufíes.

[35] Además de la obra completa del profesor Asín Palacios, para profundizar este tema puede consultarse Claude Addas, *Quest for the Red Sulphur. The life of Ibn Arabi* (Cambridge: The Islamic Texts Society,

propuesta, mencionaré solo algunas figuras y grupos claves a los que se adhirieron tanto los hispano-árabes y otros orientales islamizados como también una gran parte de la elite intelectual de los judíos españoles, a fin de resaltar los paralelos con Juan Ruiz en los dos puntos que ya he tratado : a) en cuanto a sus técnicas literarias y; b) en relación al ideario neoplatónico que impregnan el texto de Juan Ruiz (aunque con una fuerte tendencia conciliatoria entre neoplatonismo y aristotelismo).

El iluminismo de los sufíes tuvo su más destacado representante español en el siglo X en Ibn Masarra de Córdoba y su escuela, la que dejó una extensa y profunda marca en el misticismo hispanomusulmán. Asín Palacios retrata así el movimiento de los "masarríes":

> Verdadero sistema herético dentro del islam, con caracteres neoplatónicos, místicos y panteístas, que tienen su raigambre más honda en el alma española, y que a través de dos pensadores posteriores, Avicebrón, judío, e Ibn el Arabi, musulmán, iría a preocupar a la escolástica cristiana [. . .].[36]

Acerca de su enseñanza, el profesor Palacios observa:

> Porque Ibn Masarra sabía manejar como nadie la paradoja y la alegoría mística, de que tanto se abusa en la literatura de los sufíes, y con tales recursos, un mismo texto del Alcorán, que literalmente entendido es el colmo de la ortodoxia, préstase a ser

---

1993). Ambos autores tratan el período que comprende desde la llegada de los árabes a la península ibérica hasta Ibn el Arabi.

[36] Asín Palacios, 4.

escamoteado del todo y puede ser misterioso símbolo del panteísmo más desenfrenado.[37]

Alfred Guillaume analiza el estilo literario de Ibn Masarra, y nota que el iluminista árabe-andaluz

> Fue el primero en introducir en Occidente un uso <u>intencionalmente ambiguo</u> y oscuro de palabras comunes, y su ejemplo fue seguido por la mayoría de los escritores esotéricos subsiguientes.[38] [subrayado mío]

El sufismo introducido por Ibn Masarra se enriquece, a mediados del siglo XI, (cerca de 1066) con la llegada a España de un notable texto: la enciclopedia (las *Rasa il*) de los "Hermanos de la Pureza" (*Ijwan al-Safa*). Este documento fue traído desde Basra, o bien por el matemático El Majriti ("El madrileño"), cuya especialidad era la astronomía, y quien estaría estrechamente vinculado, según Francisco Rico, a los "Hermanos de la Pureza"[39], o bien por su discípulo, el médico y filósofo El Karmani, de Córdoba, quien, a su regreso del Oriente, se estableció en Zaragoza, según Asín Palacios.[40]

El *Ijwan al-Safa* era un grupo secreto de filósofos anónimos de Basra que en el siglo X produjo la primera enciclopedia de la que se tiene noticias, con 52 tratados,

---

[37] Asín Palacios, 48.

[38] Shah, *Los sufis* 414.

[39] Francisco Rico, *El pequeño mundo del hombre* (Madrid: Ed. Castalia, 1970) 76.

[40] Asín Palacios, 41.

publicada en aquella ciudad cerca del año 980. La finalidad de este proyecto fue la concentración en un sistema coherente de todo el cuerpo del saber posible de la época, tanto el de las ciencias, las artes y la filosofía, como la enseñanza de los métodos de autodesarrollo y su posterior diseminación.[41]

Para Francisco Rico, esta sociedad "nace y pronto florece en los aledaños del movimiento ismaili" (rama dentro del sufismo, en el norte de África), y agrega que la filiación hermética, pitagórica y neoplatónica de sus cánones es obvia.[42] Se sabe por otras vías que los "Hermanos de la Pureza" fueron una sociedad inspirada por los sufíes, lo que corrobora la asociación con los ismailíes encontradas por Rico.

Y según Armstrong:

> The Brethren were probably an offshoot of Ismailism. Like the Ismailis, they dedicated themselves to the pursuit of science, [...] and as the Ismailis, the Brethren were searching for the *batin*, the hidden meaning of life. Their Epistles (*Rasa il*) which became an encyclopedia of the philosophical sciences, were extremely popular and spread as far west as Spain [...]. Like the Muslim rationalists, they emphasized the unity of truth, which must be sought everywhere. A seeker after truth must "shun no science, scorn no book, nor cling fanatically to a single creed."[43]

---

[41] Shah, *Los sufis* 419.

[42] Rico, *El pequeño mundo* 61-63.

[43] Armstrong 180.

Ebhard Herbes transcribe un interesante texto de las *Rasa il*, en que se describe cómo sería el "hombre ideal, o completo" según sus anónimos autores:

> The ideal and morally blameless man should be of East Persian extraction, an Arab in his beliefs, a follower of the Hanifi school of law. His education should be Iraqi in its form, he should be a Jew from the point of view of experience of the world, a young Jesus in his habits, and holy as a Syrian monk. In self-knowledge, he should be as a Greek, and as an Indian in the interpretation of secrets. Lastly, he should be a Sufi in the totality of his spiritual life.[44]

En el siglo siguiente, la enciclopedia, o más bien el trabajo de Majriti basado en la enciclopedia, fue traducido al latín por el renombrado Adelardo de Bath (m.1142), conocido en Europa como el primer arabista inglés y precursor de Roger Bacon. La traducción de Adelardo, conocedor de las ciencias griegas y árabes, que había estudiado tanto en España como en Siria, fue el punto de partida de la expansión de las *Rasa il* en Europa. [45]. Asimismo, sirvió de inspiración al místico cristiano catalán Fra Anselmo de Turmeda (llamado el sufí Abdullah el Tarjuman, por los árabes-españoles) para su libro *Disputa de un asno con Fra Anselmo,* y a Roger Bacon para su *Novum Organ* (1250).[46]

---

[44] Véase el prefacio de Eberhard Hermes al *Disciplina Clericalis* de Pedro Alonso (Berkeley: University of California, U. P., 1977) 3.

[45] Por sus ideas, Adelardo era considerado un platónico, corriente emparentada con el sufismo.

[46] Shah, *Los sufis* 308-09.

Los no pocos estudios sobre el trabajo de los *Ijwan al-Safa* no dejan duda sobre la inmensa repercusión de sus formulaciones. Francisco Rico nos dice que "las huellas de los "Hermanos de la Pureza" rastreadas en los *Libros del saber de astronomía*, en la *Poridat*, en *La Doncella Teodor*, y en las *Siete Partidas* de Alfonso el Sabio, no dan todavía un panorama completo del influjo de las *Rasa il* en las letras peninsulares." Y recalca también su enorme influencia en Ramón Llull, donde la estructura jerárquica del cosmos y su construcción alegórica denotan una total compenetración del mallorquín con la microcosmía humana de los *Ijwan al Safa*.[47]

Pero también el *Picatrix*, la *Historia Universal* y el llamado *Lapidario* de Alfonso el Sabio están fundados en la doctrina de la unidad cósmica, y del macrocosmos y el microcosmos, concepto prominente en todos los trabajos producidos en el taller alfonsí. Según lo que se destila de los abundantes estudios, podemos concluir que todas las obras de origen oriental que circulaban en aquel momento habían sido influidas por los escritos de los sabios de Basra, y que el enciclopedismo del siglo XIII europeo debe su nacimiento a este esfuerzo de la *Ijwan al-Safa*.[48]

Juan Ruiz, fiel a esta riquísima tradición, también lo quiere abarcar todo, dándole a su enciclopedismo un especial tono entre humor y seriedad. Este querer tocarlo todo es la marca más sobresaliente, para algunos, del libro

---

[47] Rico, *El pequeño mundo* 58-85.

[48] E. Scott 105-128. Según este autor, varios personajes europeos acudieron a España en este momento histórico en busca de los conocimientos científicos y esotéricos, que luego introdujeron en sus países de origen. Esto nos induce a pensar que mucha de la literatura europea, incluso la concepción enciclopédica del saber, se nutrió de fuentes orientales y españolas.

del Arcipreste visto en su conjunto. Pero la amplitud de la experiencia y el buscar lo verdadero en todas las ramas del quehacer humano tenía, para el Arcipreste, una meta: llegar al "entendimiento". Este tópico se encuentra repetidamente en el texto, y es la premisa que Juan Ruiz deja sentada en el Prólogo-Sermón con que abre su poema en la versión más extensa del libro. Este afán del saber y el entender fue también la fuerza que impulsó a los "Hermanos de la Pureza" en su enorme emprendimiento.

En el siglo XII aparece una nueva escuela de iluministas en España. El nombre más conocido es el de Ibn Bajja, o Avenpace (m. 1138), quien introduce una nueva filosofía o "curso" dentro de la espiritualidad andaluza. Menéndez Pidal habla de un grupo de "selectos hombres" que transmitieron la ideología a Al Andalus:

> El más antiguo de ellos es Aben Bayiah, latinizado su nombre Avenpace. Como aristotélico mezclado de neoplatónico, concibe un misticismo opuesto al de Algazel. Frente a la absoluta espiritualidad mística de los sufíes, ensalza la razón, que es la que puede lograr la unión del alma con el entendimiento agente.[49]

Dentro de esta tradición emerge Ibn Tufayl (m.1185), conocido como Abubacer (latinización de su nombre Abu

---

[49] Menéndez Pidal, *Eslabón entre la cristiandad y el Islam* (Madrid: Espasa-Calpe, 1956) 46. Aquí debo aclarar que M. Pidal se hace eco de otros comentaristas en lo que respecta a la oposición entre Avenpace y Algazali. Sin embargo, en el *Mishkat* (*El nicho de las luces*) de Algazali, resulta claro que este da tanta consideración al desarrollo de las facultades intuitivas como a la razón. Véase la versión inglesa del "Mishkat," trans. W. H. T. Gairdner, en *Four Sufi Classics* (London: The Octagon Press, 1980) 57-160.

Bakr), discípulo de Avenpace, maestro del erudito Averroes y autor de *La historia de Hayy Ibn Yaqzan*, considerado hoy como el prototipo de Robinson Crusoe.[50] Pero Abubacer es ampliamente conocido en España en aquel momento no por esta obra sino por su conexión con Ibn Sina (Avicena en español, 980-1037), y su prestigio como filósofo dentro de las universidades cristianas. Avicena, por su parte, seguía a otros dos renombrados filósofos: Alkindi (m. 873) y Alfarabi (Alfarabius, m. 950), cuyos trabajos contribuyeron marcadamente a la difusión del ideario neoplatónico en Occidente, al seguir las teorías de Plotino.

A esta altura, la doctrina sufí, habiendo llegado por diferentes conductos, ya se había instalado en España e impregnado el sentir del español.

Al mismo tiempo, fue otra dominante figura árabe-andaluz, Ibn Rush (Averroes, 1126-1198),[51] quien introdujo en España la filosofía de Avicena y transformó el pensamiento escolástico cristiano que trajo consigo el racionalismo aristotélico, de modo que aquella corriente del neoplatonismo se manifestaba con diversos grados de aristotelismo.[52]

---

[50] En esta historia, su personaje crece en aislamiento en una isla desierta y, a través de una innata inteligencia intuitiva, llega a las mismas conclusiones sustentadas por los filósofos. Véase la versión en inglés, *Journeys of the Soul*, trad. R. Kocache (Londres: The Octagon Press, 1990).

[51] Además de esta contribución de enorme alcance, resulta interesante el hecho de que Ibn Rush ya había expuesto, en el siglo XII, la teoría de Jung del inconsciente colectivo., según comenta Shah en *Los sufís*, 452.

[52] El célebre Averroes (1126-1198), cuya estatua se puede apreciar en la mezquita de Córdoba, es conocido como "el Comentador" por haber traducido y comentado la obra de Aristóteles. Se opuso a Al-Ghazzali y pensó que lo había refutado, aunque esto no sea totalmente cierto desde el punto de vista de la escuela sufí. Asín Palacios, en *El Islam cristianizado* 40, traduce un trozo del *Fotuhat* donde Ibn el Arabi relata

Esto sería más notable en otro importantísimo centro de irradiación del sufismo en España desde el siglo XII: la escuela de Almería, a cargo de Ibn al Arif, discípulo de Ibn Barraján, heredero del pensamiento de Ibn Masarra. El alcance de este movimiento es inmenso, ya que sus numerosos adeptos estaban en permanente contacto con los filósofos del norte de África, de Arabia, y del resto de la Península Ibérica.[53] Asín Palacios subraya que

> ... el síntoma más vehemente de la continuidad del espíritu místico de Ibn Masarra en el seno del sufismo español lo encontramos en el enorme influjo ejercido por el foco esotérico de la escuela de Almería. Esta ciudad, heredera de Pechina, vino a ser [. . .] un semillero de sufíes heterodoxos o panteístas, cuya filiación masarrí es bastante verosímil.[54]

Según nos informa este investigador, el heredero de las nociones sufíes-neoplatónicas de Ibn Masarra fue Ibn el Arabi, quien recoge las nociones sobre la doctrina del alma de las Enéadas de Plotino, y en quien culmina todo el esoterismo hispanomusulmán. A finales del siglo XII y primera mitad del XIII, Ibn el Arabi es el poeta más

---

su encuentro con el filósofo Averroes. El joven Ibn el Arabi percibe que el método racional que el célebre "Comentador" había favorecido no le conduciría "hasta el grado en que nosotros estamos" refiriéndose al grado de sabiduría. De cualquier manera, Averroes influyó fuertemente en el pensamiento europeo, mucho más, sin duda, que en el islámico, donde el misticismo era demasiado importante para aceptar una teología basada en el racionalismo aristotélico.

[53] Véase Asín Palacios, 140-235, y Addas 52-61.

[54] Asín Palacios, 142.

destacado de todos los árabes nacidos en tierra española, y una de las figuras más sobresalientes dentro del sufismo. La perceptibilidad sobre la psicología humana de este poeta es asombrosa. Una de sus más notables aserciones es la teoría de los arquetipos, que ya había sido enunciada por el filósofo sufí seiscientos años antes de haber sido expuesta por Jung.[55] Volveré a hablar de este poeta más adelante, en relación al tema amoroso y el esfuerzo incesante, por su importancia para el análisis de la obra ruiciana. Por ahora, me limito a señalar que su estilo prosístico, paradójico y desconcertante que, según Asín Palacios, "no permite otra cosa que alusiones vagas y fugitivas" es típico de los textos metafísicos. En otra ocasión, el profesor Palacios comenta así la escritura del *Fotuhat*, uno de los libros del andaluz que él estudió: "prosa entreverada y apocalíptica, imposible de analizar con provecho para una clara y metódica explicación de su doctrina mística".[56] Sin duda el lector encontrará, en estas descripciones, una clara analogía con el estilo paradójico y enrevesado del autor de nuestro *Libro de buen amor*.

He citado algunos nombres importantes en el escenario de los sufíes españoles, pero el número de sabios que profesaron las doctrinas iniciadas por Ibn Masarra es inestimable. En su libro *Sufis de Andalucía,* Ibn el Arabi retrata la vida y la enseñanza de nada menos que setenta y un maestros de la España musulmana anteriores a él o coetáneos.[57] Sin necesidad aquí de detenerme más en tan ilustre lista, ya se podrá ver cómo esta vena de

---

[55] Rom Landau, *The Philosophy of Ibn Arabi* (New York: Macmillan, 1959).

[56] Asín Palacios, *El Islam cristianizado* 199.

[57] Asín Palacios, *El Islam cristianizado* 199.

pensamiento que corrió por el vasto cuerpo de literatura tuvo un vasto impacto en las letras de la España medieval. Hablo aquí de la corriente neoplatónica en el sufismo, porque esta es una conexión que la mayoría de los comentaristas han encontrado irresistible, dada la similitud de sus proposiciones. Pero conviene aclarar que esto es más un reflejo de la posición académica en general y no necesariamente una aserción de los mentores de estas escuelas, no muy amigos de definir su doctrina o identificarla con este o aquel sistema. Shah señala, por ejemplo, al hablar de Adelard: "según los sufis, el platonismo es una variedad de la corriente que más tarde se llamaría sufismo."[58]

Este cuerpo de formulaciones neoplatónicas (considerado ya sea como veta de sabiduría absorbida o transmitida por los sufíes, o como una variedad de sufismo, o como corriente paralela al mismo) tuvo tanto ascendiente en el sentimiento español como la otra, el aristotelismo averroense.

Para mayor aclaración del papel de estas dos áreas de la escolástica, veamos cómo lo presenta Asín Palacios en su síntesis:

> El renacimiento clásico, operado en el siglo XV en el seno de la Europa cristiana, tiene ya sus precedentes en la alta y baja Edad Media. El islam oriental, heredero de la ciencia griega y del espíritu cristiano, es el encargado de ese primer renacimiento [. . .]. En el espléndido califato de Bagdad resucitan efectivamente, desde el siglo VIII de nuestra era, varios sistemas neoplatónicos

---

[58] Shah, *Los sufis* 421.

impregnados de un intenso misticismo cristiano, que se divulgan rápidamente, merced a una copiosa literatura pseudónima y apócrifa. Uno de esos sistemas, el del pseudo Empédocles, caracterizado por la teoría de la Materia Espiritual [. . .] es introducido en España durante el siglo IX por un musulmán de estirpe española, Ibn Masarra el Cordobés, que consagra su vida a propagarlo entre sus correligionarios, amalgamado con las doctrinas y prácticas del sufismo [que son] injertadas luego en el sufismo español de la escuela almeriense, y pasa a fecundar la síntesis panteísta y teosófica del murciano Ibn Arabi y su escuela [. . .]. La España musulmana fue, pues, desde Ibn Masarra y por su causa, la patria de los más grandes místicos musulmanes [. . .]. Y como si la virtud germinativa del sistema masarrí necesitase más ancho campo aún para su fecundación, traspasa muy pronto los aledaños del Islam para propagarse con el malagueño Avicebrón a través del mundo judaico. A esta primera corriente del renacimiento griego en el islam, caracterizada por el agudo neoplatonismo místico de la escuela masarrí, sucedió otra corriente que, aunque matizada también de idealismo plotiniano, fue más aristotélica. Avicena en el Oriente fue su más eximio restaurador, pero también a nuestra patria corresponde, por Averroes y Maimónides, la gloria de haberla encauzado de manera definitiva [. . .]. Las dos corrientes, neoplatónica y aristotélica, encontráronse frente a frente, en el siglo XIII, en el estadio de las luchas escolásticas. Dos escuelas cristianas, la franciscana y la albertino-tomista, encarnaron en sus sistemas las ideas o, mejor, la dirección de ambas corrientes.

> Duns Escoto, legítimo heredero de Avicebrón y de Ibn Masarra, y Santo Tomás, continuador del espíritu del Estargirita y de su *Comentador*, pugnaron reciamente por la victoria definitiva. El triunfo, bien es sabido, correspondió al tomismo.[59]

Esta cita de Palacios no sólo nos sirve para sintetizar el fenómeno de las dos vertientes de pensamiento, sino también para entender por qué la tendencia moderna es desacreditar el estudio del misticismo islámico (o cualquier otro estudio de las ciencias transcendentales) y su fuerte componente neoplatónico, ya que "el triunfo correspondió al tomismo", lo que comprende al racionalismo y la lógica.

Es necesario aclarar que para los fines de las enseñanzas esotéricas ambos acercamientos no resultan incompatibles, pues razón e intuición se complementan para llegar al saber más elevado. Este es exactamente el espíritu que debió haber movido a Juan Ruiz, quien, más que reflejar una dicotomía escolástica, procura la reconciliación de ambas posturas, a través de las tácticas más insospechadas, haciéndose eco de la más genuina tradición espiritual.

2.3 Los sufíes hebreo-españoles y la cábala

En su estudio sobre la expansión de la teoría masarrí, Asín Palacios traza la trayectoria de misticismo árabe español y asegura que éste no se limitó a la esfera islámica pues, saltando las fronteras de los credos, formó desde muy temprano la visión de los pensadores judíos. Su

---

[59] Asín Palacios, 166-169. Para una mayor comprensión de esta complicada trama de las dos escuelas medievales y su relación con la mística, conviene consultar todo el capítulo de la citada obra, 140-170.

aseveración se basa en el estudio de las coincidencias conceptuales de los textos judíos y los árabes.[60]

A igual conclusión llega Luce López-Baralt, aunque por otras vías. En su indispensable estudio *Huellas del Islam en la literatura española,* la estudiosa presenta una serie de coincidencias entre la literatura española y la islámica, lo que le lleva a preguntarse cuál sería el eslabón que une, por ejemplo, al místico islámico con el español, con Santa Teresa, con San Juan de la Cruz, con la poesía a lo divino. Estos poetas españoles, reconoce López-Baralt, difícilmente habrían leído los tratados en árabe de musulmanes y judíos. Su primera solución fue recurrir a la teoría de la tradición oral, la que sin duda es perfectamente factible y ampliamente demostrada por Castro. Sin embargo, en el prefacio a la edición en inglés de su libro, esta investigadora aporta nuevas líneas de estudio, y sugiere que el "*missing link*" o supuesto eslabón perdido se encontraría en la cábala española, ya popularizada a esta altura, y en los místicos judíos.[61]

El panorama se vuelve más y más complicado. ¿Quiénes eran estos pensadores judíos que impartieron una

---

[60] Véase la nota 55.

[61] López-Baralt. Véase también en la edición en inglés de su libro *Islam in Spanish Literature; from the Middle Ages to the present,* trad. Andrew Hurley (New York: Leiden, 1992) 2, este pasaje:

"I am pleased to be able to say that we know a bit more today about the 'missing link' between the saints and Sufi mysticism than we knew before [. . .] I am over-enthusiastic in believing [. . .] the possibility that it is the Jews and converts from Judaism to Christianity who were, to some degree, responsible for bringing into the Western world a significant part of the cultural heritage of Islamic mysticism [. . .] many symbols and other constitutive elements of Islamic mysticism seem to have been adopted by the Spanish Cabala, and Moshé de Leon's *Zohar* is the chief example of this fact."

enseñanza esotérica, musulmana en toda su apariencia, sin dejar de ser en sí la máxima representación de la metafísica hebrea? El problema es fascinante y merecedor de un largo estudio, ya que revela la existencia de un origen común de ciertas prácticas caras al máximo ideario espiritual que subyace a las religiones. Aquí, nuevamente, me limitaré a aludir a algunos nombres y conexiones que servirán al investigador curioso como punto de partida, para señalar otro vehículo de transmisión entre los sufíes clásicos y el pensamiento español y, finalmente, subrayar los paralelos con Juan Ruiz.

Los siguientes son algunos de ellos:

Bahya ibn Pakudah (m.1080) inicia un período dominado por las discusiones acerca del papel de la razón en la comprensión de lo divino, lo que había provocado tanta desazón en Al-Ghazzali antes de adoptar la práctica *Mutassawif*.

Según explica Karen Armstrong:

> [Pakudah] had strong Sufi leanings: reason could tell us *that* God existed but could not tell us anything about him [. . .]. Bahya's treatise *Duties of the Heart* used reason to help us to cultivate a proper attitude toward God. If Neo-Platonism conflicted with his Judaism, he simply jettisoned it. His religious experience of God took precedence over any rationalistic method.[62]

El médico Josef ben Zadiq o Saddiq, de Córdoba (1080-1149), también parece haber recibido un fuerte influjo de

---

[62] Armstrong 186.

Al-Ghazzali y los "Hermanos de la Pureza", según se ve en su *Microcosmus*.

El físico toledano Yehuda Halevi, asimismo seguidor de Al-Ghazzali y autor del *Cuzari*, corrobora lo que afirmaron sus predecesores, que "logical demonstration of God's existence had no religious value."[63]

El poeta ya citado, Solomon ben Gabirol o *Avicebron* de Málaga (1021-1058), que escribió el *Fonts Vitae* y se lo conoce por su contribución al sincretismo entre lo aristotélico y lo neoplatónico, profesaba la disciplina de la escuela de Ibn Masarra, según Robert Graves.[64]

Shah agrega:

> Los franciscanos aceptaron sus enseñanzas, que fueron activamente transmitidas a la corriente del pensamiento cristiano después de haberlas sacado de una traducción latina efectuada aproximadamente un siglo después del fallecimiento de Avicebrón.[65]

Avicebrón fue una relevante fuente de conocimiento para los filósofos árabes posteriores, pero también para los teólogos cristianos, quienes lo tomaron por árabe converso.[66] Robert Graves, en su introducción al libro *Los Sufis,* dice que ejerció una influencia notable en la

---

[63] Armstrong 191.

[64] Shah, *Los sufis*. Introducción de Robert Graves 20.

[65] Shah, *Los sufis* 77.

[66] Rocío Olivares Zorrilla, *La imagen luminosa en dos obras de Gonzalo de Berceo,* p.70.

fundación de la orden franciscana, en la que Roger Bacon ingresó en 1247.

Moses ben Maimon o *Maimónides* de Córdoba (1135-1204), el célebre autor del *Guía para el perplejo* demuestra tanto un respaldo del averroísmo como una clara tendencia esotérica. Shlomo Pines asegura que su obra está impregnada del pensamiento del sufí Al Farabi, y agrega:

> The reader is thus faced with the challenge of reconstruction of the original whole out of pieces dispersed in various portions of the *Guide*. Maimonides even states that on certain points he <u>deliberately makes two contradictory assertions.</u> These and other precautions, which were intended to confuse readers of insufficient intellectual caliber or preparation, have turned the *Guide* into an enigma.[67] [subrayado mío]

Esta es otra evidencia de que la contradicción deliberada era una técnica a la que echaban mano los más influyentes escritores pre-ruicianos dentro de la tradición espiritual musulmana.

Moses ben Ezra de Granada, Samuel ben Tibbón, Simtob ben Falaquera y Abraham Abulafia son otros judíos españoles de fines del siglo XIII, quienes parecen haber adoptado estilos y contenidos sufíes. Abraham Abulafia, miembro de una agrupación cabalística, describe además prácticas de meditación y respiración que, según Palacios, son de origen musulmán. Cabe destacar que esta filiación de los pensadores judíos-españoles no es un secreto entre

---

[67] Véase el artículo de Shlomo Pines, "Maimónides", *The Encyclopedia of Philosophy*, vol. 5 (New York: Macmillan Publishing Co., 1972) 129-130.

ellos, quienes no ponen reparo en aceptarla.[68]

Quiero destacar ahora algunos aspectos de la cábala judía, que la conectan con el sufismo y las doctrinas herméticas.

Basándose en un estudio de Bershom Scholem, Baldick menciona que no existía entre los hebreos una auténtica tradición mística antes de la aparición de la cábala en el sur de Francia hacia el año 1200, y agrega:

> This is underlined by the fact that up to the thirteenth century, Jews in Muslim countries just imitated Sufi writings.[69]

Creo arriesgado hablar de una imitación, ya que ésta a menudo implica una copia sin cognición del sentido interior. Insisto, en cambio, en que la misma tradición que mantienen los sufíes encontró un eco en lo que hay de arquetípico en el pensamiento espiritual hebreo, lo que habría llevado, en cierto momento propicio, a la elaboración de los principales conceptos de la cábala.

Shah nos dice:

> Las enseñanzas de la Cábala parecían ancladas en la misma esencia de la antigua doctrina hebraica, la verdadera y antigua enseñanza que era, de hecho, una doctrina interna y secreta.[70]

La cábala y el sufismo, según el principio que afirma que

---

[68] *The Oxford Dictionary of the Jewish Religion*, ed. R. Werblowsky y G. Wigoder, (Oxford: U. P. 1997) 658.

[69] Baldick 20.

[70] *Los sufís,* 421-424.

la Realidad es una, pero se expresa bajo diferentes aspectos, tendría un mismo origen. Si buscamos "cábala" o "sufismo" en la enciclopedia hebrea, nos encontramos con que ambos sistemas son similares, pero la cábala ha recibido más del sufismo que viceversa, lo cual cobra sentido considerando la cronología, ya que la cábala se desarrolló (lo que se plasmó en forma escrita por lo menos) en la Francia meridional en el siglo XII, justamente durante el período de mayor actividad de los grupos esotéricos en Andalucía y Sicilia. La doctrina alegórica del "trono divino", o la del macrocosmos y microcosmos, entre otras, es una noción manejada tanto en la cábala como en la filosofía de los "Hermanos de la Pureza", en Ibn Masarra o en Ibn el Arabi. La conexión se aclara si notamos que Ibn Masarra fue precursor del judío Salomón Ibn Gabirol, o Avicebrón, quien propagó estos principios.[71]

Un libro cabalístico muy popular en España en su época es el *Zohar* (1275), de Moisés de León. Este tratado pone de evidencia, igual que los otros ya mencionados, un verdadero deleite por la técnica narrativa aparentemente caótica o carente de un desenvolvimiento linear, típicamente sufí y, como bien sabemos, ruiciana. Karen Armstrong dice:

> *The Zohar* (The Book of Splendor) is a sort of mystical novel, which depicts the third-century Talmudist Simeon ben Yohai wandering around Palestine with his son Eliezar, talking to his disciples about God, nature and human life. There is no clear structure and no systematic development of theme or ideas. Such an approach would be alien to the spirit of *The*

---

[71] Para la conexión cábala-sufismo, véase también Asín Palacios, 94-95.

Zobar, <u>whose God resists any neat system of thought.</u>[72] [subrayado mío]

2.4 Sufismo en el ámbito cristiano

El primer español y cristiano cuyos escritos denotan directa absorción del ideario sufí es Ramón Llull (1232-1315). Es ampliamente aceptado que la obra de Llull es única en su género por reconocer abiertamente que sigue aquellas enseñanzas. En efecto, él mismo declara al comienzo de su delicioso *Libre d'amic e amat* que "los más estimados entre los musulmanes religiosos son los sufíes", y que su libro sigue las pautas dadas por estos filósofos.[73]

El investigador Julián Ribera fue uno de los primeros en notar las fuentes de Llull en su estudio comparativo entre los místicos musulmanas y el mallorquín, concluyendo:

> Del estudio de algunas obras de los sufíes musulmanes hemos sacado la convicción profunda de que el célebre filósofo mallorquín es un *sufí cristiano*.[74]

Castro analiza algunos trozos del *Libre* de Llull y detecta significantes paralelos con textos de Ibn Al'Arif, Al-Hallaj e Ibn el Arabi de Murcia, y alega que estamos ante un ejemplo más de mudejarismo literario:

---

[72] Armstrong 247.

[73] Llull, *Libro de Amigo y Amado*.

[74] Julián Ribera, *Orígenes de la filosofía de Raymundo Lulio*, 198.

> La tradición neoplatónico-cristiana del amor divino se entrelaza con él con la mística musulmana, lo mismo que más tarde el Arcipreste de Hita dará un sesgo cristiano a obras islámicas de tema erótico.[75]

Otros investigadores han estudiado diversos aspectos del trabajo literario del místico y alquimista cristiano, pero todos los exámenes convergen hacia un único origen, lo que confirma más allá de toda duda la filiación del mallorquín. Para este estudio interesa especialmente la siguiente afirmación de Castro, por la coincidencia temática con el libro de Juan Ruiz. Después de notar que ni San Agustín ni San Bernardo ni el *Cantar de Cantares* tienen nada comparable al estilo de Ramón Llull, Castro agrega que "tampoco es cristiano enlazar la fruición amorosa con los sufrimientos que ocasiona hallar desamor en el amado, un tema familiar a la erótica árabe."[76]

Esto nos lleva, naturalmente, a pensar en la lírica trovadoresca y en los sufrimientos del desconsolado Arcipreste, tema que expondré más adelante, al analizar el amor cortesano y el ruiciano.

Como ya está reconocido, todos estos filósofos de origen árabe, judío o cristiano no habrían llegado a marcar el pensamiento español y europeo a no ser por el gran impulso dado por el equipo de traductores de Toledo. No es mi intención narrar la trayectoria de la escuela de Gundisvaldo o su continuación, bajo la dirección de Alfonso el Sabio, ampliamente examinada. Suficiente será recordar los elogios de Menéndez Pidal hacia el trabajo

---

[75] Castro 303.

[76] Castro 303.

pionero de Gundisalvo con respecto a este importante vehículo de transmisión cultural:

> Gracias a él se expresaron por primera vez en latín y se difundieron por el Occidente, lo mismo el aristotelismo neoplatónico del turco al-Farabi y del persa Ben Sina (Avicena en latín), que el sufismo o misticismo del otro persa, Al Ghazzali (Algazel).[77]

A fines del siglo XII y comienzo del XIII, Gonzalo de Berceo presenta rasgos, según Castro, de los taumaturgos árabe-musulmanes, especialmente en "Santo Domingo de Silos", y define su forma estilística como semejante al de la literatura sufí.[78] Hay que recordar que Berceo nació en la Rioja, camino entre la Occitania del Sur de Francia—región fuertemente impregnada de actividad súfica y donde emerge la cábala judía y florece la alquimia— y Andalucía.

Un interesante caso es el ya comentado Fray Anselmo Turmeda (1355-1423), místico franciscano nacido en Palma de Mallorca, que escribía tanto en catalán como en árabe, que llegó a convertirse al islamismo y se estableció en Tunes. A partir de entonces fue conocido como el iluminado sabio sufí Abdulla-el-Tarjuman, o sea, "El Intérprete".[79]

Finalmente, quiero aludir a un hecho menos conocido, y es que la presencia de las doctrinas árabes y por ende sus antecesores griegos también se sintió en el norte de España

---

[77] Menéndez Pidal, *Eslabón* 38.

[78] Castro, p.334.

[79] Shah, *Los sufís*. Introducción de Robert Graves 20.

en el siglo XII, gracias a los contactos de Navarra con la España musulmana.[80]

En lo expuesto hasta el momento, no ha habido un ánimo de presentar una prolija y completa lista de nombres y tratados, sino de llamar la atención hacia una realidad que a menudo se ignora, y que es la enorme actividad iluminista de los musulmanes en España, dentro de una elite de filósofos de, nominalmente, diversas tradiciones, a la vez que esbozar algunas singularidades de sus escritos cuyos ecos escucho en el libro de Juan Ruiz.

Estas doctrinas llegaron a los pensadores cristianos por varias vías: a través de los frecuentes viajes a Oriente de los filósofos andaluces, por contacto con las órdenes sufíes del norte de África, y por las constantes llegadas a Andalucía de visitantes del califato del imperio musulmán que traían manuscritos a los centros de estudio de Andalucía. La expansión dentro y fuera de España se debe en gran parte a las traducciones de aquellos trabajos al latín, (tales como las *Risa il* traducidas por Abelard), a la cábala judía, que pronto se expandió y popularizó en Europa, y a la refundición de los tratados árabes y judíos de sustancia esotérica en las escuelas de traductores de Toledo. Nótese que la obra historiográfica de Alfonso el Sabio está cargada de ideales herméticos, según ha demostrado Charles Fraker.[81]

Más tarde, los rosacruces irían a adoptar casi literalmente las enseñanzas sufíes de España, y según

---

[80] Olivares Zorrilla, 72.

[81] Charles Fraker, *The Scope of History. Studies in the Historiography of Alfonso el Sabio* (The University of Michigan Press, 1996).

Shah, se adjudicaron "una sucesión ininterrumpida de enseñanza interior, en la que incluían a "Hermes".[82]

Pero la actividad sufí no se concentraba solamente en los centros académicos o en sus escuelas iniciáticas, sino que estaba viva en la práctica de muchos personajes peculiares cuyos nombres no nos han llegado, pero que cumplían una función específica dentro del gran plan que fue, según algunos estudios, proyectar en la España arabizada, y a través de ésta, al resto de Europa, el concepto del progreso en el área espiritual y psicológica que proponen estas disciplinas.[83]

2.5 Goliardos, derviches, arlequines y bufones

El origen de varios personajes extraños del medioevo europeo a menudo presenta un problema para el sufrido investigador, quien trata de explicarse, sin mucho éxito, la presencia de una cierta contracultura en el ambiente medieval como una reacción a la propia rigidez dogmática de la iglesia. Esas figuras excéntricas que hicieron su aparición en Occidente, especialmente en España, el sur de Francia e Italia, vagando por rutas polvorientas, recitando en plazas y tabernas, entreteniendo al público de las cortes, figuras más o menos marginales, más o menos itinerantes, pueden ser identificadas como productos de la actividad sufí en Europa, tanto por sus apariencias externas como

---

[82] Los sufís, 451.

[83] E. Scott propone que el influjo de ideas que por diversos medios llegó a Europa con la conquista de España y sur de Italia no fue apenas una consecuencia inevitable de la expansión del islam en Europa, sino un movimiento orquestado por una anónima comunidad con el firme propósito de injertar todo el saber posible de ser accedido en aquel momento dentro del ámbito europeo.

por sus funciones menos aparentes, e inclusive por las similitudes lingüísticas. ¿No es este espíritu marginal, de apariencia burlesca y sabiduría recóndita, el que ha delineado el perfil psicológico del singular Arcipreste de Hita?

Para empezara tenemos a los derviches (los que siguen el sendero o *Mutassawif,* los que perseveran para llegar a ser sufies). Aunque a menudo tachados de fanáticos dementes en Europa, especialmente en el siglo XIX, estos personajes eran—y son aún en Medio Oriente—figuras reconocidas como parte integral e inseparable de la sociedad islámica. En el medioevo, nos recuerda Américo Castro, "eran gentes que pululaban por pueblos y ciudades, ni más ni menos que los frailes cristianos."[84] Parece ser que en la Castilla del siglo XIV también eran personajes conocidos. Recordemos que el clérigo errante vestido en <u>ropa hecha de parches</u> está brevemente descrito por Patronio en el *exemplo I* "Lo que sucedió a un rey con un privado suyo," del *Conde Lucanor,* cuando cuenta:

> Luego, aquella noche, fuese raer la cabeça et la barba, et cató una vestidura muy mala e toda apedaçada, tal qual suelen traer estos omnes que andan pidiendo las limosnas y andando en sus romeryas [. . .] e metió entre las costuras de aquellos pedaços de su vestidura, una gran quantía de doblas.[85]

---

[84] Castro 322.

[85] Don Juan Manuel. *El Conde Lucanor,* ed. y notas de Carlos Alvar y Pilar Palanco (Barcelona: Planeta, 1984) 13.

Ahora bien, la ropa hecha de remiendos cuidadosamente cosidos es el atuendo típico de los derviches y del arlequín. Según las notas de la edición de Carlos Alvar, el adjetivo "apedaçada" es explicado como "despedazada", o sea, rota. Pero mal puede estar despedazada la ropa si su dueño "metió entre las costuras de aquellos pedaços" sus monedas de oro. Evidentemente es la descripción del manto apedazado, emblema del derviche medieval que confeccionaba su capa de parches de una manera muy específica.

Si el personaje le era familiar al nobilísimo don Juan Manuel ¿qué no sería para un Juan Ruiz, compenetrado como estaba con los modos del pueblo, de todos los estratos sociales?

Otra inconfundible figura vestida de parches es la del bufón de las cortes europeas. Robert Graves afirma que "el bufón de la corte española, con una vejiga atada a un palo para golpear a la gente, su traje multicolor, su cresta de gallo, sus cascabeles, sus simplezas y su desprecio a la autoridad, es una figura sufi."[86]

Pariente del bufón es el arlequín, personaje de puras raíces orientales. Según Kinkade:

> Certain Sufis were commonly known to the Arab world during the Middle Ages by the term *akhlaq* (pl. *akhlaqin*) and were accustomed to move from place to place dressed in a patchwork garment, and teach by signs, perhaps not speaking, perhaps saying cryptic words [. . .]. This strange figure is known to have operated in Spain and elsewhere in Europe.[87]

---

[86] Shah, *Los sufis*, Introducción 24.

[87] Kinkade 64.

Efectivamente, el diccionario nos informa que el "arlequín" es un "personaje cómico de la comedia italiana, vestido de traje a cuadros de distintos colores." Es evidente que esta figura fue transferida a Europa con su mismo nombre árabe, pero en su forma plural, y no es extraño verlo en Italia, donde la actividad penetró a través de Sicilia.

El término árabe *akhlaq,* plural *akhlakin,* nombre dado al maestro silencioso que practica extraños movimientos, representa un juego entre las palabras "gran puerta" y "hablar confuso." De la misma raíz es "halka", el "círculo" o la unidad básica de los sufíes. El ritual de la halka, en algunas órdenes medievales (y otras de hoy día que, ya despojadas de su dinámica interna, imitan a sus antecesores medievales) incluye movimientos hoy conocidos como la "danza de los derviches", y sus adeptos confeccionaban su propio manto de parches coloridos como símbolo de su iniciación.[88]

En su comentario sobre el libro *Revelation of the Veild* de Ali el-Hujwiri, Shah dice:

> Llevar capas hechas de parches de tela es una costumbre sufí, la marca del sufí que practica el Camino. Podría llamarse el uniforme del derviche errante, y ha sido visto en casi toda Asia y Europa durante catorce siglos aproximadamente [...] Muchos maestros sufís han enseñado el método de coser los parches.[89]

---

[88] Movimientos rítmicos y acompañados de la visualización de ciertos colores son parte de un ejercicio llamado "lataif".
Véanse las anotaciones de Shah, *Los sufís* 462.

[89] Shah, *Los sufís* 360 y 433.

Y agrega que la palabra "parche" en árabe encierra un significado múltiple y, según su uso en el texto, puede indicar "'patch', or 'walking' or 'divine fool'.

Resulta evidente que el arlequín europeo, que viste traje de parches y ejecuta movimientos o danzas para entretener a su público, cuenta chistes, o habla por señas, estaría siguiendo la más típica tradición derviche (enseñar por signos era una manera didáctica típica del derviche errante medieval). Más que un chistoso profesional, Shah dice que desempeñaba una función—función escondida, ciertamente, como el mismo personaje, bajo el disfraz de un manto colorido. Se verá más adelante que estos escritores le conceden un valor psicológico al humor y no meramente de entretenimiento, fin idéntico al humor del *Libro de buen amor*. El espíritu original se habría abierto camino en la península como parte de los sistemas de dispersión de una doctrina oriental y permanecido hasta por lo menos principios del siglo XVI, cuando todavía encontramos al personaje en la corte de los Reyes Católicos.

Uno de los deberes del derviche errante era coser su propio manto de parches, siguiendo una disciplina muy específica. El Arcipreste parece aludir a esto directamente cuando dice, en el verso 66b:

remendar bien no sabe / todo alfayate nuevo

Las siguientes son otras coincidencias semánticas y funcionales que conectan al sabio errante con la transmisión de una enseñanza a través de maneras no ortodoxas:

En el Medio Oriente, la figura idiosincrática que aparece a menudo en la literatura a partir del siglo XII es la del *qalandar*. Baldick la identifica como "a type of wandering, libertine mystic who had now appeared on the fringes of Sufism, and also with the figure of the rogue or brigand", y cita el poema popular:

> A qalandar- like man is needed with torn robe.
> So that he can pass over like a brigand and without fear.[90]

Más adelante dice que los *qalandar* son los "dervishes who go against the religious law."[91]

Todo parece indicar que el derviche llamado *qalandar* es la contrapartida islámica del *goliardo* europeo, con el cual se ha identificado una y otra vez al Arcipreste de Hita. Creo que, más que contrapartida, el *qalandar* bien podría ser el propio origen del misterioso goliardo. La irreverencia hacia el credo oficial, el lenguaje provocativo y la exhortación hacia una postura de "contra cultura" parece estar en boca de ambos personajes.

El *qalandar* substituye la fe doctrinaria por el sendero del misticismo que desdeña las apariencias y el dogmatismo, hasta el punto de adoptar un tipo de vida marginal, que aun confunde a los estudiosos de hoy día (recuérdese que Baldick los llama "pícaros y bandoleros", *rogues* y *brigands*).

Pero hay pruebas de que este *qalandar* era algo más que un pícaro o un vagabundo que recorre los caminos. Para el gran poeta Hakim Sanai, el derviche errante a quien se llamaba *qalandar* representaba "the

---

[90] Baldick 66.

[91] Baldick 68.

higher flights of ecstasy and truth, as opposed to ordinary religiosity."[92]

En cuanto al goliardo, Norman Cantor observa una peculiar personalidad:

> In assessing the social significance of the Goliardic and similar student of poetry of the twelfth century, it must be emphasized that the same writers who declared that it was their resolution to "drop down dead in the tavern" also listened in rapt attention to the lectures of Abelard and the sermons of St. Bernard [. . .].[93]

No debería sorprendernos. Abelard de Bath y San Bernardo estaban empapados de enseñanza sufí, a través del trabajo de la enciclopedia de los *Ijwan al-Safa*. Si la postura del goliardo era una de desafío al *statu quo*, desacato a las normas y desdén por la jerarquía eclesiástica y estrechez en su doctrina, su cinismo no estaba necesariamente dirigido a la espiritualidad. Visto desde este ángulo, los trazos goliardescos de nuestro Arcipreste encajarían perfectamente con esa espiritualidad contenida y disfrazada de burla.

Las coincidencias lingüísticas son, asimismo, reveladoras.

Se ha especulado que el nombre *goliardo* deriva de ciertos poemas dedicados a Golias, o Goliath, supuestamente un sinónimo de "Diablo". Sin embargo, quisiera llamar la atención hacia la semejanza de los vocablos *goliardo* y

---

[92] Baldick 68.

[93] Norman Cantor, *The Civilization of the Middle Ages* (New York: Harper Collins, 1993) 345.

qalandar, teniendo en cuenta la común sustitución de la /k/ árabe o persa por la /g/ latina. Ya hemos visto en la transliteración de *Koha* o *Joha* en los países árabes, como *Ghioja* o *Djoha* en las comunidades sefaradíes de España y del Medio Oriente, y *Giufa* en Sicilia, varios nombres para la misma figura del tonto sabio de la tradición oral mediterránea. Cabe preguntarse si el "goff" (tonto) que aparece en el siglo XVI en Inglaterra y que dio origen al Goofy de Disney, y el "goffo" italiano (tonto, desgarbado) no serían tal vez derivativos del cómico Ghioja / Giufa.)

La misma confusión entre /g/ y /k/ se produce en otro fenómeno, notado por Shah dentro del tema de las órdenes de caballería. Shah demuestra que la orden de la Jarretera, también llamada la "nobilísima orden de la Liga, (*Garter* en inglés) tiene su origen en la orden de St. Khidr, por la similitud de los colores utilizados, por el nombre de su santo patrón (San Jorge, el equivalente cristiano de Khidr), por la organización de su círculo en dos grupos de trece miembros, y por la similitud sonora de Garter y Khidr.[94]

Otro ejemplo nos es dado por Shah al analizar el culto masónico y el extraño símbolo con forma de G que se encuentra en la estrella de ciertos objetos ceremoniales, y la sociedad sufi de los Constructores, que le sirvió de base, y que utiliza la letra arábiga Q, símbolo "secreto".[95]

Si esta relación entre *Garter* y *Khidr* o bien entre *Ghioja* y

---

[94] El término *halka*, o unidad de los sufíes, que dio origen al arlequín, parece estar relacionado con el número 13, de la siguiente manera: La palabra árabe para unidad es *ahad*, compuesta de las consonantes AHD, que significa "tres es uno", semejante a la simbología cristiana de la trinidad. Siguiendo el sistema numérico ya aludido anteriormente, la suma de las tres letras (A = 1, H = 8, D = 4) es 13. Véase Shah, *The Sufis* 254.

[95] Shah, *Los sufis,* 244.

Koha, o entre *akhlaqim* y *arlequín*, ya ha sido comprobada, la conexión *goliardo* y *qalandar* es, por el momento, mi propia conjetura, que me parece sumamente factible. Este fenómeno de transliteración de palabras extranjeras es harto común en la evolución de las lenguas, y es conocido como "Hobson-Jobson", a raíz de la pronunciación de los ingleses al querer imitar el sonido del canto hindú ¡*Ya Hasan Ya Hussein*! [96]

Algo más en lo referente a otras coincidencias fonéticas: La palabra "chiste", asociada al arlequín, al bufón, al derviche errante y al Arcipreste, es prácticamente igual al vocablo *chisti*, que es el nombre de una de las órdenes sufíes medievales, fundada por Khawaj Abu-Ishak Chishti en el siglo X, y conocida por su uso de música, cuentos y bromas con que los derviches itinerantes de la orden propagaban su doctrina. De su actuación en España, Idries Shah agrega: "Huellas de esta figura aparecen aún en Europa, donde encontramos al *chistu* español con indumentaria e instrumentos muy parecidos: cierta clase de bufón errante."[97]

La fraternidad *Chishti* deriva su nombre de Chisht, la villa al este de Irán donde vivieron los primeros maestros de la orden. Pero en el siglo XIV—según las narraciones del célebre viajero e historiador Ibn Battuta—la orden se

---

[96] Shah, *Los Sufis*. 281-84. El fenómeno es común en los cantos de rondas infantiles. Por ejemplo, el español "Arroz con leche/me quiero casar..." es la reproducción de una canción francesa de despedida del colegio: *Adieu college, je me veux marier*. El nombre de una conocida taberna londinense, la *Elephant and Castle*, fue originalmente la *Infanta de Castilla*.

[97] Shah, *El camino...* 139.

encontraba actuando en el norte de África, lo que explicaría su actividad en España.[98]

Nótese que estos fenómenos conectados semánticamente como arlequín/ hakhlaqim, goliardo / qalandar, Kohja / Dhioja, y chistu / chiste, revelan asimismo un aspecto exterior en que todos coinciden: la música, el chiste, el manto de parches coloridos, el hablar por señas[99], el hablar confuso, el continuo viajar; y, asimismo, una función interior: la de diseminar una sabiduría de forma disfrazada. Como el Arcipreste de Hita, todos ellos se ponen la capa multicolor del chiste para cubrir una insospechada ideología, con un resultado que es tan cómico como serio, tan irreverente como fundamental.

Quisiera notar, finalmente, que la presencia del mentor espiritual de origen oriental en España ha dejado otro legado lingüístico en el respetuoso *usted* del idioma español. Desde que se ha propuesto que *usted* deriva del *Vuestra Merced*, la teoría ha sido unánimemente aceptada, tal vez por falta de otra más creíble. Esta evolución para llegar del *Vuestra Merced* al *usted* siempre me ha sonado como un tanto a los saltos, ya que no se encuentran nexos intermediarios que la expliquen. Sin embargo, hay otra posibilidad mucho más cercana: en la lengua árabe, *ustad* significa "maestro" o "tutor espiritual." Sin duda este vocablo se usaría también en la España musulmana. No viene mal recordar que, hoy día en Latinoamérica, el término "maestro" se usa en lugar del "usted" entre la gente sencilla, para dirigirse a alguien de mayor jerarquía social cuyo nombre no se conoce.

---

[98] Baldick 97.

[99] Recordemos al debate de "Los griegos y los romanos" que recrea el Arcipreste.

Este amplio panorama recorrido tuvo la intención de demostrar la existencia de una mentalidad fuertemente anclada en las prácticas no ortodoxas del misticismo islámico y de su presencia en la península ibérica.

Por supuesto, todo este océano de conocimiento y práctica sufíes no podía apenas desaparecer con la caída de Granada, la expulsión de los moros y judíos no conversos y el reinado de la Inquisición. Rastros de tal actividad persistirán en España por otros dos siglos, por lo menos, y provocarán el surgimiento de una profusión de sectas en la España cristiana, en los siglos XVI y XVII, siendo la más célebre de ellas la de los Alumbrados. Palacios, en su estudio del origen de los Alumbrados en España, nos dice:

> El sevillano Abumedín trasplanta el sufismo andaluz a Marruecos, en el siglo XIII, de donde nace la famosa escuela hispano-africana de los xadilíes. Esta escuela dio de sí entre los siglos XIII y XIV una pléyade de sutiles pensadores místicos [. . .] entre los cuales descuellan Abulabás de Murcia y Abenabad de Ronda, legítimos herederos de la espiritualidad de Abenarabi.[100]

Y a continuación advierte que esta escuela "emitirá sus últimos destellos" en San Juan de la Cruz, por un lado, y en la aparición de la "turba de los Alumbrados", grupo con ansias exhibicionistas y milagreras que irrumpe en Castilla y Andalucía al comienzo del siglo XVI.

Más tarde, Baralt nos informa que el siglo XVI vio el surgimiento de gran cantidad de sectas, entre ellas la de

---

[100] Asín Palacios, 272-73.

los Alumbrados, que se injertó en un "iluminismo preexistente", originario del norte de África.[101]

Estas sectas mágico-ocultistas son, como bien indica Palacios, los "últimos destellos" de la actividad de los sufíes en España, y hacia el siglo XVI posiblemente la dinámica interior de la empresa súfica ya estaba moribunda dentro de los cultos más visibles, imitativos a esta altura, aunque continuara de una manera secreta en alguna otra forma menos reconocible.

El tema es inmenso y lo descrito en las páginas anteriores es apenas la punta del iceberg. Y es indudable también que la propaganda religiosa silenciara el reconocimiento público de la inmensa actividad sufí en los siglos anteriores.

Mi intención ha sido destacar que el trasfondo místico musulmán en España era suficientemente extenso como para haber llevado a J.R. a absorber sus principales objetivos y modalidades.[102] Abogo por la idea de que la tan mentada ambigüedad ruiciana tiene un precedente en la riquísima obra de los sufíes a ambos lados del Mediterráneo, entre los siglos XI y XIV y que tal ambigüedad es intencional e instrumental. Pero también la insistencia de Juan Ruiz en un sentido interior

---

[101] López-Baralt, *Huellas* 111.

[102] Con respecto al tema, otras avenidas que deben tenerse en cuenta son el surgimiento de las órdenes militares. Castro compara el carácter religioso de la Reconquista, como respuesta a la *jihad* islámica y el culto a Santiago, y afirma que Santiago fue una proyección de la guerra santa musulmana: a una guerra sostenida y ganada por esta fe, se intentó oponer otra fe bélica, grandiosamente espectacular, apta a su vez para sostener al cristianismo y llevarlo al triunfo. Castro 137-38.

Véase en el mismo tratado, el capítulo VII, "Tres instituciones cristiano-islámicas," 202-226.

correspondiente a cada fenómeno manifiesto en lo aparente, que se encuentra asimismo en el centro de los movimientos gnósticos helenísticos o cristianos, deviene de los mismos manantiales de sabiduría.

2.6 Pensamiento y práctica dentro del sufismo

Conviene perfilar ahora algunos de los puntos principales que integran la doctrina que nos ocupa, lo que quizás resulte más productivo que tratar de una definición o hablar de su origen o historia, y más a propósito para mi tesis. Se verá a continuación que cada punto sugiere una inmediata correlación con los temas y las técnicas que se exponen en el *Libro de buen amor*, lo cual especifico en los siguientes capítulos. Sin pretender cubrir ni siquiera una parte de todo el inmenso cuerpo de la filosofía y práctica de la disciplina sufí, las siguientes son sólo algunas de sus premisas más esenciales y modos de operación más comunes según se leen en su literatura clásica.[103]

- La variedad de géneros literarios y de técnicas utilizadas en conjunto como parte de la estrategia de "dispersión", "diseminación" o "ataque múltiple".

- La necesidad de reconocer diferentes niveles de interpretación del material de estudio.

- La advertencia sobre la diferencia entre apariencia y realidad (o la corteza y el meollo); la insistencia en

---

[103] Esta enumeración es mi propio resumen del estudio de textos clásicos y modernos, y no necesariamente una exposición que pueda encontrarse en ningún texto en particular.

distinguir entre idolatría (apego al vehículo, al intermediario o la representación) y amor (amor a lo esencial, o a Dios).

- La importancia de combatir el pensamiento mecánico y distinguir entre la percepción de la realidad y el mero adoctrinamiento; el reconocimiento del papel de la sociedad en el proceso de "robotización" del ser humano.

- La posibilidad de transformación espiritual a través de: a) métodos directos (consejos, aforismos y narrativas ejemplares); b) métodos indirectos (narrativas alegóricas, técnicas de combate al condicionamiento tales como el humor, la sorpresa, la ruptura de la linealidad en el proceso mental, la inversión de valores, el lenguaje plurivalente, las paradojas, la contradicción, las aparentes ambivalencias y otras técnicas de "choque" para estimular un modo mental más perceptivo; c) el estímulo del trabajo simultáneo de los dos modos mentales (razonador /secuencial / linear /lógico / verbal, vs. el no verbal / no secuencial / holístico, intuitivo) y d) la capacidad de mantener en la mente dos o más significados al mismo tiempo de un evento o palabra.

- La práctica de ciertas virtudes morales para propiciar la trasmutación de la conciencia.

- Un concepto especial acerca del destino y el mundo, y la comprensión del lugar del hombre en el esquema evolutivo.

- El requerimiento de vivir "en el mundo" y no apartado de éste; la adquisición de una perspectiva amplia del mundo, teniendo en cuenta su condición efímera y engañosa (en el sentido platónico de ser mero reflejo de lo Real) y al mismo tiempo su utilidad como "puente" hacia lo permanente.

- Vivir <u>en</u> el mundo, pero sin pertenecer <u>al</u> mundo es un lema preponderante en estas escuelas.

- La práctica de la "memoria", como ejercicio para mantener la conexión con los orígenes humanos, el móvil principal, al que alude Rumi en los primeros versos de su obra monumental, el *Masnawi*:

> Escucha el caramillo, cómo se queja,
> Lamentando su destierro del hogar:
> "Desde que me arrancaron
> De mi cama de mimbre
> Mis lastimeras notas han hecho llorar
> A hombres y mujeres.
> Reventé mi pecho, esforzándome por
> Desahogar los suspiros
> Y expresar los dolores súbitos de mi anhelo
> por el hogar.[104]

- El amor y el servicio a la humanidad.

- La permanente actualización de la enseñanza y de sus estrategias educativas de acuerdo al tiempo, el lugar y la gente en que esta enseñanza actúa.

Reitero entonces, mi tesis: Por un lado, el tema del amor y el esquema narrativo del *Libro* metaforizan la búsqueda transcendental del individuo y la dificultad de alcanzar la

---

[104] Prólogo del Libro 1 del *Masnavi*, según la traducción de Alberto Manzano y María Marrades en *El Masnavi. Las enseñanzas de Rumi*. (Edicomunicación, Barcelona, 1998), p.13.

iluminación, simbolizada por "la dama". Por otro lado, las técnicas literarias, (la combinación del método directo de las narrativas didácticas con el didacticismo no ortodoxo de la ambigüedad constructiva) señalan la misma procedencia.

Si la figura femenina, especialmente a partir del siglo XII, representativa de la Verdad o del conocimiento, es meta, sueño, razón de vivir, y el anhelo más hondo del buscador, ésta se nos presenta invariablemente como elusiva, tanto en la poesía sufí como en la elaboración más mundana de la poesía cortesana, y en la lírica mariana. Las aventuras del Arcipreste parecen responder a esta imagen, quiera de manera burlesca, o con una seriedad matizada de humor. En otras palabras, es una unión con la amada, si no imposible, difícil, que requiere una constante disciplina.

Los sufíes, en resumen, se ocupan del desarrollo ulterior del individuo y de la evolución orgánica de la humanidad. Insisten en que la meta está más cerca de lo que se piensa, pero que es necesario lograr un cambio mental, una transformación de la conciencia, de manera que la "verdad", dicho al modo neoplatónico, pueda finalmente reflejarse en un espíritu pulido, transformado y receptivo. En términos modernos, diríamos que es el esfuerzo consciente y monitorizado para lograr una de-robotización de la mente, y a fin de que el <u>emisor</u> pueda interactuar con un adecuado <u>receptor</u>, que ambos estén sintonizados en la misma frecuencia. La verdad, según leemos en los tratados iluministas, siempre pugna por expresarse y encontrar acogida en el proceso mental humano. Así lo entendió también el escritor Jorge Luis Borges, en su relato "El acercamiento a Almotásin", cuando dice:

> La idea es poco estimulante, a mi ver. No diré lo mismo de esta otra: la conjetura de que también el

Todopoderoso está en busca de Alguien, y ese alguien de alguien superior.[105]

Se entiende, entonces, que un cambio radical en el modo mental requiere maneras de enseñanza no ortodoxas, porque en lugar de convencer, convertir, adoctrinar o moralizar, el sistema apunta a la activación de capacidades, hacia la "afinación" de la conciencia-receptor, hacia la percepción, y con ello, hacia la plena realización del potencial psicológico humano. Tal sería la finalidad esencial de las más genuinas disciplinas gnóstico-esotéricas que forman parte de la llamada "filosofía perenne".

Es mi convicción de que el autor del *Libro de Buen Amor* sabía más de lo que le era permitido decir. Y, como a aquel que verdaderamente sabe un poco más, las convenciones humanas le resultan motivo de humor, de un humor claro y sano, de una burla alegre y no satírica. La sátira es destructiva; el humor de Juan Ruiz, en cambio, obliga a ver las cosas desde una perspectiva diferente. Es que, en el fondo, el Arcipreste se ríe de sí mismo, como de todos los seres humanos por la paradójica situación en que nos encontramos.

---

[105] Jorge Luis Borges, *Ficciones* (Madrid: Alianza, 1941) 43. Nótese asimismo que, según demuestra Garayalde, Borges menciona a los "derviches" y los "sufíes" en numerosas ocasiones.

3: El método indirecto, I

3.1. Didáctica vs. entretenimiento, una falsa dicotomía

La advertencia preliminar del poeta sobre el pluralismo de sus intenciones y la posibilidad de varias lecturas de acuerdo al *seso* del lector no parece haber sido tomada en serio por la crítica, reticente a aceptar que entretenimiento y didacticismo puedan coexistir.

Esta disyuntiva, que ha dividido a los investigadores en campos antagónicos, parece cada vez más obsoleta. Viene al caso la conocida historia de Sanai, "Los ciegos y la cuestión del elefante", en donde cada uno de los ciegos palpa una parte del animal y luego lo describe como un pilar, una alfombra, o un cilindro hueco, según su propia experiencia táctil al tocarle una pierna, una oreja o la trompa. [1]

3.1.1 Intellectum tibi dabo . . .

Si bien la narración de las andanzas del cura protagonista comienza con la estrofa 71, donde J.R. cita a Aristóteles, lo

---

[1] La versión más famosa se encuentra en el *Masnavi* de Rumi, titulada "El elefante en el cuarto oscuro". *The Masnavi,* trad. E. H. Whinfield (London: Octagon Press, 1994) 122. El cuento fue a su vez tomado del clásico *The Walled Garden of Truth,* de Hakim Sanai, según nos dice Shah en *Tales of the Dervishes* (London: The Octagon Press, 1984) 25. Es un buen ejemplo de una historia que, entre muchas, ha pasado al acervo occidental y aún hoy se usa como material ilustrativo en los campos más diversos, inclusive en el periodismo.

que hay antes es una clara intención de encauzar la mentalidad del lector hacia un modo mental que resulte receptivo al mensaje del poeta; una extensa advertencia acerca de la plurivalencia del libro, y una declaración del propósito del autor y de la naturaleza del público–o públicos, más bien–a quiénes se dirige.

Los estudiosos de los diversos manuscritos sugieren que las dos redacciones (años 1330 y 1343) salieron de la misma pluma. Ahora bien, si el libro tuvo su comienzo original en la estrofa 11, y la oración inicial y el prólogo-sermón de la versión S fueron añadidos más tarde, es aún motivo de estudio. Según Blecua, podría ser que "las ausencias en estos dos manuscritos [G y T] puedan explicarse como supresiones de un códice al que ambos se remontan—un subarquetipo—y no como añadidos de S."[2] No se ha llegado a una conclusión sobre la época de la composición de la oración y el sermón que se exhibe en S, por lo que no voy a detenerme en este asunto, pero lo que sí merece ser notado es que este "nuevo" ingrediente, en especial el sermón, es consistente en significado y estilo con el resto del libro, pues lo que el autor hace en él es introducir sus dos técnicas predilectas: la admonición directa y la socarronería final.

Todo este material previo al comienzo de la historia propiamente dicha, en la estrofa 71, constituye una pieza fundamental para la interpretación del libro, porque es allí donde J.R. expone su tesis, exposición nada académica, por cierto, salvo la primera parte del sermón, pero suficientemente explícita como para extraer los dos puntos principales hacia los que gravitan sus abundantes ejemplos: el entendimiento, y la diferencia entre lo aparente

---

[2] Blecua, xiv.

y lo real, condición indispensable para llegar a tal entendimiento. Nada podría estar más íntimamente compenetrado con el pensamiento de las escuelas filosóficas orientales, cuya meta es la comprensión de la realidad que yace bajo el velo de las apariencias.

Antes de analizar el prólogo-sermón, debemos conceder que la oración inicial (1-10) continúa siendo un enigma para muchos investigadores, en cuanto a su verdadero sentido. En primer lugar, ésta es la plegaria del poeta que pide ayuda a los cielos para que lo liberen de su miseria. ¿Es esta prisión literal o metafórica?

El asunto ha sido motivo de largas polémicas, pero para mi propósito puede que sólo haga falta concluir que las evidencias apoyan tanto a una teoría como a la otra. ¿O tal vez a ambas?

Si el *Libro de buen amor* apunta hacia los fracasos y dificultades en el llamado Camino del amor, como propongo—o, dicho en términos neoplatónicos, al desasosiego de quien, teniendo aspiraciones transcendentales, se halla atado a las limitaciones del mundo—nada más apropiado que referirse a la prisión como símbolo de la envoltura terrenal del alma en el mundo fenomenológico, que le impide elevarse hacia esferas más sublimes.

La "prisión" es una convención largamente usada entre escritores cristianos y musulmanes.

Un ejemplo se encuentra en Ramón Llull, del cual Cardona Castro dice:

> Para Llull y para otros místicos sufíes, el mundo es "la prisión de los amadores servidores de su amado" (metáfora moral 365) pero este análisis psicológico

del amor se halla ya en "Intuiciones de los enamorados", de Al Ghazzali, el llamado "cantor del amor puro".[3]

La prisión simbólica vuelve a ser más explícita al final del poema, en coplas que el Arcipreste dedica a la Virgen María, donde es el diablo quien aprisiona al hombre:

> *Que por nuestro esquivo mal*   S1666
> *el diablo suçio tal*
> *con su obra engañosa*
> *en carçel peligrosa ya ponía* [4]

Otros aspectos, tales como la alusión a los "mezcladores", tópico del amor cortés árabe, refuerzan la teoría de la prisión en un sentido netamente figurativo.

Sin embargo, todo esto sería perfectamente aceptable si no fuera por el descubrimiento de Sáez y Trenchs de un Juan Ruiz de Cisneros, quien, efectivamente fue encarcelado, y quien parece ser autor del *Libro*.

---

[3] Ángeles Cardona Castro, "La Mística sufi y su función en la mística española: De Ramón Llull a San Juan de la Cruz", *Santa Teresa y la literatura mística hispánica. Actas del I congreso internacional sobre Santa Teresa y la Mística Hispánica,* dirección, Manuel Criado de Val (Madrid: EDI, 1984) 151.

[4] En los sistemas esotéricos, el diablo no tiene una existencia real, sino que simboliza el apego a lo transitorio, vale decir, al mundo, que impide la iluminación. En la exégesis cristiana, Lucifer no es más que el "angel caído", y entre los sufies, el infierno es a menudo comparado con el mundo. El tema ha sido recreado en la literatura de todas las épocas, inclusive en tiempos recientes. Por ejemplo, la novela de Doris Lessing, *Briefing for a Descent into Hell* (N.Y.: Vintage Books, 1981) tiene un simbolismo idéntico. Nótese que esta autora ha sido profundamente influenciada por el sufismo según ella misma declara.

Ante estas dos factibles lecturas, nos parece válido presentar una tercera opción: conociendo el particular gusto del Arcipreste en jugar con el concepto de la "doble verdad", tanto el significado literal como el metafórico bien podrían tener realidad en el múltiple universo ruiciano.

El prólogo que sigue a los versos iniciales fue redactado en forma de sermón en prosa, y según el estudio de Chapman corresponde a la estructura del sermón erudito con influencias de tipo popular.[5] Digamos brevemente que el sermón erudito o universitario responde a ciertas complejas reglas retóricas, una de las cuales es presentar al comienzo un punto del Evangelio, apropiado para el mensaje que el orador desea transmitir, y seguido de subdivisiones, de reiteraciones del mismo tema, análisis y conclusiones.

Quiero destacar ante todo la trascendencia que tiene, para el presente análisis del sentido del libro, la elección de esta cita bíblica y su interpretación, en especial porque veo en este "yo" de su discurso religioso a Juan Ruiz, el yo autoral, quien va a articular un modelo clave para comprender su libro: la búsqueda de un saber superior.

En efecto, la cita bíblica *Intellectum tibi dabo et instruam te in via hac qua gradieris; firmabo super te oculos meos* (te daré entendimiento y te instruiré en el camino que debes seguir; fijaré mis ojos en ti) es central al sermón. Si tenemos en cuenta cuán sobresalientes eran los prólogos medievales como guía de la lectura, es de la mayor relevancia estar conscientes del espíritu que le llevó a J.R. a elegir este tópico fundamental. Zahareas y Pereira confirman esta importancia de leer el manuscrito S, con dicho prólogo:

---

[5] Janet Chapman, "Juan Ruiz's Learned Sermon", *Libro de Buen Amor' Studies*, ed. G. B. Gybbon-Monypenny (London: Tamesis Books, 1970) 29-52.

Huellas del sufismo en el *Libro de buen amor*

> Téngase en cuenta que [. . .] el Prólogo del libro, al articular tanto el plan central de la obra como los medios de transmitirlo a los lectores, afecta sustancialmente la lectura de varios de los cantares narrados.[6]

Notemos que el mismo principio enunciado en la Biblia: *Intellectum tibi dabo,* también fue usado por el sufí español del siglo XIII, Ibn el Arabi, en su *Fotuhat*: "Oh vosotros, que creéis, si teméis a Dios, Él os dotará de una discriminación."[7]

Inmediatamente, Juan Ruiz nos avisa que la cita bíblica se refiere a tres cualidades del alma: entendimiento, voluntad y memoria, según "algunos dotores filósofos", conceptos que va a repetir, comentar e ilustrar con varias citas a lo largo del sermón. La repetición del tema y subtemas llama la atención también a Chapman, quien lo atribuye a la intención del poeta de vincular su trabajo total con el punto principal del sermón:

> The first and second intentions of the *Libro* are linked retrospectively by a return to the *theme*, the repetition of which is not required at such a point by preaching precept, and by an exhortation to hold to the three qualities of the soul [. . .] Although the argument is not always clear, Juan Ruiz is

---

[6] Zahareas y Pereira, *Itinerario*...7.

[7] Enrique de Rivas, *El simbolismo esotérico en la literatura medieval española. Antología* (México: Ed. Trillas, 1989) 154. Rivas comenta: "La trasmisión directa e instantánea de la revelación es en la tradición sufí objeto de una diferencia fundamental en cuanto al aspecto del Corán como "recitación" propiamente dicha, y como "discriminación" o "discernimiento".

attempting to direct the sermon towards the introduction of the subject of the poem and to link the work, through its aims, to the theme.[8]

Veamos la interpretación de Juan Ruiz de estos tres subtemas, la esencia tripartita del alma:

El entendimiento, nos dice, le capacita al hombre a conocer el bien y el mal, y comprendiendo el bien, teme a Dios, temor que significa el comienzo de la sabiduría.[9]

Lejos de adoptar la suposición de que la gente está automáticamente capacitada para saber lo que es bueno para él o ella, y que la elección correcta, siguiendo los cánones de la iglesia, los hará aceptables ante Dios, Juan Ruiz nos habla primeramente de "entender". Este principio es fundamental en los sistemas esotéricos, que afirman que el ser humano, en su crudeza, confunde bien y mal, tanto

---

[8] Chapman 36.

[9] El término "temor", en la terminología en clave de los sufíes, significa "intuición", y es en este sentido que lo usó Ibn el Arabi en la cita anterior. Cervantes, en su *Don Quijote,* vol. I (Barcelona, Ed. Juventud, 1984) 180, cuenta un chiste del acervo del Mula Nasrudín, que contiene una alusión a "miedo". Cuando Don Quijote pregunta a Sancho cómo puede ver figuras en el cielo si está tan oscuro, el escudero le responde: "Así es, pero tiene el miedo muchos ojos, y ve las cosas debajo de tierra, cuanto más encima del cielo [. . .]". La versión de Nasrudín, citada por Shah en *Los sufís*, p. 107, dice así:

> Un rey cruel e ignorante, que había oído de los poderes de Nasrudín, dijo:
> -Si no compruebas que eres un místico te mandaré colgar.
> Rápidamente Nasrudín contestó:
> -Veo cosas extrañas; un ave dorada en el cielo y demonios bajo la tierra.
> -¿Cómo puedes ver a través de los materiales sólidos? -pregunta el rey.
> -Miedo es todo lo que se necesita - responde el Mulá.

cuanto confunde lo aparente con lo real. En otras palabras, carece de "discernimiento".

En el sufismo se repite incesantemente que hasta que uno o una no adquiera cierta percepción, poco sabe lo que es bueno o malo, tanto para sí mismo/a como para los demás, y que las "buenas intenciones" no son suficientes.

El segundo subtema del sermón, la voluntad, está tratado de manera más difusa, pero se da a entender que el alma, al estar instruida, puede escoger el amor de Dios:

> E desque está instruida el alma [. . .], piensa e ama e desea omne el buen amor de Dios e sus mandamientos [. . .] E desque el alma, con el buen entendimiento e buena voluntad, con buena rremenbrança, escoge e ama el buen amor que es el de Dios, e pone lo en la çela de la memoria por que se acuerde dello [. . .]

Aunque más tarde, en la sección sobre astrología, el valor dado, ora al destino, ora a la voluntad, pueda parecer otra de las ambivalencias de Juan Ruiz, según la crítica (demostraré en otro momento que el poeta resuelve el aparente conflicto entre destino y libre albedrío), su posición en el contexto del prólogo sugiere que la voluntad está ligada al "entender bien".

Esto coincide con la premisa de los sistemas esotéricos, para los que la condición llamada "liberación" reside en tener la opción de elegir entre las diversas alternativas (el verdadero libre albedrío). Tal condición, según esta doctrina, es sólo accedida a través del desarrollo de los órganos perceptivos. Y la "esclavitud", por otra parte, es considerada como el estado habitual del individuo que normalmente actúa en obediencia al condicionamiento, adoctrinamiento o verdad heredada. [10]

El tercer subtema, la "memoria", figura entonces como factor indispensable para que la comprensión y la voluntad puedan operar. El alma con buen entendimiento, buena voluntad y buena memoria, dice Juan Ruiz, escoge a Dios, y el pecar proviene de la debilidad humana, falta de entendimiento y pobreza de memoria. Dice más adelante que los libros sirven para ayudar a la memoria, la cual, cuando es perfecta, pertenece a la divinidad (*Ca tener todas las cosas en la memoria e non olvidar algo, más es de la divinidat que de la umanidat*).

La idea de la memoria como divina es central a todas las filosofías emparentadas de alguna manera con el gnosticismo, por ser ella depositaria del recuerdo de nuestros orígenes, un recuerdo soterrado bajo las capas de las experiencias mundanas. El *Corpus Hermeticum*, por ejemplo, alude al conocimiento de Dios u origen cósmico como un germen que duerme en un oculto substrato de la mente humana, y que requiere ser despertado. (Notemos el uso del verbo "acordar" en el español antiguo y el portugués moderno como "despertarse"). No es de extrañar que el cristianismo, que se construyó sobre la base de las teorías herméticas y neoplatónicas, exhorte al hombre a despertar. Pero este despertar, que en su significado primordial era sinónimo de recordar, (y despertar ciertos estados mentales) pasó a significar en el cristianismo un reconocimiento del nuevo Mesías, de un dios personal y antropomórfico, perdiéndose así la noción original de "recuperar" la memoria a la que apelan las escuelas iluministas. Recordemos que "religión" significa "religar",

---

[10] Véase, por ejemplo, la historia "Master of the Option", relatada por Shah en *The Veiled Gazelle: Seeing how to See* (London: The Octagon Press, 1984) 5.

unir otra vez al ser humano con su origen divino. Residuos de esto se hallan presentes en la filosofía de San Agustín, donde el concepto de la memoria ocupa un lugar central, aunque matizada por el dogma cristiano.[11]

Si la memoria humana es depositaria del "recuerdo" de un origen cósmico, ello estaría ligado a lo que se llamaba el microcosmos, el macrocosmos y las simpatías universales, conexión que se encuentra más elaborada en la enciclopedia de los sufíes *Ijwan al-Safa*. Francisco Rico pone de relieve los puntos fundamentales de esta teoría, similar a la de los emanantistas Plotino y Porfirio, y agrega:

> La analogía del todo y las partes, causa de semejante unidad, sólo se deja expresar en el lenguaje simbólico de los números [. . .] la relación de Dios y el universo es la del uno y los otros números: por emanación, el Uno ha creado el dos del Intelecto y el tres del Alma del mundo, principios de cuanto existe, hasta el noveno grado [. . .] la unidad del alma y la complejidad del cuerpo lo convierten en la 'antípoda de Dios', del que ha salido y al que debe volver [. . .] purificado por la contemplación y <u>por el recuerdo de su origen divino</u> [. . .][12] (subrayado mío)

La "contemplación" no es meramente una actitud pasiva. Entre los iniciados, es un verdadero ejercicio mental para la activación de la memoria o, como dice un derviche de Bokhara: "[. .] recordar aquello que está suspendido o en

---

[11] *The Encyclopedia of Philosophy*, vol. 1 y 2, ed. Paul Edwards (N.Y.: Collier Macmillan, 1972) 201.

[12] Rico, *El pequeño mundo del hombre. Varia fortuna de una idea en las letras españolas*. Véase también la concepción del macrocosmos y el microcosmos en el poema *The Masnavi*, Rumi 179.

estado latente y aquello que anhelamos, aunque no lo sabemos."[13]

Otro escritor de la misma tradición dice: "Todo depende del recuerdo. No se comienza por aprender, sino por recordar".[14]

Entre estos contemplativos, esto es lo que se busca con el ejercicio conocido como *dhikr*. Julian Baldik dice que

> [Sufism] emphasizes the love of God and teaches that God and the Sufis have a special relationship which goes back to a primordial Covenant: the Sufis are God's friends, perpetually engaged in remembrance (*dhikr*) of him.[15]

La palabra *dhikr* (recordar, conmemorar, invocar) es el término usado para ciertos ejercicios derviches. Se refiere a "recordarse a sí mismo" en una primera etapa (aunque muchos grupos imitativos que se auto perpetúan han copiado la técnica, la que se ha vuelto inoperante).

También Ramón Llull enfatiza similar reflexión, cuando dice: "el Amado, o sea Dios, está en el recuerdo del Amigo".[16] En suma, esta idea de la unión a través de la memoria y la práctica es común a toda doctrina esotérica, como comenta

---

[13] Shah, *El camino*... 313.

[14] Shah, *El camino*... 292.

[15] Baldick, 3. También más adelante, el autor agrega que el "recuerdo de Dios", o *mneme Theou* en griego, se encuentra primero entre los filósofos estoicos; está también conectado con el término hebreo *zakar* o "recuerdo", con un aspecto del cristianismo oriental de invocar repetidamente el nombre de Jesús, y en el Islam, con el término *dhikr Allah* o recuerdo de Dios (16-17).

[16] Castro, 305.

Armstrong al comparar a los sufíes con los platónicos y los gnósticos.[17]

En este singular sermón, el genio artístico de Juan Ruiz consigue entretejer el motivo del recuerdo con otros semejantes, cuando juega repetidamente con las palabras, *acuerdo y desacuerdo,* o *el cuerdo* y *el no cuerdo,* que dentro del texto funcionan a modo de armónicos de la memoria.[18]

Se podría aducir que esta noción de las cualidades del alma ya era lugar común en la Edad Media, y que Juan Ruiz no hace más que valerse de una convención. Sin embargo, creo que la reiteración de los motivos está indicando que el autor conocía su significado interior, y que constituirían para él una preocupación esencial.[19] No nos da los nombres

---

[17] Armstrong, 227. La autora dice: 'The experience of separation and alienation was as central to the Sufi as to the Platonic or Gnostic experience; it is, perhaps, not dissimilar to the "separation" of which Freudians and Kleinians speak today, although the psychoanalists attribute this to a monotheistic source.'

[18] Estos conceptos son evocativos: uno, de la memoria, de la cordura y del despertar de la conciencia (acordar, en castellano medieval, es sinónimo de despertar, así como "recordar"); y el otro, del desacuerdo, de la falta de memoria y consciencia, (estar desacordado = estar desmayado, en castellano antiguo y en portugués actual), de la ausencia de cordura y, por lo tanto, de Unidad, o sea, lo diabólico. (Nótese que "diablo" representa la multiplicidad desde su propio origen griego: *dia bollein,* que significa "separar o partir en pedazos"). La memoria, entonces, lleva a la Unidad, al acuerdo con la Realidad, y el olvido pertenece al desacuerdo, a la falta de unión, a la desavenencia y a la pluralidad.

[19] *E desque el alma, con el buen entendimiento e buena voluntad, con buena remenbrança escoge* [. . .] *e pónelo en la çela de la memoria* [. . .] (líneas 31 y 32. p.2); [. . .] *obras sienpre están en la buena memoria, que con buen entendimiento e buena voluntad escoge el alma* [. . .] (líneas 4-6, p. 3); [. . .]*buen entendimiento* [. . .] (línea 18, p.3); [. . .] *mal entendimiento,* (línea 22, p.3) ;[. . .] *pobredad de la memoria, que no está instructa del buen entendimiento. . .* (líneas 24, p.3); [. . .] *la memoria del ome deslcznadera es,* [. . .]*tener todas las cosas en la memoria e non*

de los "doctores philósophos" a quienes se refiere como fuente del saber (también en otras partes del libro va a atribuir varias *sententiae* a algún sabio no identificado); pero en todo caso, como advierten Zahareas y Pereira, los filósofos no son ciertamente los teólogos, ya que el desacuerdo entre estos dos sectores de la escolástica medieval era harto común.[20]

Mi investigación me ha llevado a concluir que los "doctores" de Juan Ruiz son los herederos y seguidores de la filosofía perenne de los *Hermanos de la Pureza* y otras sociedades de la tradición mística-neoplatónica que actuaban en España, dada la preeminencia que estas escuelas confieren a los atributos del alma. En un esquema muy simplificado, podría decirse que contemplación, memoria, despertar, percepción, voluntad y libre elección son conceptos que guardan una íntima y sutil interdependencia. El *entendimiento* lleva a la capacidad de percibir y distinguir entre bien y mal; el trabajo interior necesario para recibir tales dones (*intellectum dibi dabo . . .*) depende de la voluntad y de la memoria, o esfuerzo voluntario y prolongado por capturar y mantener viva en la conciencia el vínculo con los orígenes de la vida; pero el verdadero libre albedrío surge del conocimiento. Como vemos, son cualidades que se nutren mutuamente, cuya conexión se vuelve más iluminadora través de alegorías.

Es de notar que el sermón no tiene el estilo coloquial del resto del libro, sino que parece de tono notablemente más serio. Sin embargo, hacia el final, el autor nos desconcierta

---

olvidar algo, más es de la Divinidat que de la umanidad [. . .] *memoria del alma;* [. . .] (líneas 33-36, p.3); [. . .] *loco entendimiento* [. . .] (línea 7, p. 4); [. . .] *acordarán la memoria* [. . .] (línea 12, p. 4); [. . .] *memoria buena de bien obrar* [. . .] (línea 31, p. 4).

[20] Zahareas, *Itinerario* 8.

con el inesperado viraje de tono, al decir, jocosamente: *Empero, porque es umanal cosa el pecar, si algunos, lo que non los conssejo, quisieran usar del loco amor, aqui fallarán algunas maneras para ello*. . . Y hace seguidamente la primera distinción entre el lector cuerdo y el no cuerdo, volviendo nuevamente al tema central del entendimiento, la voluntad y el recuerdo.

Este gracioso exabrupto se ha entendido como una maliciosa o burlona invitación a poner en duda la seriedad de lo expresado anteriormente en el sermón, o se ha tomado apenas como un chiste, pero quisiera recalcar que todo chiste o "malicia" tiene, en Juan Ruiz, un aspecto funcional. Dado el tono general de toda la obra, veo en el sermón el primer ejemplo de la modalidad de enseñanza indirecta que J.R. va a desarrollar de allí en adelante: la súbita introducción del humor, lo inesperado, lo sorprendente, el viraje de tono, todas técnicas inherentes a varias tradiciones esotéricas, desde el sufismo al budismo Zen. Su función reside, primeramente, en sacudir al lector con la consiguiente ruptura del pensamiento lineal que venía siguiendo. Y me parece muy plausible también que, en el presente ejemplo, el chiste tenga un papel adicional: el de poner en duda, con la salida paródica, la eficacia del sermón de *diviso intra* como vía que conduce a la cognición o *entendimiento*. El sermón convencional, dogmático en contenido y rígido en forma, sería apenas otro instrumento de adoctrinamiento, del cual Juan Ruiz se burla y se aleja ostensiblemente con su inesperado comentario final sobre el alternativo valor de su libro: para aquellos que quieran pecar . . .

Vemos así que el sermón medieval es el primer blanco del humor y expresión de la fina percepción de Juan Ruiz respecto a la doctrina eclesiástica y el principio escolástico del que se vale. Huelga decir que el aspecto paródico que adquiere su discurso hacia el final no anula el valor del principio que rige el sermón, elaborado y ejemplificado a lo largo de varias páginas, sino que lo complementa, como hará en adelante, con el premeditado desliz de lo serio a lo cómico, de lo secuencial a lo sorpresivo. El "entendimiento" continúa siendo su tema, que va a encontrarse repetido con notable insistencia en la primera parte del *Libro* y reforzado en la última sección, en un movimiento circular donde principio y fin se dan la mano y determinan el campo ideológico en que se circunscribe su libro.

He aquí algunos ejemplos, entre tantos, repetidos en la primera parte del libro: *Entiende bien mis dichos e piensa la sentençia (*46a); *entiende bien mi libro e avrás dueña garrida* (64d); *la manera del libro entiéndela sotil* (65b); *Si la razón entiendes o en el sesso açiertas/ non dirás mal del libro que agora refiertas* (68c y d); *y ansí entender sano los proverbios antigos* (165c). O estos versos, más adelante: *entendet bien las fablas, guardatvos del varón* (892b); *Así, señoras dueñas, entended el romançe* (904a); *Fasta que el libro entiendas, dél bien non digas nin mal (*986c). Y, ya hacia el final, vuelve a insistir en la importancia del "entender bien":

> *Muchos leen el libro, toviéndolo en poder,*   1390a
> *que non saben qué leen nin lo pueden entender;*
> *[. . .]*
> *que sobre cada fabla se entiende otra cosa,*   1631c
> *sin la que se alega en la razón fermosa.*

A esta sabiduría que da el "buen entender" se la puede acceder por diversas vías, y así su libro se dirige a varios receptores de diferente capacidad para notar las sutilezas.

3.1.2 La invocación (11-13)

Terminado el prólogo, el poeta hará una invocación a Dios para que lo pueda *alunbrar,* para poder hacer un libro de cantares rimados *que los cuerpos alegre e a las almas preste.* La dualidad platónica y neoplatónica (alma y cuerpo, cielo y tierra, interior y exterior, realidad y apariencia) le sirve para acercarse a todo tipo de público, lo que va a decir más explícitamente en el exordio. En estos versos el poeta vuelve al tópico ya esbozado en el sermón, y avisa al lector sobre la doble intención de su libro: enseñar y divertir, temática fundamental y a la cual podríamos referirnos a lo largo de todo el poema.

Esta dupla finalidad tiene gran resonancia en las escuelas iluministas, cuya meta es el ser humano en su totalidad. A diferencia de algunas órdenes cristianas que buscaron la salvación a través de la "mortificación de la carne", las auténticas escuelas sufíes, quienes califican tal práctica como masoquista, una desviada forma de sensualismo, se adhieren en cambio al clásico dictado "cuerpo sano en mente sana", y echan mano de una gran variedad de historias y chistes como vehículo para la iluminación.

Shah, en la introducción a su libro *Special Illumination* sobre el uso del humor en el sufismo, cita a Platón:

> Serious things cannot be understood without humorous things, nor opposites without opposites.[21]

---

[21] Shah, *Special Illumination. The Sufi use of Humor* (London: The Octagon Press, 1977) 5-6.

3.1.3 El exordio. (14-18)

El principio del discernimiento entre lo interior y lo exterior introducido en las coplas anteriores va a ser elaborado a partir de la estrofa 14, donde el poeta se dirige al auditorio (*Si queredes, señores, oir un buen solaz*) para advertirle sobre: a) la manera de leer su texto, b) el peligro de tomar lo superficial por lo importante y c) la necesidad de distinguir entre lo aparente y lo real. (No se le habrá escapado al cuidadoso lector del *Libro* que el poeta va a cerrar su poema de la misma manera juglaresca de dirigirse directamente a su audiencia (*Señores, he vos servido con poca sabidoría*: 1633a), lo que confirma la mencionada circularidad del poema.)

En las tres coplas que siguen, cada verso contiene un ejemplo de la diferencia entre "meollo y corteza", donde el poeta, jugando con el paralelismo y el contraste, va a establecer la estructura sobre la que construirá todo el dualístico discurso del libro:

> *No tengades que es libro neçio de devaneo,*   16
> *nin creades que es chufa algo que en él leo;*
> *ca segúnd buen dinero yaze en vil correo,*
> *ansí en feo libro está saber non feo.*
>
> *El axenuz de fuera más negro es que caldera,*   17
> *es de dentro muy blanco más que la peñavera;*
> *blanca farina está so negra cobertera,*
> *açucar dulçe e blanco está en vil cañavera.*
> *So la espina está la rosa, noble flor,*   18
> *so fea letra está saber de grand dotor;*
> *como so mala capa yaze buen bevedor,*
> *ansí so el mal tabardo está buen amor.*

La advertencia de no confundir significante con significado, entonces, deberá servir de guía al lector para interpretar todo el poema. Es claro que el autor está siguiendo el formato alegórico de las Sagradas Escrituras y de gran parte de la literatura medieval. Pero la insistencia en el "peligro" de tomar lo metafórico por lo real es propio de las escuelas de autorrealización.

Del "buen amor" —la segunda vez que se menciona en el exordio— el poeta, ya identificado como Juan Ruiz, Arçipreste de Fita, pasa directa y devotamente a la Virgen Santa María, (19-43) que es causa, comienzo y raíz, y también recipiente, como veremos más tarde, de este "buen amor". Luis Beltrán llama la atención hacia el *annominatio* "raíz" y "Ruiz" al que recurre J.R. para enfatizar su cercanía con la Virgen María, una de las tantas confluencias de opuestos que nutren todo el poema.[22]

3.1.4 La disputa entre los griegos y los romanos (46-63)

Después de un segundo breve exordio (44 y 45) donde justifica las burlas como necesarias al corazón, Juan Ruiz va a ensayar lo que podemos identificar con uno de los estilos comunes a las escuelas de enseñanza sufí, que responden a la técnica del "ataque múltiple". Debido a la dificultad del aprendiz/lector de entender un concepto instantáneamente, el instructor/escritor habrá de insistir en su punto, valiéndose de diversas herramientas didáctico-literarias y utilizando más de un enfoque para decir lo mismo. Si en los versos anteriores la diferencia entre lo aparente y lo real está expresada en forma de paralelismos y opuestos, lo que sigue ahora es la

---

[22] Luis Beltrán, *Razones de buen amor* (Madrid: Castalia, 1977) 66-69.

El método indirecto, I

ejemplificación de lo enunciado con un cuento popular. Y, ya advertidos sobre el problema, estaremos en mejores condiciones de entender y, con suerte, de extrapolar este aprendizaje a nuestra interpretación del libro y las aventuras que están por comenzar.

Este cuento, conocidísimo en la Edad Media en gran número de variantes, [23] ha sido interpretado de muy diversas maneras, lectura que se vio complicada por la diferente construcción del verso b, en dos de los manuscritos, y posiblemente por la puntuación (o falta de puntuación, ambigüedad que bien puede haber sido premeditada). En la versión de S, leemos:

> *Entiende bien mis dichos e piensa la sentencia,* 46
> *non me contesca contigo como al dotor de Greçia*
> *con el ribaldo romano e con su poca sapiençia,*
> *quando demandó Roma a Greçia la çiençia.*

Pero la versión de G del verso b es:
non acaesca contigo commo al dotor de Greçia[24]

Resulta difícil concluir que Juan Ruiz compara al lector con el sabio griego o, por otro lado, con el romano, o si es él mismo quien se compara con uno u otro en su relación con el lector/receptor de su libro. Estas consideraciones, muy válidas por cierto para identificar quién o quiénes salen mal parados en la historia, desvían la atención al núcleo del cuento, porque lo que se enfatiza con este

---

[23] Lecoy, 104.

[24] Véase el comentario de G. B. Gybbon-Monypenny en su edición del libro, *Arcipreste de Hita, Libro de buen amor* (Madrid: Clásicos Castalia, 1988)118.

ejemplo y en otras versiones similares es la subjetividad, y creo que es en este sentido que lo utilizó Juan Ruiz. Entiende bien mis palabras y no te dejes llevar por lo aparente, insiste el poeta, porque la intención del emisor es una, y lo que entiende su receptor puede ser otra. ¿Por qué la comunicación humana es tan difícil, especialmente cuando se trata de conceptos sutiles? El cuento pone de manifiesto que las dos partes se equivocan porque ambos contrincantes interpretan los signos del otro según sus suposiciones previas, fijadas por largo condicionamiento social, hábitos o ideologías. De la misma manera funcionaría el libro: como un espejo donde el lector verá apenas lo que pueda ver, lo que su censor mental o su visión del mundo, atiborrada de prejuicios y condicionada a ciertas respuestas y reacciones automáticas, le permita ver.

Según las escuelas psicológicas de autorrealización, el hombre no puede escapar de tal condicionamiento a no ser que activamente se proponga a ello, practicando un prudente desprendimiento emocional de sus nociones más queridas, y desenvolviendo cierta objetividad. La famosa "prisión del alma" es, por lo tanto, no tanto su envoltura corporal como lo es su aparato mental, encasillado en un modo rígido por el entrenamiento necesario para sobrevivir en el mundo animal. La manera en que el griego y el romano entendieron las señas del otro refleja, entonces, sus propios paradigmas mentales, así como la forma en que muchos entenderán el libro reflejará sus propias preocupaciones y fijaciones. Extrapolemos esto al modo de acercarse a la vida en general, o a una enseñanza o pensamiento trascendental en particular, y veremos que nuestra manera de percibir la realidad está en general teñida de una casi inevitable subjetividad, a menudo limitante, cuando no absurda y aun peligrosa.

Juan Ruiz nos está dando nada menos que una lección en psicología de la conciencia, que ya se encontraba en los escritos de Al Ghazzali, Rumi y otros grandes maestros de la mística oriental.

3.1.5 La proposición (64-70)

Los versos siguientes se remiten al núcleo inicial y nuevamente el autor se vale de los dobles planos de la realidad: *falsedat* y *verdat*, mal aparente y bien *encobierto*, locura y razón, lo obvio y lo sutil, alabanza y crítica, pintura y *verdat*.

Citaré todo el trecho porque es tal vez el más significativo de todo el poema para acercarnos a una mejor comprensión del libro, el cual, reitero, puede ser leído como una pieza ilustrativa del modo de entender aquella realidad que se mueve en otra dimensión más allá de la mundana, punto central de todas las tradiciones herméticas o emparentadas con ellas.

Se ha dicho que el tópico del meollo y la corteza son típicamente medievales, y que Juan Ruiz parodia una convención literaria ya establecida. Hay que recordar primeramente que esta convención viene directamente de lo más sustancial del neoplatonismo y el sufismo. Segundo, mantener la habilidad de distinguir lo aparente de lo real es el único principio que J.R. mantiene constante a través de todo el libro y, lejos de parodiarlo, lo ejemplifica una y otra vez desde distintos ángulos. El escritor medieval, empapado del sentimiento místico-religioso y embelesado con lo que aquellos libros sapienciales y misteriosos venidos del oriental dejaban entrever entre sus numerosos códigos literarios, se sentiría a gusto parodiando la hipocresía, pero no el dualismo cuerpo/alma. Así, también Juan Ruiz parodia el dogmatismo de la iglesia y las órdenes eclesiásticas, en sus irreverentes coplas sobre las horas canónicas, o en su colorido carnaval, pero su actitud frente al "meollo y la corteza" permanece intacto. Y cuando parodia, además, lo hará con una actitud alegre y jovial, que va a reforzar su postura anti dogmática en favor de una espiritualidad interior, separada por años luces de la religión oficial.

Es esta distancia entre lo decretado por la sociedad y lo auténticamente transcendental lo que Juan Ruiz está, si no denunciando abiertamente, señalando con delicioso humor. Examinemos algunos de los versos:

En primer lugar, tenemos el obstáculo que presenta la transmisión de conceptos sutiles a través de palabras, meros vehículos, e imperfectos, de la comunicación humana:

Non ha mala palabra si non es a mal tenida. 64b

El problema no está en la palabra en sí—o en el libro en sí—sino en la percepción del receptor que va a recibirla rodeado de un sistema de selección y distorsión, y quien, dependiendo de su óptica, irá a interpretar la palabra según sus propios preconceptos, tal como les aconteció al griego y al romano. En la misma estrofa, Juan Ruiz nos sorprende con el críptico verso:

entiende bien mi libro e avrás dueña garrida. 64d

Si el lector llega a comprender el libro y el significado más trascendental de la palabra, o del juego de palabras, llegará entonces a conseguir su último deseo: la "dueña garrida". Esta es la primera ocasión en que se equipara el amor con el meollo o verdad, como es expresado en las escuelas metafísicas. Esta inesperada y cómica transición de la comprensión de un libro a la obtención de una dama atractiva, que ha sido objeto de tanto desconcierto, se vuelve claro si consideramos a la dueña garrida como una figura ilustrativa, emblemática del deseo más ardiente del que aspira al conocimiento superior.

La insistencia en no tomar lo valioso por vil, lo real por lo aparente, y viceversa, continúa: *La burla que oyeres non la tengas en vil* (65a); *la manera del libro entiéndela sotil* (65b). Es que, si discernimiento, punto céntrico del sermón (*intellectum tibi dabo*) y meollo del libro, es de una naturaleza tan extraña, tan ajena a la burda percepción cotidiana, tan escurridiza, se hace necesario entonces cierta sutileza del lector en la manera de acercarse al mismo, así como al libro, así como a la bella mujer. Esta actitud especial, la de adoptar una posición diferente como requerimiento para llegar a una visión de la totalidad de las cosas fue magníficamente expresada y no sin humor por Jorge Luis Borges en su historia "El Aleph".

Pero el impulso que alienta la búsqueda es extraordinario, difícil de definir y, como tal, debe presentarse de manera "encobierta" valiéndose de cierto lenguaje codificado:[25]

> *que saber bien e mal dezir, encobierto e doñeguil,* 65c
> *tú non fallarás uno de trobadores mil.*

---

[25] La versión de S ("que saber bien e mal dezir") difiere de la de G ("que saber mal desir bien,") lo cual altera el sentido considerablemente. Véase Gybbon-Monypenny, *Libro,* 121. Si consideramos la versión de G, el "desir bien" hace aún más necesario un verdadero trovador, que lo exprese en forma disfrazada, porque la propia naturaleza de este "bien" es demasiado sutil para ser presentada directamente. Si leemos la versión de S, el "mal dezir" es la apariencia fea que esconde lo valioso, para lo cual también se hace necesario el arte de un auténtico trovador.

Para esto el poeta debe, primero, saber distinguir entre lo vil y lo valioso, lo cual nos lleva nuevamente al prólogo donde se requiere el claro intelecto para discernir el bien del mal. Y para expresarlo de manera figurativa, hace falta un verdadero trovador, no una imitación, y sólo uno en mil será capaz de hacerlo.

Rumi también advierte:

> *Busca una perla, hermano, dentro de una concha;*
> *Y busca la destreza entre los hombres que hablan.*[26]

Y otro poeta persa dice:

> [. . .] poetry is that art whereby the poet arranges imaginary propositions, and adopts the deductions, with the result that he can make a little thing appear great and a great thing small, or cause good to appear in the garb of evil and evil in the garb of good [. . .]".[27]

Continúa el Arcipreste:

> *Fallarás muchas garças, non fallarás un huevo,* 66a
> *remendar bien no sabe todo alfayate nuevo.*

El humor es fácil de hallar (aquí Juan Ruiz juega con las palabras *garças* y *gracias*, como ya fue subrayado), pero se hace necesaria la experiencia para, bajo la capa del humor,

---

[26] Shah, *El camino...* 132. La cita es relevante desde el punto de vista de algunos estudios modernos sobre el sufismo, que equiparan al trovador medieval con la figura del "buscador de conocimiento". Véase este tema en el capítulo 5.

[27] Castro 408.

presentar algo más valioso, necesariamente cubierto, como los huevos que cubre y protege la garza.

Tono similar hay en la siguiente estrofa:

> *En general a todos fabla la escriptura;*   67
> *los cuerdos con buen sesso, entendrán la cordura,*
> *los mançebos livianos guárdense de locura;*
> *escoja lo mejor el de buena ventura.*

Para todos hay algo en el arcón del Arcipreste, pero también una advertencia: sólo el que sabe distinguir entre lo verdadero y lo falso puede escoger lo mejor, y aquél es, sin duda, el afortunado, el de buena ventura.

En la misma vena, el poeta continúa:

> *Las del buen amor son razones encubiertas,*   68
> *trabaja do fallares las sus señales çiertas,*
> *si la razón entiendes o en el sesso açiertas,*
> *non dirás mal del libro que agora refiertas.*

La obligación de trabajar para encontrar lo verdadero, el meollo, es también requisito de toda ciencia esotérica, para la cual el esfuerzo consiste en estar alerta. El "camino" (*tarika*) está lleno de señales, aseguran los sufíes, y la verdad puja por expresarse. Evelyn Underhill, en su libro *Mysticism,* dice: "La Realidad siempre se asoma, y el Ser Prisionero la percibe, veladamente o en toda su exactitud".[28]

También lo expresa así el poema místico amoroso *Yusuf y Zulaikha,* al declararlo en estos hermosos versos:

---

[28] Evelyn Underhill, *Mysticism, A Study in Nature and Development of Spiritual Consciousness.* (Evinity Publishing, 2019)

> *If reality did not peep out
> from behind appearances,
> how should the sincere of heart
> ever reach the fashioner of appearances?* [29]

Juan Ruiz persiste en el motivo de las apariencias en los versos siguientes:

> *Do cuidares que miente dize mayor verdat;* 69
> *en las coplas pintadas yaze la falsedat.*
> *Dicha buena o mala por puntos la juzgat,*
> *las coplas con los puntos load e denostat.*

Aquí la apariencia parece ser lo más atractivo, pero también lo más mentiroso. Por eso el lector, antes de hacer su alabanza o su crítica, debe juzgar las palabras sabiamente, según "los puntos" que ellas contienen ("con los puntos load e denostad"). La idea de descifrar un texto tiene su paralelo en las propias lenguas semíticas, que deben recurrir al aporte del lector para proveer las vocales a un sistema de escritura netamente consonántico, y que los poetas árabes han aprovechado para su constante juego de palabras y sentidos múltiples. Esto le ha llevado a Molho a proponer que "puntar" (69-70) (y se podría agregar, "los puntos" del verso 69d) podía referirse precisamente a estos puntos diacríticos de las letras en las lenguas semíticas.[30] Entre los poetas sufíes, este sistema consonántico brinda un excelente medio de utilizar una raíz para diferentes significados. Pero los "puntos" del

---

[29] Hakim Jami, *Yusuf and Zulaikha* (London: The Octagon Press, trad. David Pendelbury, 1980) 15.

[30] M. Molho, *Actas del VII Congreso de la A. I. H.* (Providence, Rhode Island: Brown University, 1983) 317-322.

Arcipreste podría también ser una velada referencia a los puntos o valor numérico de cada letra, según el sistema *abjad* de substitución numeral en busca de significados plurivalentes.[31]

Una correlación interesante existe precisamente en el lenguaje utilizado en el sufismo, donde la raíz NQT, que significa "punto", posee un valor importante en la comunicación de la enseñanza, relacionada con la parte matemáticas del sufismo, según explica Shah.[32]

De los puntos el poeta pasa al acto de puntear un instrumento de cuerda:

> *De todos instrumentos yo libro só pariente,* 70a
> *bien o mal, cual puntares, tal te dirá çiertamente.*

El libro es un instrumento de enseñanza, y también funciona como un instrumento musical, que el lector debe aprender a tocar y afinar y, según su destreza y sentido musical, le sacará un buen o mal sonido. Recordemos que el *Fijh ma Fihi*, de Rumi significa justamente "Contiene lo que contiene", es decir, extraes de él justamente lo que en él hay para ti.[33]

El paralelo musical tiene varios planos de significado. Por un lado, en el medioevo se había adoptado la teoría pitagórica sobre la distancia tonal (los intervalos musicales)

---

[31] Shah, en *Los sufís* 233-34, demuestra cómo a partir de un nombre como "Madre de los Archivos", por substitución numérica se llega a *Las Mil y Una Noches* y señala que "la persona que dio nombre al libro quiso indicar que en él se encontrarían ciertas historias esenciales [. . .] de intención o significado oculto".

[32] Shah, *Los sufís*, "Puntos", 473.

[33] Shah, *El camino...* 123.

y las matemáticas, basada en una ley física que es la frecuencia de vibraciones que producen armónicos.[34] Esta consonancia entre la música cósmica y la instrumental o humana que tanto fascinaba al rey Alfonso el Sabio es tema del *Setenario*.

Pero, además de la conexión entre física y metafísica que alegan los filósofos medievales, la "armonía", entre las escuelas esotéricas, se refiere a la mente del buscador en relación al ente buscado (la verdad, etc.): ambos deben estar en la misma "frecuencia de vibraciones". Sin esta identidad, el instrumento no producirá la "música de las esferas", es decir, el saber a nivel cósmico. Y así es que, dice Juan Ruiz: *si puntarme sopieres, siempre me abrás en miente* (70d). Si el lector consigue extraer del libro su significado interior, siempre lo tendrá en mente como un instrumento–léase aquí instrumento como medio operativo, como herramienta de trabajo.

Ecos de este sentimiento se encontrarán en el otro verso ambiguo con que remata su explicación naturalista sobre la atracción sexual: *e saber bien e mal, e usar lo mejor* (76d). Es probable que "lo de *usar* o *escoger lo mejor* fuera una expresión tópica, hecha equívoca por Juan Ruiz".[35] Sin embargo, la intención se aclara si tenemos en cuenta la

---

[34] Armstrong, 179. La autora explica el sistema "tawil" usado por los sufíes Ismailies para comprender el Corán en su forma arquetípica, y agrega: "Henry Corbin, the late historian of Iranian Shiism, has compared the discipline of *tawil* to that of harmony in music. It was as though the Ismaili could hear a "sound"–a verse of the Koran or a *hadith*– on several levels at the same time". Recordemos asimismo que, en la música, cada nota conlleva consigo otros harmónicos, que resuenan juntos a la misma con decrecientes grados de claridad, lo cual representa una perfecta metáfora para la teoría de los emanantistas sobre el "rayo de creación".

[35] Joset, *Nuevas investigaciones*, 83.

peculiar visión que la filosofía sufí tiene sobre el bien y el mal. Partiendo del hecho de que bien y mal están también regidos por la tiranía de las apariencias, y lo que parece malo puede ser bueno y viceversa, el objetivo es que el individuo desconfíe de las impresiones superficiales y llegue a penetrar su sentido real, de modo que pueda escoger lo mejor, independientemente de su aspecto a primera vista.

Numerosas historias tradicionales ilustran este punto, y uno de los relatos clásicos es el encuentro de Moisés y Khidr, el guía invisible de la historia del Corán (Sura 18, "La Cueva") que actúa de manera incomprensible y reprobable para el observador exterior (Moisés) al desconocer la intrincada relación entre causas y efectos.[36]

---

[36] La historia coránica no menciona a Khidr específicamente, sino a "uno de Nosotros", y dice: 'Encontrando a uno de Nosotros, [. . .] Moisés dijo: "¿Te sigo para que me enseñes algo de la buena dirección que se te ha enseñado?"' (Para la parábola completa, véase el Corán, Sura 18, versos 65-82). Esta narrativa tiene varias versiones en la tradición sufí. El argumento común es el encuentro entre un maestro y un aspirante a discípulo, en que el primero acepta la compañía del segundo con la condición de que éste no cuestione sus actos. El discípulo así lo promete, pero en cada oportunidad en que el guía comete un acto reprobable, el inexperto estudiante no puede resistir y, olvidando su promesa, lo critica severamente. Finalmente, el maestro explica el motivo de sus extrañas acciones y despide al alumno. En una versión de Jan-Fishan Khan, recontada por Shah en *Tales of the Dervishes* (198-200) el mentor revela el por qué de su comportamiento de esta manera:

> The boat I damaged sank and was thus spared confiscation by a tyrant who was seizing all boats for a war. The boy whose ankle I twisted cannot now grow up to be a usurper, or even inherit the Kingdom, because the Law says that only the physically complete may lead the nation. In this city of hatred [where I repaired a wall] are two young orphans. When they grow up, the wall will again crumble and reveal the hoard concealed with it, which is their patrimony [. . .] Go now, in peace. You are dismissed.

El Arcipreste volverá a la misma noción en el episodio de la monja, donde pondrá en boca de la Trotaconventos la queja de que muchos tienen en su poder un libro valioso y no lo saben apreciar, o no quieren tomarse el trabajo de sacar lo mejor, como el gallo que halló un zafir en el muladar:

> *Muchos leen el libro, toviéndolo en poder,*   1390
> *que no saben qué leen nin lo pueden entender;*
> *tienen algunas cosas preçiadas e de querer,*
> *que non les ponen onra la qual devían aver.*

> *A quien da Dios ventura e non la quiere tomar,*   1391
> *non quiere valer algo, nin saber, nin pujar,*
> *aya mucha lazería e coíta e trabajar;*
> *contésçel como el gallo que escarva en el muladar.*

Américo Castro, que tan sagazmente ha visto el espíritu oriental en el *Libro,* no encuentre sentido a las palabras "me avrás en mente", y dice:

> [. . .]
> "señales ciertas, mayor verdat" flotan en un inasible aire poético lo mismo que "miente, pintadas, cual puntares". Ni cabe dar ningún sentido preciso a "siempre me avrás en miente" ¿Que vamos a guardar en la mente? [37]

Sin embargo, me atrevo a sugerir que sí hay un sentido, desde el punto de vista de las enseñanzas esotéricas: Si el libro es un instrumento, su funcionamiento como tal depende de que el lector recuerde las advertencias sobre

---

[37] Castro 399.

las apariencias, y ajuste consecuentemente su actitud en el recuerdo de este principio.

En suma, creo que Juan Ruiz, al llevar al lector a través de sesenta estrofas antes de iniciar la historia de sus aventuras, quiso hacer hincapié en su posición filosófica: que su libro es sobre el "entendimiento", y que funciona como un instrumento, de obvia traza cómica, para transmitir una enseñanza en el terreno psicológico de la percepción. Gracias a este juego entre lo superficial y lo escondido, lo accesible y lo dificultoso, lo jocoso y lo serio, el libro fue ideado para hablar a diferentes niveles, según la capacidad perceptiva, la atención a las sutilezas, la preparación, el interés y la perseverancia de cada lector. Este mensaje está expresado una y otra vez, desde diferentes ángulos, y con diferentes técnicas narrativas, pero todas apuntan hacia un mismo fin, que es advertirnos sobre las limitaciones de las mentes no "regeneradas", para usar un lenguaje común entre las doctrinas de perfeccionamiento interior.

La misma idea está poéticamente expresada en el *Yusuf y Zulaikha* de Jami, donde Zulaikha, durante un sueño nocturno, tiene una arrobadora visión del amor. Aquí, la cuestión de las apariencias está claramente ligada a la dificultad de llegar al verdadero amor:

> If only she had been aware of that deeper meaning, she would have numbered among those who have joined the path of Truth; but being captivated by the outward form, she was oblivious at first to the underlying reality [. . .] all of us are like Zulaikah: slaves of opinion and victims of appearances.[38]

---
[38] Hakim Jami 15.

3.2 Antecedentes

Esta función instrumental del libro a la cual me vengo refiriendo tiene una larga tradición en las obras sufíes tales como en el *Mathnavi* de Rumi y en las numerosas colecciones sapienciales de arraigo oriental (el *Calila et Dimna,* el *Disciplina Clericalis* y otros varios ejemplares de la cuentística medieval); y asimismo en la poesía trovadoresca occitana.

Como hemos visto en los versos del exordio, el autor se propone escribir un libro *que al cuerpo alegre y a las almas preste,* siguiendo el principio medieval de enseñar deleitando. Vimos asimismo que nuestro poeta va más allá de la mera "melecina azucarada" de Juan Manuel o el iluminismo de Gonzalo de Berceo, y condiciona la comprensión de esa pluralidad que va de lo profano a lo profundo y de lo obvio a lo sutil, a un elemento que debe ser aportado por el mismo lector u oyente.

En primer lugar, si el Arcipreste habla de una múltiple lectura, para las almas y los cuerpos, y un variado público, los cuerdos y los livianos, se refiere no tanto a la diversidad social de su audiencia (que la habría, pues sus lectores serían clérigos y letrados tanto como juglares y estudiantes) como a la capacidad perceptiva que varía de lector a lector. Y así, esa jerarquía implícita en la dualidad profano/profundo se extiende al mismo receptor. A todos habla su escritura, tanto al sabio como al ignorante, pero serán afortunados aquéllos que puedan ver el meollo, pues este meollo, podemos agregar, es harto más difícil de desentrañar que el moralismo juanmanuelino. De hecho, Juan Ruiz promete, al que comprenda bien sus sutilezas, nada menos que una "dueña garrida", nada menos que la dama Sofía: la sabiduría.

3.2.1 La poesía de los trovadores

La insistencia en la habilidad del lector, comparada a un intérprete que arrancará un cierto sonido del libro-instrumento del Arcipreste según sepa puntear sus cuerdas, estaba ya presente entre los trovadores del siglo XI y XII. J. Joset indica esta coincidencia, cuando cita los versos de los poetas occitanos que "afirman claramente que el valor del *vers* depende del entendimiento y talento musical de quien lo recibe o interpreta", y cita estos versos de Guilhem de Peitieu:

> De este "vers" les digo que más vale
> par quien lo entiende bien
> y así recibe más albanzas.

Y a estos de Bernart de Ventadorn:

> El "vers" es fino y natural
> y bueno para quien lo entiende bien,
> y es mejor si de él se espera el joi.

J. Joset observa seguidamente que este "buen entender" está vinculado con el *joi de vivre,* la alegría y placer amoroso de los trovadores. Estos dos aspectos no se excluyen mutuamente, ni en la poesía cortesana ni en el *Libro;* como tampoco en la literatura sufí. [39]

Los precursores orientales en la lírica provenzal han sido probados de manera bastante convincente, lo que se evidencia tanto en forma como en temática. (Aun así, la

---

[39] J. Joset, *Nuevas investigaciones,* 57-58.

polémica persiste, y los defensores de la vertiente europea continúan firmes en su posición).

También ya se han escrito muchas páginas sobre la inserción de la lírica trovadoresca en España, vía las peregrinaciones desde el sur de Francia hacia Santiago de Compostela desde el siglo XI, o "el camino francés". No es de extrañar que su producto en España, la poesía mariana del siglo XII y el culto extático a la Virgen María, (como respuesta al culto a la dama de la poesía cortesana) se escribiera en galaicoportugués, la lengua fundamental de la lírica culta en Castilla. Retomaré la lírica trovadoresca, su contrapartida mariana y el sincretismo español-franco-árabe en el capítulo 5. Por el momento, quiero enfatizar que el nexo entre el valor del verso y el talento del "intérprete", según vimos en Guilhem de Peitieu y Bernart de Ventadorn, es una temática esencialmente oriental.

Presento seguidamente algunos temas esenciales del *Libro de Buen Amor* que ya se habían delineado anteriormente en varias obras. Dos de ellas, como el *Calila e Dimna* y el *Disciplina Clericalis*, gozaron de amplia difusión en España y en el resto de Europa.

3.2.2 El *Calila*, el *Disciplina Clericalis* y el *Masnavi*

El reconocimiento de la variedad de la audiencia en este tipo de literatura sapiencial está ya presente en el prólogo del *Calila e Dimna*, texto que se expande con gran rapidez por Europa y cuya temprana traducción al español (año 1299) ha sido considerara fiel a la versión en árabe.[40]

---

[40] Para el *Calila e Dimna* se usó la edición de Juan Manuel Blecua y María Jesús Lacarra (Madrid: Castalia, 1984).

Derivado del *Panchatantra* hindú, el *Calila* nos llegó a España con dos prefacios, el de Ibn al Muqaffa, que lo agregó al traducir el libro del persa en el año 750, y el de Ali Shah, incluido en una versión árabe del siglo X. Ambos prefacios proveen al lector de ciertas instrucciones para acercarse correctamente al texto, y advierten sobre la presencia de la "envoltura" en la trasmisión de las sutilezas, sobre la multiplicidad de la audiencia y los varios propósitos del libro:

> la primera [. . .] para dezir encobiertamente lo que querían [. . .] la segunda, que lo fallaron por buena manera con los entendidos, por que les crezca el saber [. . .] la tercera [. . .] por juglaría a los discípulos y a los niños.

Y más adelante: "Et por ende, si el entendido alguna cosa leyera deste libro, es menester que sepa que ha otro seso encobierto [. . .]."[41]

De la lectura del prefacio se deduce que Ibn al Muqaffa considera la colección de historias como un trabajo conscientemente planificado para transmitir algo de la mayor importancia en una combinación de saber y entretenimiento que operan a niveles diferentes, cuyo significado se manifestara al lector de acuerdo a su experiencia y percepción.[42] Por eso, el filósofo árabe

---

[41] *Calila* 90-92.

[42] Si bien no es considerado un libro de instrucción metafísica, los sufíes sostienen que muchas de las historias del *Calila* contienen material iniciático. No está claro si maestros de aquellas escuelas acrecentaron textos a la colección o utilizaron, como a menudo hacía Rumi, cuentos de la tradición oral con significado interior para ilustrar ciertos puntos de su sistema. Lo cierto es que muchas de las historias que aparecen en

recomienda una lectura activa y paciente. Subraya asimismo que la forma y las digresiones están delineadas con el ánimo de entretener y atraer al joven lector, y así asegurar la trasmisión y durabilidad del texto. Pero también asegura que hay una meta a la cual él alude oblicuamente, la que sólo los filósofos podrán entender, y que constituye, a mi ver, el efecto que las fábulas producen en la mentación humana, esto es, aquello que permite al lector y oyente asimilar nociones que sus patrones habituales de pensamiento normalmente les impide digerir cuando son expresadas directamente. Para Juan Ruiz, estos lectores serían los de "buena fortuna" que "elegirán lo mejor".

Mientras el prefacio de Ibn al Muqaffa es más directo en sus consejos al lector, ilustrando cada punto con una historia, el de Ali Shah habla del origen del libro, estableciendo su valor como instrumento o vehículo educativo, y enfatizando nuevamente lo exterior y lo escondido. Incluye la autobiografía del monje Burzoe (*Berzebuey* en la versión española) quien, según la leyenda, introdujo la colección en Persia. El sabio dice, en otras palabras, lo que Juan Ruiz enuncia como "saber bien y mal y escoger lo mejor". Esta idea concuerda sin duda con aquel principio sufí de que el discernimiento debe preceder a la elección de un curso de acción—o inacción.

> Et tove por bien de otorgar a los sabios de cada una ley sus començamientos et ver qué dirían por razón de saber la verdat de la mentira et escoger et anparar

---

las colecciones pertenecen a lo que dentro de esa tradición sufí se llaman "cuentos-enseñanzas". Véase "The Three Fishes", en el *Masnavi* de Rumi, 198, y en la versión del *Calila*, "Las tres truchas", 149.

la una de la otra; et conosçida la verdat, obligarme a ella verdaderamente...[43]

La leyenda de Burzoe aparece también traducida en la *General estoria,* donde Alfonso X usa el *Calila* como fuente de gran saber, lo que sugiere que sería bien más fácil comprender el marco filosófico en que Juan Ruiz encuadra su obra para la audiencia del siglo XIV familiarizada con el ya difundido libro de fábulas que para el lector de nuestros tiempos, distanciado cultural y temporalmente de los principios básicos de estos textos sapienciales.[44]

Un estudio comparativo de la colección oriental y del *Libro* revelará un diseño común a los dos: la plurivalencia, en significado y en audiencia, es una de las cualidades más destacadas. Naturalmente, esta afirmación por sí misma no es suficiente para demostrar la función instrumental del libro como trasmisor de una enseñanza de forma indirecta, ya que el *Calila e Dimna,* así como el *Disciplina Clericalis* y otros libros sapienciales no son unánimemente aceptados como libros didácticos. John Keller, por ejemplo, está convencido de que un texto didáctico no puede ser al mismo tiempo de tenor liviano y cómico (y menos aún

---

[43] *Calila* 108. Según el segundo prólogo, Burzoe era el filósofo persa que fue a la India en busca de las hierbas de la inmortalidad, y confunde lo exterior con lo interior, al tomar lo metafórico por lo real: las hierbas mágicas que transforman a los muertos en vivos eran la alusión a un saber superior que produciría la trasmutación de la conciencia. Burzoe finalmente encuentra el libro (*El Panchatantra),* y lo introduce en Persia. La leyenda pasa a la versión española en el primer capítulo del *Calila,* 99-120, de "*Cómo el Rey Sirecnuel enbió a Berzebuey a Tierra de India*".

[44] Sobre el uso de la simbología del *Calila* y la figura de Júpiter en la *General Estoria,* y su relación con en el proyecto político de Alfonso X, véase el artículo de Roberto González-Casanovas, "Mirrors of wisdom in the prologues to *Calila e Dimna:* Reception Models from Bidpai to Alfonso X", *Romance Languages Annal* 4 (1992): 469-77.

pornográfico), y en su artículo sobre la literatura de recreación dice:

> I believe that this text is germane to an understanding of *Engaños,* which contains histories (stories) and is a romance [. . .] of the kind which impart joy, all of which makes it a non-didactic work and, hence, not a wisdom book.[45]

La convicción de que la instrucción y la diversión son mutuamente excluyentes, y la afirmación de que un libro didáctico por fuerza debe ser piadoso y consistente, es un derivado del pensamiento cristiano y escolástico. Se ha estado usando una vara muy occidental para medir libros embebidos en lo oriental, lo que nos lleva a encapsular el didacticismo en el estrecho espacio del moralismo religioso, el dogma, la enseñanza a través de preceptos rígidos, normas fijas y acumulación de información. Pero didacticismo va más allá de doctrina. Enseñar, en su origen semántico, no significa "indoctrinar" sino todo lo contrario: *señalar* aquello que pueda abrir e instruir la mente evasiva.

Keller nota asimismo que el *Calila* (y su antecesor, el *Panchatantra*), el *Disciplina Clericalis* y el *Libro del Arcipreste,* tienen apenas un disfraz didáctico, pero la simplicidad de la enseñanza y el evidente deseo de divertir al público delata su verdadera naturaleza de obras de entretenimiento.

Sobre el *Disciplina,* el crítico dice:

---

[45] John Keller, "The Literature of Recreation: *El libro de los engaños*". *Hispanic Medieval Studies in Honor of Samuel G. Armistead,* ed. E. Michaele Gerli and Harvel Sharrer (Madison, 1992) 193-200.

> Considering the kind of stories he told, not one of which is pietistic in any religion, he might have laughed long and hard. If, on the other hand, people believed that it was a guide for scholars and the educated, levity still could have been present, since the lessons offered by the *Disciplina* are not wisdom which intelligent people have the need to learn, since they offer the kind of wisdom any bright person would already possess [. . .] None of its lessons are Christian, or even pietistic, they are practical; but even if they can be construed as practical wisdom theirs is a simplistic teaching, which I believe was hardly noticed by congregations as they listened to sermons [. . .]. There is an analogy today. Millions watch T.V. dramas and cinemas, most of which contain "lessons" of a sort [. . .] Those who watch such dramas hardly, if at all, concern themselves with their moralities or lessons"; they watch in order to be entertained.[46]

Huelga decir que la distancia abismal que existe entre un programa de televisión o cualquier producto de la industria de entretenimiento del mundo moderno y la literatura llamada "espejo de príncipes" no se mide solamente en milenios, sino en contenido. El estudio de la cuentística tradicional sugiere que esta última emana de una antigua disciplina psicológica que desarrolló el diseño y perfeccionó el funcionamiento de las fábulas y otras historias-enseñanzas, la cual se ocupa de cómo, cuándo y de qué

---

[46] Keller, "Moses Sephardi's *Disciplina Clericalis*: Jest or Earnest?" *Jewish Culture and the Hispanic World. Essays in Memory of Joseph H. Silverman,* ed. Samuel Armistead and Michael Caspi (Newark, Delaware, c2001) 269-278.

manera presentarlas en la colección o marco narrativo, quién las narra, por qué, cómo encadenarlas, y qué elementos psicológicos, simples o profundos, presentar en cada momento, a fin de ilustrar procesos mentales. El cultivo de este arte e instrumento fue siempre prerrogativa de unos pocos, quienes iniciaron y acrecentaron algo a las colecciones de historias a través de siglos: mal podemos esperar tal maestría entre los creadores de programas comerciales, que, como bien se sabe, después de un conveniente sondeo de los gustos del público le ofrecen lo que éste demanda. Debemos conceder que también los textos didácticos medievales querían satisfacer a su público (de ahí el antifeminismo del *Disciplina*, entre otros) pero éste era el almíbar que, en estas narrativas, incluyendo el *Libro del Arcipreste*, estaba en función de algo de mayor alcance. Además, las fábulas no necesariamente funcionan a un nivel consciente e inmediato.

Mi intención es demostrar que tanto el *Libro* como las colecciones de cuentos a los que aludí más arriba, del mismo modo que los textos de Rumi, Sanai y otros cuentistas de la misma tradición, comparten la misma característica de instrumentos de enseñanza a través de métodos indirectos. Para esto debemos volver la mirada hacia la función del cuento y la fábula según ha sido usada en la tradición oriental, y responder a la obvia pregunta que naturalmente surge al entrar en este territorio: ¿Por qué se habría recurrido a historias para moldear el carácter de príncipes o instruir al iniciado en las escuelas esotéricas? ¿Cuál sería la ventaja de un cuento o fábula en lugar de la doctrina o la admonición directa? La respuesta a estas preguntas ilumina también el uso que Juan Ruiz hizo de ellas.

Los sufíes son maestros en el arte de diseñar historias de valor transformativo, así como de rescatar del acervo tradicional aquellas narrativas que contienen un potencial ilustrativo, o incluso eventos de la vida real que funcionan como arquetipos de los procesos psicológicos. Por eso en sus círculos se echa mano de historias que también figuran en las colecciones populares, en las fábulas esópicas y en la tradición oral.

Un estudio comparativo del *Mathnavi* de Rumi y el *Calila e Dimna* revela que numerosas narrativas de la colección hindú fueron reproducidas por Rumi en su monumental obra poética. En uno de sus poemas titulado "Por qué el poeta vela sus doctrinas en fábulas", nos dice:

> *Lo que me impide exponer mis doctrinas*
> *No es otra cosa que los corazones*
> *de mis oyentes*
> *inclinados hacia otro lugar.*
> *Sus pensamientos están absortos*
> *en aquel invitado Sufi,*
> *Están impresos en sus episodios*
> *hasta el cuello.*
> *Así pues, me siento obligado*
> *a dejar mi discurso*
> *por aquella historia, y exponer su condición.*
> *Pero, Oh amigo, no pienses en este Sufi*
> *como una mera forma exterior.*
> *Como los niños, solo ven pasas en el vino.*
> *[...]*
> *Ahora oye la forma exterior de mi historia*
> *pero separa el grano de la barcia.*[47]

---

[47] Las enseñanzas de Rumi, 82. Para la versión en inglés se puede consultar *The Teaching of Rumi*, 63.

Rumi deja claro que el meollo y la corteza deben ser prolijamente separados. En otro momento advierte:

Puede que lo hayas leído en el Kalila,
Pero esa fue la cáscara de la historia:
este es el centro del alma.[48]

Idries Shah, que ha traducido y coleccionado centenas de historias de la tradición sufí escrita y oral, dice:

Do you imagine that fables exist only to amuse or to instruct, and are based upon fiction? The best ones are delineations of what happens in real life, in the communities and in the individual's mental processes.[49]

Estos especialistas afirman que las historias funcionan como una estratagema. Debido a que la visión estrecha y las reacciones subjetivas, socialmente condicionadas, están tan arraigadas y establecidas en el ser humano (recordemos a los griegos y los romanos, cada uno armado con sus diferentes respuestas automáticas, de acuerdo a su medio social), solamente una aproximación indirecta, oblicua, puede cambiar el foco mental y ampliar la conciencia, allí donde un ataque frontal—la admonición— no funcionaría. De la misma manera, la historia es un subterfugio necesario para ultrapasar la oposición natural que la simple enunciación de una verdad no muy agradable a los oídos casi siempre genera. Además, como el vehículo es entretenido, hasta un cierto punto se asegura la

---

[48] Schimmel, 317.

[49] Idries Shah, *Reflections* (London: The Octagon Press, 1978) 4.

trasmisión y supervivencia del mensaje. En *The Fable as Literature*, Blackman lo explica muy elocuentemente:

> A fable is a story invented to tell the truth, not a true story [. . .] A fable gets past the garrison of resident assumption, the minds' defenses, to bring home its point or raise its questions: it is a tactical maneuver to prompt new thinking.[50]

Más Adelante, elabora:

> Fables do not teach morality in any direct didactic sense [. . .] Aesopic fables are more descriptive than prescriptive and the morals added as promethium or epimythium were useful for indexing, rather than integral to the text. But these fables, like proverbs, were invented for a practical purpose in the form of memorable epitomes of life's common experiences. La Fontaine offers them as a mirror for self-examination; and uses them for the expression of some of his own moral judgments and passions. In longer fables, devices are used to unsettle established views, and judgments, or to expose unnoticed aspects of behavior, or to show the familiar in a new light. The truth about the 'truth' of fables is not merely that it is something shown not something said, but mainly that it is demonstration of a second order, showing what has been left out or what has not been thought of or what has been mistakenly thought, or turning us round to look in

---

[50] H. J. Blackham, *The Fable as Literature* (London and Dover: New Hampshire: The Athlone Press, 1985) i.

another direction. It does not compete in truth claims. It fastens on what is generally in mind and is radically corrective.[51]

Kinkade expresa lo mismo en diferentes términos:

> The Sufi believes that the human consciousness reaches its highest degree of awareness through a realization of love or *agape*, and that the mind of man, conditioned and hardened to anything beyond its immediate scope, is an obstacle to this realization and can only be overcome indirectly, through the didactic use of appropriate tales. These tales carry with them their own *baraka* or inherent power to break down the barriers of the mind.[52]

Por *baraka* se entiende el elemento de transmisión humana, el nutriente que propicia la "alquimización" de la conciencia y que es justamente el que desaparece en las organizaciones fosilizadas, donde solo permanece la "corteza" de lo que sería el pensamiento súfico.

Estas observaciones pueden sonar más o menos esotéricas, según el vocabulario que utilicemos, pero en cualquier caso hay que reconocer que lo que sabemos acerca del diseño y la dinámica psicológica subyacente en la cuentística oriental es limitado. ¿Por qué, por ejemplo, se insiste tanto en que la función de contar historias es salvar la vida del narrador o, en otros casos, matar a un opresor? Tzvetan Teodorov dice, en su análisis de las historias tradicionales:

---

[51] Blackham 251-253.

[52] Kinkade, 68.

> If all the characters incessantly tell stories, it is because this action has received a supreme consecration: narrating equals living. The most obvious example is that of Scheherazade herself [. . .][53]

El esquema de la función "salvavidas" es repetido en numerosas historias internas de *Las Mil y Una Noches*, [54] del *Calila* [55] y de muchas otras colecciones. Esto muestra que los cuentos tienen el propósito de "salvar", metafóricamente hablando, a través del poder de su dinámica interna, pues funcionan como un *blueprint* mental, un modelo al cual recurre el aparato mental del lector que lo ha guardado en su memoria y lo regurgita, digamos, cuando la ocasión en su vida real presenta una similitud, un mismo proceso, a nivel psicológico, que el descrito en la historia.

Las narrativas y fábulas que componen la cuentística tradicional abarcan una multitud de significados, que pueden operar simultáneamente, formando un extraordinario conjunto. El formato historia dentro de otras

---

[53] Tzvetan Todorov, *The Poetics of Prose* (Ithaca, NY: Cornell U. P. 1977) 73.

[54] Por ejemplo, el cuento de Tawaddud de la "Noche 480", que pasó a la literatura española como *La Doncella Teodor*, y que funciona como un eco del marco narrativo de Schahrazada. Para el significado de esta historia, véanse mis comentarios en "La mujer en la literatura medieval peninsular: ¿Misoginia general o lectura superficial?" *Torre de Papel*, vol. ix, Nº 3, Univ. of Iowa (Fall 1999): 121-122.

[55] En el *Calila e Dimna* el filósofo Bidpai, que representa el primer narrador de la historia-marco de toda la colección, salva su vida narrando al rey las fábulas (las que componen el *Panchatantra*) al mismo tiempo que modifica la comprensión del monaraca, y lo"reforma". Dimna también trata de salvar su vida de la misma manera.

historias de los palimpsestos orientales sugiere también una representación de este diseño concéntrico de impactos a diferentes niveles, desde el más obvio al más recóndito. Un significado puede no invalidar otro, y el sistema es altamente alegórico y de profundas implicaciones. Su intención es poner de manifiesto ciertos mecanismos limitantes en los procesos psicológicos (tales como la manipulación mental, el engaño, el autoengaño) y su potencial de transformación.

A modo de ilustración de la complejidad de este método de enseñanza, tomemos un motivo, "el corazón", tan frecuente en las colecciones orientales y en el *Libro de buen amor*.

El ejemplo más memorable es, tal vez, la fábula del zorro que se hace el muerto y sacrifica todo a manos de los aldeanos menos su corazón,[56] lo que doña Garoza emplea como sinónimo de honra (1412-1424). En los sistemas esotéricos, es el corazón—no la mente—el depositario de la sabiduría. Copiosísimos ejemplos de esto nos dan las historias del *Calila,* y ya desde el comienzo el sabio Burzoe dice: "Et leí libros, et conosçí et sope sus entendimientos, et afirmóse en el mi coraçón lo que leí de las escripturas de los filósofos."[57]

---

[56] El cuento tiene una amplia gama de variaciones. Para una comparación entre ellas, véase Lecoy, 138-140.

[57] *Calila* 103. En esta colección, el corazón juega un papel similar en la citada historia y varias otras. Por ejemplo, es un elemento central en la narrativa *Del Galapago et del Ximio,* 253-259, en la que el mono, quien intuye la intención de la tortuga de arrancarle su corazón, alega habérselo dejado en casa, es decir, a buen resguardo. A continuación, el ximio relata la historia del *Asno sin corazón y sin orejas,* 259-262, cuento muy difundido en la Edad Media, y tratado de la misma manera en el *Libro,* coplas 892-903.

Enrique de Rivas concuerda: "La relación conocimiento-corazón procede claramente de la ideología hindú, que incorpora el sufismo islámico siglos después."[58]

Desde esta perspectiva, es posible que el Arcipreste haya puesto la historia en boca de doña Garoza sabiendo el simbolismo de "corazón", porque el motivo surge en otra fábula, la del "Asno sin corazón y sin orejas", clara advertencia hacia sus lectores, ya que "orejas" y "corazón" se interpretan, respectivamente, como oído externo y oído interno, es decir, percepción.

Ahora bien, quienquiera que esté familiarizado con la simbología de la narrativa medieval oriental habrá de notar que "conocimiento" es sinónimo de "poder curativo" y "vida perdurable".[59] La identidad entre sabiduría, cura y perdurabilidad (implícitos en el tropo corazón) es común

---

[58] Rivas 37. Más adelante dice que para los sufíes el corazón es el "tabernáculo del misterio divino del hombre, y por lo tanto, de su purificación", y la "sede de la sabiduría, de la intuición y de la percepción", 179. Consúltese también el clásico estudio de Nicholson, *The Mystics of Islam*, 68.

[59] Así lo entienden Blecua y Lacarra en sus comentarios acerca de la historia del sabio Burzoe, en el prólogo del *Calila*, y su búsqueda de las hierbas curativas, las que según descubre el monje tras una infructuosa búsqueda, son apenas una metáfora de la sabiduría (los libros que "curan" la ignorancia humana, en este caso, el *Panchatantra*). Por lo tanto, el *Calila* anuncia: "*Todos los omnes del mundo mueren fuera el sabio. . .*"; y los editores, quienes ven en la historia del monje una aventura iniciática, comentan: "La identidad entre saber e inmortalidad se repite en todos los catecismos hispano-arábigos", 101. Finalmente, nótese que tanto en el cuento del "Asno sin corazón y sin orejas", como en su historia marco en el *Calila* del "Ximio y la tortuga", y asimismo en el cuento de "La raposa y las gallinas" en todas sus versiones, el corazón es codiciado por tener un poder curativo: para el león enfermo ("dolíale la tiesta") en la primera historia mencionada; como medicina para la esposa del tortugo, en la segunda; y para el "tremor del corazón" en la última. Esto nos conduce de vuelta al poder curativo de las "hierbas del conocimiento" de Burzoe, y su relación con la inmortalidad. Véase las historias referidas en el *Calila*, 893 y 1419.

dentro de las escuelas sufíes, y no podía faltar en los tratados de las escuelas de Andalucía. Lo encontramos, por ejemplo, en el *Libro de los Cercos* de Ibn al-Sid de Badajoz en su capítulo titulado: "Explicación de la tesis de los filósofos que dice que la ciencia del hombre se parece a un círculo ideal y que su esencia llegará, después de su muerte, hasta el término al cual llegó su ciencia durante su vida". El filósofo habla, específicamente, de un trabajo para "perfeccionar la esencia y sustancialidad del alma".[60]

Con esta digresión sobre el uso metafórico de un motivo he querido dar una idea, aunque primitiva e incipiente, dada la naturaleza del tema, de la complejidad y pluralismo de los sistemas simbólicos manejados en la cuentística medieval de origen oriental, en la cual se circunscribe nuestro *Libro de buen amor*. Decir que el corazón es lo único que no debe sacrificarse mientras que lo demás es "desechable", como sugiere doña Garoza al contar su historia, suena simplista para Keller. Sin embargo, si "corazón" es sabiduría (y su motor inicial la inteligencia intuitiva), y si sabiduría es sinónimo de poder curativo e inmortalidad, estas fábulas están transmitiendo algo bastante intrigante, por decir lo mínimo, porque esta inmortalidad no se refiere (como lo entendería Jorge Manrique en las "Coplas a la muerte de su padre") a las obras o a la fama o al recuerdo dejado en otros hombres, sino a algo más específico, a la permanencia de la llamada

---

[60] Asín Palacios, *Obras Escogidas* 519-525. La ciencia del hombre, según Ibn al Sid de Badajoz, se refiere tanto al saber acerca de los seres animados e inanimados como a la especulación "intelectual" y "divina", siguiendo un grado de refinamiento que comienza y termina en un "Entendimiento Agente". Esto explica la importancia dada por los sufíes medievales al estudio de las matemáticas, la mineralogía, la biología y la medicina, además de las técnicas de refinamiento espiritual.

esencia humana.[61]

Esta complejidad y multiplicidad de los sistemas que usan símbolos podría verse como una alfombra persa. Shah lo explica así:

> Lo intrincado de gran parte del arte oriental y de otras artes no es simplemente una exhibición de versatilidad o habilidad. Es una analogía de los infinitos y sucesivos significados que pueden ser transmitidos por una sola cosa.[62]

Además de su valor ejemplar, las historias suelen tener un diseño dialéctico cuya intención es poner de manifiesto la manipulación como instrumento coercitivo. Tanto el *Calila* como el *Libro de los Engaños* y el *Libro de buen amor* hacen uso de esta función. Los animales del *Calila* emplean historias o preceptos morales como parte de un lenguaje persuasivo para ganar una posición y sustentar un punto de vista. En el *Libro de buen Amor,* la manera en que Trotaconventos seduce o trata de seducir a las dueñas pone de relieve la vulnerabilidad de la mente a la manipulación, y el Arcipreste no vacila en advertir a su audiencia femenina del peligro encerrado en los discursos con doble intención. También en el *Sendebar,* la manipulación de la que el rey es víctima adquiere un carácter bastante cómico, cuando es sometido a un vaivén psicológico y se dispone a

---

[61] No niego que esta afirmación resulte extremadamente esotérica vista desde nuestra experiencia cotidiana del mundo tangible, pero de ninguna manera se le puede achacar de ser simplista, o de ser algo que "cualquier hombre inteligente ya sabe", ya que el dogma religioso condiciona inmortalidad a conducta y fe, y no a conocimiento profundo, como lo es en las doctrinas metafísicas.

[62] *Los sufís*, 402.

dar un apresurado veredicto y luego el contrario después de escuchar cada historia.

Pero no todo diagrama dialéctico es manipulación mental. Tanto en el *Calila* como en el *Libro*, es común encontrar una historia inmediatamente después de algún aforismo simplista cuya validez es puesta en cuestión por el cuento, y que está encaminada a propiciar la reflexión y escapar de la tiranía de las suposiciones. En otras palabras, un consejo o historia puesto en la boca de cada interlocutor no es precisamente para transmitir una verdad consagrada sino para hacer al oyente o lector dudar del valor de lo expresado, examinar los lugares comunes repetidos mecánicamente, o adquirir una perspectiva más variada sobre un defecto humano como parte integral de su psicología. Especialmente en el *Libro* vemos que el paso de lo general a lo particular, de lo que subraya el precepto a lo que realmente ocurre, es otra manera de demostrar lo relativo de cada verdad.

Finalmente, los debates tan comunes en estos textos (pensemos en el *Calila* o en las contiendas entre don Amor y el Arcipreste o entre Trotaconventos y las varias dueñas), crean un efecto múltiple, al presentar argumentos que se complementan.

El *Disciplina Clericalis*, el otro texto de enorme penetración en Europa, también usa el cuento para "ablandar y endulzar las píldoras doctrinales", e insiste en que "la naturaleza humana es olvidadiza y que se necesitan muchos trucos para recordar".[63] Observemos de paso que también este texto está construido sobre una arquitectura dialéctica, aunque menos evidente. Cada historia o grupo

---

[63] Julián Bueno, *La sotana de Juan Ruiz: Elementos eclesiásticos en el 'Libro de buen amor'* (South Carolina: Spanish Literature Publications Company, 1983) 82.

de historias es seguido por otra u otras que ponen en evidencia el otro lado de la situación, la posibilidad contraria. Como señala Eberhard Hermes en su agudo análisis:

> The basic component idea that lies as a foundation for all ideas of experience of life, is that everything is two-sided [and] operates in our book, in a loose form that relies on association. The operation is unobtrusive with the result that the individual motifs are always being taken up again and contrasted with one another in a dialectical manner.[64]

Su autor, Pedro Alfonso, está mostrando, desde diferentes ángulos, ciertos procesos mentales que se transmiten mejor a través del diagrama de los cuentos, del mismo modo que lo hacía el *Calila* y lo hará el Arcipreste.

He aludido a diferentes funciones de las narrativas tradicionales para invitar al lector a contemplar otras posibilidades en el uso de las historias y fábulas en el *Libro de buen amor*. Los estudios comparativos que se han hecho, especialmente a partir de Lecoy, de las diferentes versiones de una misma historia, también nos ayudan a ver una amplia gama de posibilidades.

Quisiera aquí indicar otras avenidas que no han sido investigadas, y que demuestran que Juan Ruiz utilizó

---

[64] Para el *Disciplina Clericalis* (edición de Eberhard Hermes) (Berkeley: University of California Press, 1977). Para esta cita véase la Introducción, 31. Es también interesante para este estudio el comentario de E. Hermes, Introducción, 59, acerca de la actitud multidisciplinaria del autor medieval.

narrativas que ya circulaban entre los sufíes. Me refiero a las fábulas del *Masnavi*, de Rumi, considerado el más destacado poeta en la historia dentro de esta tradición. Un análisis de sus cuentos y fábulas requeriría otro libro, pero el lector interesado podrá hacer un cotejo y llegar a sus propias conclusiones.[65] Mi intención es apenas recalcar nuevamente cuán lejos está el *Libro de buen amor* de ser meramente un tratado para divertir a su audiencia, cuando una de sus posibles fuentes es nada menos que la obra cumbre de la poesía mística.

Finalmente, notemos que la crítica de algunos lectores del *Masnavi* en su propio tiempo no difiere mucho de la que ha recibido el *Libro* de nuestros críticos contemporáneos:

---

[65] Algunas de las historias en común de ambos libros: El en *Libro*, el "*Ensienplo del cavallo e del asno*" (coplas 237-245), para ilustrar el pecado de la soberbia, es relatado en el *Masnavi*, 250; el "*Enxiemplo de cómo el león estava doliente, e las otras animalias lo venían a ver*" (coplas 82-88), aparece en la versión de Rumi como "The Lion who hunted in company", historia XI del Libro I, 47, donde dice:

> Then, turning to the fox, he ordered him to make the division. The fox, rendered wary by the fate of the wolf, replied that the whole should be the portion of the lion. The lion, pleased with his self-abnegation, gave it all up to him, saying, "Thou art no longer a fox, but myself".

La historia del "Asno sin corazón y sin orejas" del *Libro* (coplas 892-903) es otra fábula del *Masnavi*, 63, con un significado similar, aunque más elaborado; el "*Ensienplo del mur topo e de la rrana*" recitado por el Arcipreste en su invectiva contra don Amor (coplas 407-414) demuestra el poder destructivo de una unión desigual, cuando falta sinceridad en alguna de las partes. En la versión del *Masnavi*, 309, la presa del cuervo es el ratón, pero al estar éste amarrado a la rana, ambos son cargados y devorados. Rumi nos da una "moraleja" superficial, en prosa ("the problem of being led astray by wretched companions") para después aplicar la historia a una enseñanza de índole espiritual, lo que hace, característicamente, en un poema, donde compara al ratón (animal terrestre y pasional) con el cuerpo, y a la rana (animal acuático) con el alma que ha cometido el error de dejarse seducir por tal desigual compañero.

que es apenas un objeto de entretenimiento, carente de cualquier valor más profundo. Cito a continuación los versos de Rumi quien, como el Arcipreste, ya prevenía las lecturas superficiales:

Objeciones de los necios al Masnavi

Cierto ganso saca su cabeza por el corral,
Y se muestra como un crítico del Masnavi,
Diciendo, "Este poema, el Masnavi, es infantil;
Solo es una historia de los profetas.
No es un relato de los argumentos
y profundos misterios
A donde los hombres santos dirigen su atención;
Se refiere al ascetismo, y seguidamente
a la auto-aniquilación,
Paso a paso, hasta la comunión con Dios;
Una explicación y definición de cada estado distinto,
Hacia donde los hombres del corazón
ascienden en su vuelo.
Viendo que el Libro de Dios se parece
al Masnavi en esto,
los infieles lo insultaron de la misma manera,
diciendo, "Contiene viejos cuentos e historias;
No hay análisis profundo
ni elevada investigación en él.
Los niños pueden entenderlo."
[. . .]
Sepan que las palabras del Corán son simples,
Pero dentro del sentido externo
hay un secreto interno.
Bajo ese significado secreto hay un tercero,
con lo que el ingenio más alto enmudece,
El cuarto significado no ha sido visto por nadie

> *[. . .]*
> *¡No confines, oh, hijo, tu vista*
> *al significado externo!*
> *Incluso los demonios vieron en Adán solo arcilla.*
> *Si os habéis imaginado que yo*
> *solo soy fábulas vacías,*
> *habéis sembrado la semilla del oprobio*
> *y la infidelidad.*[66]

En suma, pienso que el poeta español conocía la versatilidad de los cuentos, fábulas e historias y que era consciente de su función como herramienta para propiciar el perspectivismo.

Otra objeción de la crítica en cuanto a la intención educativa del libro se refiere a las consabidas contradicciones, ambigüedades y deslices que forman la estructura misma del texto ruiciano. En mi lectura, todas estas ambivalencias de Juan Ruiz habrían encontrado una pauta ejemplar en las varias técnicas a las que los escritores de la mística islámica echan mano tan frecuentemente. Por lo tanto, voy a dedicarles el capítulo siguiente a las mismas.

---

[66] La presente traducción es de *El Masnavi, Las Enseñanzas de Rumi*, (Edicomunicación, España, 1998) 198-199.

4: El método indirecto, II

4. 1 Las técnicas de trabajo y la polaridad mental

Un chiste del acervo oriental, atribuido al Mulá Nasrudín, cuenta que un día el Mulá invitó a unos amigos a cenar, y le dio tres libras de carne a su esposa para que la cocinara. Cuando llegó el momento de preparar la cena, faltaba la carne. Ella se la había comido, pero dijo:

—El gato se comió la carne.
—¿Las tres libras? —preguntó Nasrudín.
—Sí.
Nasrudín puso el gato en la balanza. Pesaba tres libras.
—Si éste es el gato—dijo—¿dónde está la carne? Y si, por el contrario, ésta es la carne, ¿dónde está el gato? [1]

La historia, naturalmente, puede ser leída de varias maneras diferentes, y aun opuestas. En relación a los procesos mentales, que es el campo en que estos cuentos y chistes trabajan, podría estar indicando la imposibilidad de adquirir un saber transcendental simplemente superponiéndolo o adicionándolo a ideas previas. Un principio sufí dice: "vacíate antes de ser llenado". Esto implica que la mera opinión debe ceder su lugar al

---

[1] Shah, *Las hazañas del Incomparable Mula Nasrudín,* Ed. Paidós 1991.

conocimiento: ambos —como el gato y la carne— no pueden ocupar el mismo espacio.

El chiste provoca, a su vez, otra serie de preguntas ¿Es posible sostener o contemplar dos pensamientos opuestos al mismo tiempo? En el contexto del Arcipreste, ¿puede el dinero, por ejemplo, ser malo y bueno? ¿Puede el amor ser erótico y sublime? Y esta: ¿Existe una alternativa a la postura dualista y polarizadora que generalmente domina la mentación humana ("o es esto, o es aquello, y nada más")? ¿Hay una tercera posibilidad, que no contemplamos? ¿por qué no se le ocurre al Mulá que hay otra solución a su dilema, y que está muy cerca de él?

Esta es el ejemplo de una enseñanza indirecta que recurre al humor para mostrar las fallas del raciocinio viéndolo en acción. Los sistemas orientales que tienen como meta la expansión de la conciencia, en oposición al adoctrinamiento, conocen el poder transformativo de estas técnicas indirectas que trabajan con la polaridad cerebral.

Esta polaridad funcional, conocida empíricamente entre las mentes más esclarecidas desde la antigüedad, ha sido confirmada por los estudios neurológicos sobre los dos hemisferios cerebrales a partir de la observación de sujetos que por accidente o por cirugía se les daño uno y otro, o se les ha escindido el *corpus callosum* que conecta a ambos hemisferios. Las investigaciones alcanzaron su auge hace varias décadas y se han popularizado, dando lugar a una visión super simplificada de una ciencia compleja. Esta situación ha creado cierta resistencia entre los científicos de los últimos tiempos a dedicarse a una rama de la neurología ya un tanto manoseada.

La realidad es mucho más complicada, según nos dice Iain McGilchrist, un investigador que, a pesar del riesgo que implica adentrarse en un tema que perdió el lustre científico, se ha dedicado a revisitarlo y a estudiarlo muy a fondo. Según lo que se trasluce de su libro *The Master and its Emissary*,[2] es cierto que el lineamiento básico se mantiene: el hemisferio izquierdo, verbal, secuencial, linear y abocado a los detalles, es la sede del razonamiento y las facultades intelectuales discusivas; el derecho, más holístico, no verbal y no secuencial, es centro de la inteligencia intuitiva, la creación y las percepciones directas que no se basan en la deducción o pensamiento linear. Pero hay una interdependencia que es menos conocida, y es la que él explica en su tratado. El título del libro citado hace referencia a una historia en que el emisario del rey se atribuye a sí mismo las funciones que no le corresponden, de modo que hay una usurpación del poder, analogía que se refiere a la prevalencia del hemisferio izquierdo (el emisario) en detrimento del derecho (el rey) en los dos últimos milenios.

McGilchrist hace un análisis de las distintas épocas históricas y su relación con la prevalencia de uno u otro modo. Un momento clave de cambio ocurrió cuando se pasó de la escritura ideográfica a la lineal con el alfabeto griego y, como consecuencia, un crecimiento desproporcionado de la mentalidad secuencial. Si esto último es una consecuencia de la nueva manera de escribir, o viceversa, es materia de especulación. Cualquiera sea la razón histórica o evolutiva, el resultado de este crecimiento unilateral es que se ha perdido un equilibrio, el que debe ser rescatado, según McGilchrist

Dentro del sufismo, esta posición es predominante y está vinculada directamente a su metodología. El típico

---

[2] Iain McGilchirst, *The Master and its Emissary.The Divided Brain and the Making of the Western World.* Yale University Press, New Haven and London, 2009.

didacticismo que nos es familiar se basa en la persuasión a través del discurso lógico, el desmenuzamiento de las razones, las admoniciones, los consejos, los silogismos y la deducción, y dependen en gran medida del trabajo del hemisferio izquierdo. Los métodos indirectos, tales como las narrativas de múltiples significados, el humor, la discontinuidad y la sorpresa, la inversión de valores y el uso concomitante de dos pensamientos opuestos, se dirigen al hemisferio derecho. Por tal motivo, esta es la modalidad predilecta de toda escuela de iniciación, que aseguran que la razón y los ejercicios intelectuales no son las mejores vías hacia la perfectibilidad humana; y que la manera intuitiva, inspirada y no verbal, es la que franquea las puertas de la iluminación. Por lo tanto, su objetivo es estimular este modo mental alternativo que a menudo se ve ahogado por su afable enemigo, el modo razonador.

Por supuesto, es el trabajo de ambos modos, aseguran las escuelas sufíes, el que produce un desarrollo armónico del individuo, y por esto su literatura y enseñanzas preparatorias son necesarias para salvar la brecha entre ellos.[3]

El problema no radica en la presencia de un aparato lógico, sino en la insistencia de exigirlo incluso en áreas en las que no puede operar, cuando el "mensajero" usurpa el lugar del "rey".

Dado que el racionalismo está tan atrincherado en la manera de procesar la información y responder al mundo,

---

[3] Uno de los dichos de Mahoma, por ejemplo, aconseja: "Confía en Dios, y ata tu camello", y Jesús dice a sus seguidores: "Dad al César lo que es del César, y a Dios lo que es de Dios", lo que establece, además de la división entre estado y religión, la necesidad de un equilibrio entre la atención a las cosas del mundo tangible y a las del mundo invisible, o—podría leerse—entre los procesos racionales y los intuitivos.

especialmente en Occidente, demuestra McGilchrist, la tarea de recuperar ese espacio de la mente usurpado no es fácil, pero tampoco imposible.[4]

Una somera comparación de estos métodos indirectos con el texto de Juan Ruiz revela una similitud difícil de ignorar. Su errático estilo, su "subir y bajar", su "desliz", como lo llama Castro, de un significado al otro, de la enseñanza sentenciosa al humor, de la admonición seria a la parodia, de la posición moralista a la burlesca, de la afirmación de un precepto moral a la negación de su valor, de la glorificación de los placeres más mundanos a la devota adoración a la Virgen María, o de la contradicción entre la categoría general y el personaje particular y todas sus abundantes dualidades, ha confundido a la crítica. Deyermond fluctúa entre atribuir la ambigüedad a la propia confusión interna de su autor, y concederle un propósito premeditado, concluyendo que Juan Ruiz se complace en confundirnos con aquellos obstáculos "urdidos deliberadamente", y hasta llega a reconocer que "es posible, con todo, que se trate de su resistencia a dejarse confinar de modo irrevocable en una perspectiva única."[5] Desde luego, Castro también comprende que esta ambivalencia, o "fluencia y transición" son funcionales.[6]

---

[4] Nótese que, lingüísticamente, todo lo relacionado a "izquierdo" es considerado negativo, siniestro o desajustado (siniestro = "izquierdo" en latín, y *gauche* = "izquierdo", "torcido" o "desajustado", en francés), sin mencionar las implicaciones políticas. Por otro lado, lo "derecho" es tenido como correcto, legal y diestro. La parte del cuerpo controlado fisiológicamente por el hemisferio derecho, centro de la inteligencia intuitiva y los procesos no verbales, es justamente la izquierda, y viceversa.

[5] Deyermond, *Historia de la literatura española. La Edad Media 1.* 190 y 192.

[6] Castro 404.

Concuerdo de manera absoluta con esto último, pero quiero agregar que esta técnica constructiva y premeditada fue aprendida de fuentes orientales y específicamente de los centros sufíes. Creo que la perplejidad que produce este procedimiento tan único del *Libro* podría verse resuelta si se lo explora desde este punto de vista: como un "instrumento" cuyo efecto él conocía y usó profusa y deliberadamente.

En los siguientes apartados voy a analizar ciertos aspectos de este instrumento que J. R. supo templar tan bien.

4. 1.1 Las historias-enseñanzas y su interconexión

La literatura medieval española prima por sus libros "sapienciales" que se inspiraron en el género de "espejo de príncipes" como el *Calila e Dimna*, o en otras colecciones traducidas del árabe, o inspiradas en ellas y refundidas en tratados como el *Disciplina* o *La Gesta Romanorum*. Y no hay duda de que el Arcipreste bebió de estas fuentes, como lo hizo Don Juan Manuel o Gonzalo de Berceo. Pero una diferencia entre estos dos autores y J.R. es que el didacticismo de este último se cifra en un formato único y sin precedentes.

Los autores sufíes nos aclaran que las historias —fábulas o cuentos— actúan sobre la mente del lector u oyente de una manera oblicua, mostrando un aspecto de la conducta humana "condensada", implícita en el mismo diseño o dinámica interna de la historia, a fin de propiciar la auto reflexión y cuestionando la "certeza" y las suposiciones automáticas y otras falencias de la comprensión. Pero, además, es primordial la manera en que el material está interconectado, como se hace en el *Calila*. El nexo entre varios cuentos y el orden o secuencia en que estos son presentados sirven para producir una visión caleidoscópica de un cierto punto y estimular el perspectivismo. Esta es una ciencia que el sufismo ha perfeccionado durante siglos, confiriendo a sus escritos una función didáctica, aunque en un sentido no convencional. Kinkade lo resume así:

> Unlike Western didacticism, Sufi mysticism does not attempt to awaken the deductive capacity for comprehension of a given situation. Instead, through the medium of a fable or aphorism, an effort is made to vary the perspective in such a way as to have the listener experience the tale on many different levels thus activating one's innate capacity for understanding. The Archpriest alludes to this in his prose sermon where he lays stress on the spiritual aspects of *intellectum* or "entendimiento" which are to be had in varying degrees according to the individual.[7]

Otra coincidencia entre el libro y las narrativas sufíes es que cada historia puede llevar varios significados, y es justamente este aspecto multifacético lo que crea una visión totalizante de determinada situación. El citado cuento de Nasrudín es un ejemplo de ello. En el libro, no puedo menos que mencionar la famosa historia de los griegos y los romanos, que JR utiliza para varios fines. Por un lado, apoya la idea que estableció de entrada sobre la importancia primordial del claro intelecto (*Intellectum*) al cual se llega más por la experiencia y la lucidez intuitiva (el momento de *eureka,* la chispa que se enciende en un momento de iluminación) que por silogismos o un argumento racional y cuidadosamente elaborado. Ante

---
[7] Kinkade 55.

la eminencia de los sabios griegos, los romanos tienen poco que ofrecer, y reconocen que nadie entre ellos podría estar a la altura de los excelentes doctores con que cuentan sus vecinos. Pero a alguien se le ocurre que un ribaldo cualquiera podría recibir la inspiración divina y así sacarlos de ese apuro.

> *Estando en su coita, dixo un çibdadano*　　　　51
> *que tomasen un ribaldo, un vellaco romano;*
> *según Dios le demostrase fazer señas con la mano*
> *que tales las fiziese: fueles consejo sano.*

Efectivamente, la inspiración desciende, de la forma más graciosa, y los romanos se hacen merecedores de las codiciadas ciencias. La lógica se mostró inoperante, y no intervino en el éxito obtenido.

La historia ilustra la diferencia entre el proceso lineal o lógico, y el no lineal o perceptivo con el fin de combatir el exceso del primero, de modo que sea relegado a aquellos campos en que es más necesario y efectivo. Karen Armstrong dice, acerca de otro conocido sufi, Suhrawaradi:

> This perennial philosophy was mystical and imaginative but did not involve the abandonment of reason. Suhrawardi was as intellectually rigorous as al-Farabi, but he also insisted on the importance of intuition in the approach to truth.[8]

Cabe notar que la intuición y lo asociado con ella como el pensamiento no secuencial, la inspiración, la iluminación, etc., se han visto conectados con la locura. Esto es, desde

---

[8] Armstrong, 230.

el punto de vista del racionalista que no acepta su existencia porque a él o a ella no se le ha manifestado; pero, asegura el místico, lo que es demencia para unos es cordura para otros.

4.1.2 Discontinuidad y sorpresa

Una de las técnicas narrativas más ilustrativas del *Libro* podría resumirse en dos palabras: discontinuidad y sorpresa. Recuérdense, por ejemplo, la ausencia de las cantigas que el narrador anuncia y no se nos muestra en el texto, las largas digresiones que se alejan del núcleo, las abruptas mudanzas de tono y tema, o la plasticidad de un "yo" que imprevisiblemente cambia de identidad, entre otras excentricidades.

Esto, en vez de ser entendido como una de las variadas apoyaturas de las que se sirvió el Arcipreste para sacudir al lector, ha llevado a muchos lectores a sustentar que el texto padece de falta de orden y unidad. Ciertamente. Y lo mismo se ha dicho sobre la escritura de otros textos orientales. Pero esta carencia de orden tiene una intención determinada. Así lo entienden las escuelas místico-islámicas, y otras paralelas como la práctica cabalística. Armstrong nos dice, al respecto, que ciertos ejercicios de la cábala española tenían la finalidad de producir un estado psicológico diferente.[9]

Tampoco es disimilar el estilo del propio poeta sufi, Jaladudin Rumi. Sobre este, Schimmel comenta:

> He often begins a story -even in lyrical poems- and then is distracted by an association, by the sound or

---
[9] Armstrong 251.

the meaning of one word, which sets him on a completely different course until he admonishes himself to return to the original story.[10]

¿No nos recuerda esto al libro de Juan Ruiz, con sus tantos deslices, asociaciones, interrupciones y digresiones? No todos los estudiosos ven una función en este particular modo de expresión. Por ejemplo, en relación a los textos del sufí Sulami, Julian Baldick queda desconcertado ante tanta "falta de método", lo que los vuelve crípticos. Baldick dice,

> The same is true of the rest of his work, as of much early Islamic literature: the atomistic and disorderly presentation of materials hinders us from seeing the continuity of patterns from late antiquity.[11]

¿Por qué buscar orden en un sistema que se basa en el principio de que orden, continuidad y pensamiento racional no son las rutas a seguir para la activación de las percepciones extrasensoriales? La respuesta es que el hábito cognitivo no se puede erradicar sin esfuerzos, al ser tempranamente aprendido y estar diariamente estimulado por el consenso general y la práctica, y porque el mismo investigador literalista y desde afuera sufre de la misma falencia: lo juzga a partir del limitante punto de vista del hemisferio cerebral izquierdo, el que ha usurpado un reino que no le corresponde. O tal vez porque sus estudios son

---

[10] Schimmel 316.

[11] Baldick, 58. El autor no vacila en calificar las observaciones como "a succession of banalities about the ethical implications of sacrificing oneself for others".

El método indirecto, II

selectivos. Un texto de Maimónides, escritor hispano-hebreo que se inspiró en la tradición espiritual musulmana para su tratado *Guía de los perplejos*, [12] (traducido literalmente como *Guía de los descarriados*), merece reflexión:

> No me has de pedir, pues, aquí otra cosa que los primeros elementos. Aún estos elementos no se encuentran ordenados y de una manera continuada en el presente tratado, sino, por el contrario, diseminados y mezclados con otros asuntos que se quería explicar, porque mi objeto es [hacer de modo] que las verdades sean entrevistas en él, y que después se oculten, a fin de no estar en contradicción con el plan divino [. . .][13]

Comparando los textos, resulta obvio que el mismo plan subyace en el libro del Arcipresete, que usa este desorden, discontinuidad y sorpresas a fin de mantener la atención, cambiar de enfoque, propiciar el perspectivismo y otros objetivos caros al ideario de las escuelas de autodesarrollo.

El Arcipreste parece decirnos que la Verdad debe ser entrevista para después ser ocultada, porque "el buen amor" es como la dama que abre su velo para mostrar su rostro y luego lo oculta rápidamente.

Esta Verdad a la que los sistemas iniciáticos se refieren, especial y no fácilmente asequible, por su propia naturaleza y por las limitaciones del estudiante, no puede mostrarse abiertamente a la luz del día, donde muchos no merecedores puedan "manosearla y maltratarla". Esta

---

[12] Véase el Capítulo 2, sección 2.3.

[13] Rivas 29.

imagen está ilustrada en la historia alegórica de la mujer virtuosa de nombre Marhuma de Attar de Nishapur,[14] recreada por Alfonso el Sabio en sus *Cantigas de Santa María* (Cantiga N°5), donde el poeta español relata las vicisitudes de la emperatriz de Roma que es falsamente acusada de adulterio.[15]

La discontinuidad y el desorden corren paralelas a la sorpresa, una ruptura en la linealidad del proceso lógico que sirve para interrumpir la actividad de ese modo mental e invocar las facultades del otro modo cognitivo, lo que a menudo resulta cómico.

Entre los sufíes, el corte brusco y humorístico es un elemento frecuentemente encontrado en los chistes de Nasrudín, que aparentemente son un "sin sentido". Veamos uno a modo de ejemplo:

>—¡Felicítame! —le dijo Nasrudín a un vecino—. Soy papá.
>—Felicitaciones, Nasrudín. ¿Es niño o niña?
>—¡Sí! Pero ¿cómo lo sabes? [16]

La historieta, por supuesto, tiene múltiples ramificaciones y alusiones a los dos modos cerebrales, a la disyuntiva de "esto o aquello", y alguna otra que al lector se le ocurra. Pero lo cito por el sorpresivo efecto de su

---

[14] Véase la historia en el libro de Shah, *Seeker After Truth* (London: The Octagon Press, 1990) 24.

[15] Para una comparación de la versión de Attar y la del rey Alfonso X, véase mi artículo, R. Wirkala, "Senhora que é das aguas. Paganismo y misticismo en las Cantigas de Alfonso el Sabio", *Romance Linguistics and Literature Review* 9 (Fall 1997): 63.

[16] Shah, *The Pleasantries...* (London: The Octagon Press, 1983) 38.

absurdidad, por su respuesta inesperada, lo que es, después de todo, la misma naturaleza del chiste y la causa de la risa espontánea del que lo escucha.

Juan Ruiz se regocija en las sorpresas, y parece evidente que conocía su empleo dentro de un esquema mayor. La incluye en el mismo sermón con que introduce su libro, que en adelante estará salpicado de pequeños ataques al proceso estrictamente racional del lector u oyente.

4.1.3 Contradicciones, ambigüedades e inversiones

Inseparables de la sorpresa son los elementos contradictorios, ambiguos o de valores invertidos. Por contradicción se entiende la alternancia de conceptos que se oponen ideológicamente. Los ejemplos del *Libro* abundan y constituyen una de las piedras angulares sobre las que se basa la totalidad del poema. Basta recordar el ambivalente signo dado al amor (cinco coplas afirman su efecto positivo y su nobleza (156-160) y cinco lo desmienten, enumerando sus fallas y denunciando que "el amor siempre fabla mentiroso" (161-165). Otros ejemplos son el tratamiento de la medianera (santa y pecadora), o del dinero (que produce milagros y que corrompe). Pero es en términos de lo sagrado y lo profano donde esta inversión se hace más aguda.

Veamos las siguientes instancias:

En la sección de la Cruz Cruzada (112-122), toda una serie de asociaciones sagradas y eróticas nos llevan a pensar, como subraya Beltrán, en una unidad de los contrarios:

> A esta realidad el autor la llama Cruz, lo que simboliza a su vez una síntesis de opuestos: verbo y carne. Cruz que siendo panadera hace casi

> inevitable el que veamos en ella reflejado el misterio de la eucaristía donde el pan se transforma en cuerpo y el cuerpo aparece como pan. Da la impresión de que se quiere que desde muy temprano nos demos perfecta cuenta de lo unidas que pueden presentarse las cosas aparentemente más dispares.[17]

La fusión del elemento erótico y sagrado se intensifica en el discurso del Arcipreste en el encuentro con don Amor, quien, en varias ocasiones, recibe no menos loas que el padre celestial:

> *Señor, tú me oviste de pequeño criado;* 1261
> *el bien, si algo sé, de ti me fue mostrado,*
> *de ti fui apercebido e de ti fui castigado,*
> *en esta santa fiesta sey de mi ospedado.*

La alegría de la llegada de don Carnal se confunde con la gloria de Dios; y el rebaño de fieles y sus pastores, con su equivalente celestial:

> *Rehalas de Castilla con pastores de Soria* 1222
> *recíbenlo en sus pueblos, dizen dél grand estoria,*
> *taniendo las canpanas en diziendo la gloria;*
> *de tales aleagrías non ha en el mundo memoria.*

Todo esto está reforzado en la apoteótica celebración de la llegada del Amor donde participan, en primera fila, los clérigos, ordenados y frailes de todas las órdenes religiosas (1235-1241). Claro que por un lado tenemos la parodia,

---

[17] Beltrán, 92.

muy a propósito en un momento en que el Papa quiere desterrar a las concubinas de la vida de los clérigos e implantar el celibato, (medida muy mal recibida por el Arcipreste).

Esta es una lectura válida, pero en conjunto con el panorama descrito antes, la estrofa toma otro cariz: el amor no se puede desligar de la fe. La doctrina de la "doble verdad", convención tan común en la lírica oriental, se manifiesta como el principio motor de toda la filosofía ruiciana.

Estas dos variantes del concepto del amor es una noción rara para una modalidad occidental pero natural para el escritor oriental, acostumbrado al uso de una misma metáfora para significar dos cosas diferentes. Así lo comenta David Pendlebury al estudiar el simbolismo amoroso en el poema alegórico del sufí Jami:

> Poetic symbolism is not a matter of algebraic substitution (x=1, y=2, z=3, etc.); it is never enough to say, for instance, "wine"= mystical experience, "the Beloved"= God, "beauty" = . . .etc.[. . .] it is a personal journey of discovery into inner meaning, which no one else can make for us.[18]

El desdoblamiento en el significado del amor en el Arcipreste tendría ya un precedente no sólo en la ilustre literatura iluminista, abundante en motivos que se prestan a múltiple interpretación, sino también en las más populares formas literarias, como lo eran las extrañas historias de *Las Mil y Una Noches*. En el prólogo a una edición del palimpsesto oriental, Teresa Rhode nota:

---
[18] Hakim Jami, 70.

> El islam vio surgir, desde sus principios, un culto heterodoxo que presentaba acentuadas características panteístas. Aludimos al sufismo, que era una extraña mezcla teológica [. . .] Los máximos poetas de Persia fueron sufíes. Estos poetas filósofos elaboraron un lenguaje místico que abunda en imágenes sensuales manejadas en forma alucinante y así, mediante conceptos ambiguos, los sufíes podían sostenerse entre este mundo natural y el metafísico, gracias a la expresión poética que en ellos era mística y erótica a un tiempo [. . .] *Las Mil y Una Noches* tienen pasajes que encajan bastante bien dentro de este tipo de poesía erótica ambigua y tal vez haya cierta justificación para suponer, como lo hacen los teósofos (Madame Blavatsky y el español Roso de Luna), que subsisten en la obra ciertos trozos que [. . .] para interpretarlos [. . .] es menester conocer la clave, pues de lo contrario no verá el lector más que un mundo grosero.[19]

(Cabe señalar que el término "panteísta" con que se ha calificado al sufismo puede prestarse a confusión. Se refiere a la aceptación de que toda religión tiene una corriente de sabiduría por debajo del dogma, porque emanan de la misma fuente perenne, y a menudo las referencias religiosas son usadas de manera simbólica).

El "desliz" a que Castro se refiere abarca, por supuesto, tanto la vaga falta de certitud como lo diametralmente opuesto y contradictorio.

Nuevamente debemos recordar el magnífico cuento de los griegos y los romanos que, además de hablarnos de

---

[19] *Las Mil y Una Noches*, xv.

apariencia y realidad (un bellaco disfrazado de filósofo), de la inversión de valores (un insignificante bribón que se torna campeón), de la dificultad del receptor de comprender el mensaje (el pulido teólogo ve sutilezas donde sólo había torpeza, y el ignorante ribaldo ve rudeza donde sólo había filosofía) o del papel de la inspiración (opuesta al pulido raciocinio del griego) funciona también, y tal vez principalmente, como ilustrativo del doble y reversible sentido de todo lo que dice el Arcipreste. Su inserción al comienzo del texto me parece de lo más significativa.

Los debates son, naturalmente, el mejor medio para mostrar las diversas facetas de un mismo asunto, y el tratamiento del tema "amor" en el debate entre Arcipreste y don Amor es otro ejemplo de plurivalencia. Todo esto, insisto, con un propósito más allá del humor.

Desde el punto de vista de las escuelas de desarrollo cognitivo, el uso de dos o más diferentes focos para iluminar el mismo aspecto tiende a crear un balance, un equilibrio necesario para activar la objetividad que nos es negada por el particular censor psicológico de cada conciencia. La unidad, dirían los emanantistas, pertenece al Uno, a Dios. El mundo es la multitud de los espejos en que Dios se refleja en su creación, pero es sólo a través de la pluralidad que podemos retornar a la Unidad. Este principio está ilustrado en numerosas historias orientales. Entre los sufíes se cuenta que un maestro recibió la visita de un perplejo discípulo que se quejaba de que los guías con quienes había estudiado siempre le daban respuestas diferentes y aún contradictorias para la misma pregunta. El sufi lo invitó a caminar con él y en el transcurso del día, después de hacer la misma pregunta a diversas personas en la calle: "Dígame, ¿qué hora de oración es?", la respuesta era lógica e invariablemente diferente: "La hora de la oración matutina", o "La hora de la oración del mediodía", y así por delante. El maestro concluye así su lección:

> ¿Quieres continuar el experimento o ya estás convencido de que, en los hechos, la misma pregunta puede producir, virtualmente siempre, distintas respuestas, y todas corresponder a la verdad?[20]

Otra faceta de la contradicción es actuar de manera opuesta a lo esperado, frustrando la expectativa, dramatizada en la historia coránica de Khidr y sus varias versiones dentro de la tradición espiritual, citada ya en el capítulo anterior.

En cuanto a la inversión de los valores aceptados por la sociedad, frecuentes en el libro, también contribuye al perspectivismo. Esto produce consternación y rechazo, pero responde al mismo ideal, que es sacudir la convicción ciega e incuestionable e invitar la duda y la reflexión. La literatura sufí es profusa en ejemplos de esta naturaleza, y el principio está enunciado en un sinnúmero de narrativas. Por ejemplo, en "La leyenda de Asili", también conocida como "Cuando el Mal es Bien", se lee la siguiente advertencia:

> Truly the sages have said: "Good cannot come out of bad". But you have to be sure that it really is bad before you make your clever judgments"[21]

---

[20] Shah, *Reflections*, 8. Ésta es una de las tantas historias de la colección sufí que ilustran tales conceptos como la verdad relativa.

[21] Shah, *A Veiled Gazelle*, 16.

Saadi de Shiraz, en su *Bostan* lo representa con este cuento:

> Un hombre se encontró con otro, muy apuesto, inteligente y elegante. Le preguntó quién era.
> —Soy el Diablo—respondió el otro.
> —¡No puedes serlo!—dijo el primer hombre— porque el diablo es malvado y feo.
> —Mi amigo—dijo Satán—has estado escuchando a mis difamadores...[22]

No solo los sufíes usan estas técnicas profusamente; también lo han hecho otros conocidos escritores que se han interesado por la filosofía perenne. Dos nombres destacados son Sor Juana Inés de la Cruz, en su poema alegórico *Primero Sueño,* y Jorge Louis Borges en muchos de sus cuentos.

Del gran narrador argentino se ha dicho, que

> [. . .] sometimes in one and the same paragraph he offers two contrary though equally satisfactory interpretations of a single event, without choosing either.[23]

4.1.4 Causa y efecto

Otras herramientas literarias para combatir el mecanicismo mental entre las escuelas iluministas es desafiar la suposición del lector acerca de la inevitabilidad

---

[22] Shah, *Reflections* 7.

[23] Alicia Jurado, *Genio y Figura de Jorge Luis Borges* (Buenos Aires: Editorial Universitaria, 1966) 61.

de causa y efecto, en cualquiera de las instancias observables de la vida.

Nasrudín lo ejemplifica cómicamente en la historia "*Inscrutable Fate*":

> Nasrudin was walking along an alleyway when a man fell from a roof and landed on his neck. The man was unhurt; the Mula was taken to hospital. Some disciples went to visit him.
> "What wisdom do you see in this happening, Mula?"
> "Avoid any belief in the inevitability of cause and effect! *He* falls off the roof—but *my* neck is broken! Shun reliance upon theoretical questions such as: "if a man falls off a roof, will his neck be broken?"[24]

En el *Libro*, la memorable narrativa de la "Cruz Cruzada" (112-122), en la que el mensajero del Arcipreste acaba seduciendo a la dama, ilustra el peligro de pensar en términos lineales de causalidad:

> *porque yo non podía con ella ansí fablar,*   113
> *puse por mi mensajero, cuidando recabdar,*
> *a un mi compañero. Sópome el clavo echar;*
> *él comió la vïanda e a mí fazíe rumiar.*

El propósito, además del efecto gracioso, es mostrar la diferencia entre la verdad "heredada" (en este caso, una determinada acción tendrá un inevitable efecto = un mensajero entregará un mensaje) y la experimentada (la

---

[24] Shah, *The Pleasantries,* 12. Otro ejemplo es "Un instante en el tiempo" en *Las Hazañas* 100.

acción tiene el efecto contrario = el mensajero se transforma en amante).

El largo cuento del litigio judicial entre el lobo y la zorra ante el juez Don Ximio (321-371), no es solo una parodia del proceso legal, sino otra ilustración de lo inesperado de las relaciones causales: el lobo, que acusa a la zorra de robar el gallo de su vecino, se convierte en reo de la misma falta, y acaba siendo desacreditado por adúltero y criminal.

La noción de la inevitabilidad de causa y efecto es puesta en duda en el sufismo, que enfatiza en cambio la infinita complejidad de las interconexiones causales ("los inescrutables designios de Dios"). En otra historia atribuida a Nasrudín el narrador acaba con esta inusitada sentencia: "Solo los niños y los tontos buscan causa y efecto en la misma historia".

4.1.5 Atención, identificación y alejamiento

Un procedimiento para lograr la distinción entre la realidad objetiva y la mera opinión es adquirir cierto alejamiento de las ideas preconcebidas, para lo cual el iniciado practica el ejercicio de identificación y separación, y de cambio de ángulo visual o alternancia de la atención.

El sufí Anwar Faris observa que:

> Los ejercicios combinados de identificación y desapego son valiosos en el adiestramiento de uno mismo. Excesiva identificación causa una atrofia de la facultad de desapego, y el fanatismo es el resultado más frecuente. Un hombre se siente apegado a algo y ya no puede escapar. Cuando el Sabio Ibn-Sina (Avicena) estaba escribiendo su obra sobre minerales, solía estudiar el mundo mineral, en general y en particular. Se concentraba en ejemplos

individuales, y después se desvinculaba de ellos y se absorbía en el conjunto. De ese modo logró un equilibrio, junto con la concentración y el desapego en otros campos del pensamiento y la esencia.[25]

Es harto común en el libro encontrar episodios donde esta identificación y alejamiento se produce cuando el hilo narrativo súbitamente vira y cambia de enfoque obligando al lector a acompañarlo. Lo encontramos muy tempranamente en el sermón y ya en la primera aventura con la dueña encerrada. Además de presentar varias contradicciones con la adición de tres estrofas en la versión más completa,[26] se produce un viraje sin transición en una misma copla. Nótese que esto figura en ambas versiones, S y G, y por lo tanto no se lo puede atribuir al efecto de una enmienda:

Posiéronle grand saña, desto se entremeten.   95c
Diz la dueña: "Los novios non dan quanto prometen".

El verso 95c se refiere al fracaso de la conquista amorosa por la maliciosa intervención de los "mezcladores", mientras que el verso siguiente alude a las falsas promesas del amante. Resulta obvio que la introducción de esta segunda razón sirve como excusa para incorporar una fábula ilustrativa (*Ensiemplo de quando la tierra bramaba*, 98-102, donde la montaña ruge con furia para, finalmente, parir un insignificante ratoncito). Sin embargo, hay otro

---

[25] Shah, *Los sufis* 304-05.

[26] Los versos agregados en la segunda escritura del *Libro* (coplas 90-92) complican la lectura, porque estos atribuyen el fracaso al haberse hecho pública la relación, lo cual enoja a la dama y motiva al trovador a escribir un triste cantar (que no aparece).

motivo: esta elaboración de la narrativa esópica insinúa que no ha habido resultados concretos en el amorío del Arcipreste y la dueña en el plano erótico, a raíz de la mezquindad por parte del enamorado en el tipo de regalos y otros bienes prometidos. Esta carencia es un defecto fundamental en el practicante, el "amante" en la simbología iniciática, quien a menudo no está dispuesto a pagar "el precio" necesario para su aprendizaje. Volveré a este tema en el capítulo V. Por el momento quise señalar cómo funciona el factor atención / alejamiento en un par de versos consecutivos.

Examinemos otros momentos de atención y alejamiento, en la sección sobre los instrumentos no arábigos:

> *Albogues e bandurria, caramillo e çampoña,* 1517
> *non se pagan de arávigo quanto dellos Boloña,*
> *como quier que por fuerça dízenlo con vergoña,*
> *quien gelo dezir feziere pechar deve caloña.*
>
> *Dize un filósofo, en su libro se nota,* 1518
> *que pesar e tristeza el engenio embota,*
> *e yo con pessar grande non puedo dezir gota,*
> *porque Trotaconventos ya non anda nin trota.*

Nótese que el autor dedica cinco estrofas a la descripción de instrumentos musicales y su uso apropiado (1513-1517), tópico alegre y tal vez intrascendente que el Arcipreste habrá introducido para hacer gala de sus conocimientos musicales. Inmediatamente pasa, sin transición, al tema que sí sería trascendental para cualquier lector: la muerte, y el más doloroso para nuestro trovador en particular: la muerte de Trotaconventos. El Arcipreste parece decirnos: todo es transitorio, la alegría de hoy puede ser tristeza del mañana, y el desapego del mundo es la ruta a seguir.

Por supuesto, el vaivén del plástico "yo" del narrador también le sirve a J.R. como táctica para conseguir este efecto de acercamiento y alejamiento. Por ejemplo, en la fábula del gallo que encontró un zafiro en el muladar, el Arcipreste usa la moral de la historia para machacar otra vez en el punto axial de su libro. El zafiro, después de haber sido despreciado por el gallo, dice:

> *Si a mí oy fallase quien fallarme devía,* 1389
> *si averme podiese el que me conosçía,*
> *al que el estiércol cubre mucho resplandeçería;*
> *non conosçes tú nin sabes quánto yo meresçía.*

Inmediatamente después se asoma el "yo" autoral para volver a advertir al lector sobre la existencia de un valor escondido bajo las apariencias, del cual el propio texto funciona como una metáfora:

> *Muchos leen el libro, toviéndolo en poder,* 1390
> *que non saben qué leen nin lo pueden entender;*
> *tienen algunas cosas preçiadas e de querer,*
> *que non les ponen onra la qual devían aver.*

El poeta sufí Ibn el Arabi usaba una técnica similar, así descripta por I. Shah:

> Hay poemas de Ibn el-Arabi que pueden leerse en un sentido de alternancias: el significado comienza en un tema y va a terminar en otro. Esto se ha hecho deliberadamente, para evitar que los procesos automáticos de asociación distraigan al lector hacia

el simple placer' porque el-Arabi es un maestro, no un amenizador.[27]

Este vaivén entre una perspectiva y otra contribuye no solo a crear atención y alejamiento, sino también a la capacidad de mantener más de un concepto simultáneamente en la mente del lector, lo que me lleva a tratar el siguiente punto:

4.1.6 Dos o más conceptos simultáneos

Los sufíes afirman que es posible y productivo mantener en la conciencia varios significados de una idea o evento al mismo tiempo, ejercicio de alto potencial psicológico.

En el libro, uno de los ejemplos más interesantes de esta simultaneidad se encuentra en la sección dedicada a la influencia de los astros y al poder de Dios, que analizaré con más detalle en el capítulo V. Por el momento me atengo a notar el cambio de postura, cuando, después de dieciséis coplas dedicadas al poder de las estrellas, el narrador pone la fe en Dios, (nótese la repetición del "creer").

> *Yo creo los estrólogos verdad, naturalmente;* 140
> *pero Dios, que crió natura e acidente,*
> *puede los demudar e fazer otra mente,*
> *según la fe cathólica; yo desto só creyente.*

No se trata aquí de una confusión conceptual sino de la capacidad de mantener dos filosofías opuestas, una pagana y otra cristiana, como punto de partida para la reflexión: a ambas se le dan las mismas oportunidades.

---

[27] Shah. *Los sufís* 196

Esta convergencia se ve en el poema de manera muy gráfica en el aspecto temporal. Luis Beltrán llama la atención a la ruptura de la marcha cronológica del poema, y la vuelta atrás en el tiempo de una extraña manera, en el episodio de don Carnal y doña Cuaresma. Doña Cuaresma escapa el sábado santo por la noche, saltando las paredes de la villa, rumbo a Roncesvalle (1209). Pero en la siguiente copla (1210) el sol del mismo sábado acaba de salir, cuando llegan los emperadores don Carnal y don Amor. Beltrán dice:

> [. . .] el día que es final para una, es comienzo jubiloso para el otro [. . .] El nocturno de la romera se torna amanecer de don Carnal. De nuevo nos hallamos con la perspectiva bifronte o jánica a la que he hecho ya referencia varias veces [. . .]. El hoy y el mañana aparecen indisolublemente confundidos [. . .] Doña Cuaresma abdica simultáneamente antes [. . .] y después de la llegada de don Carnal [. . .] Esto sugiere a gritos co-existencialidad. Coronación y destronamiento restan así inseparables, son dos en uno transmutándose en una acción recíproca y simultánea.[28]

En varias otras ocasiones Beltrán nota esta coexistencia y simultaneidad como rasgo sobresalientemente ruiciano:

> De momento quiero hacer notar que si el cambio brusco, la casi violenta aparición de lo cómico, intensifica el humor por la pura fuerza del contraste, también, y quizás en primer lugar, intensifica

---

[28] Beltrán 301-302.

> precisamente la inmediatez de ambos, la rapidez con que un estado de ánimo puede suceder a otro para por un espacio de tiempo dado ocupar el primer plano y ser después a su vez sustituido. El cambio es tan rápido que <u>hay casi una sugestión de simultaneidad, de coexistencia</u> [. . .]²⁹ [subrayado mío].

Esta simultaneidad, especialmente en el tratamiento del amor, es notable en la poesía amorosa del sufí Jami.

Sobre este poeta, Pendelbury dice:

> Jami is the master of what could be called "constructive ambiguity", which is never designed merely to confuse, nor is it ever the result of confused thinking; rather <u>its function is to enable the mind simultaneously to entertain multiple possibilities—and grow in the process</u> [. . .] Jami's attitude to the whole subject of love is fundamentally ambivalent: sometimes he extols it [. . .] At other times he strikes a more somber note.³⁰
> [subrayado mío]

Hay un momento y un lugar en la conciencia donde las contradicciones se disuelven, y éste puede bien ser el objetivo de las superposiciones del Arcipreste, como lo es de los poetas erótico-místicos de la tradición árabe.

---

²⁹ Beltrán 52.

³⁰ Hakim Jami 79-180.

4.1.7 El humor

Además de la función recreativa que tiene el *Libro*, anunciada por su autor desde el comienzo, el humor también hace parte de una técnica psicológica pluridimensional. Julián Bueno dice, al referirse a éste como uno de los modos didácticos del Arcipreste: "Este método estaba muy en boga entre los predicadores medievales, maestros no sólo de la inspiración espiritual, sino también del regocijo y entretenimiento corporales."[31]

Pocos pasajes están exentos de humor en el *Libro del Arcipreste*, y la mezcla de chufas y veras ya comienza en el sermón, que nos da la pauta de lo va a ser el resto del libro. Por un lado, hay un elemento paródico en la mayoría de los pasajes, como ya lo han resaltado tantos críticos.[32] Su valor humorístico depende en gran parte de la familiarización del oyente o lector con ciertos temas (las horas canónicas, la jurisprudencia), o con ciertos géneros literarios (las pastorelas, la épica, los plantos), o con ciertas convenciones y prácticas eclesiásticas de la época, lo que permite apreciar varios momentos cómicos, tales como en el poema de los clérigos de Talavera (1690-1709), que se rehúsan a acatar la orden del obispo de despedirse de sus

---

[31] Bueno, *La sotana de Juan Ruiz: Elementos eclesiásticos en el Libro de buen amor.*

[32] Entre ellos: Félix Lecoy, en su *Recherches* ...Cap. 8 y 9, se refiere mayormente al aspecto goliardesco y a los antecedentes medievales de varios episodios, extendiéndose especialmente en la batalla de Carnal y Cuaresma; A. D. Deyermond, en "Some Aspects of Parody in the *Libro de buen amor*". *Libro de Buen amor' Studies,* ed. G. B. Gybbon-Monypenny 53-78, determina siete piezas paródicas en el libro y varias otras incidentales; y Zahareas, en *The Art of Juan Ruiz, Archpriest of Hita* (Madrid: Estudios de Literatura Española, 1965) reconoce la parodia como la característica esencial del poema.

concubinas. Pero no me refiero aquí al humor derivado de los principios subvertidos típicos de una parodia, sino a aquél que es parte intrínseca de la técnica de la sorpresa y la discontinuidad, cuando la seriedad de la prédica se interrumpe con una salida imprevista, cómica y generalmente desenfadada. Por ejemplo, el demorado elogio a la mujer pequeña, como fuente de alegría, consolación y bendición (1606-1617), que acaba desbaratada en la última copla con una reflexión muy del gusto medieval que no por ser misógina está exenta de humor:

> *Siempre quis'muger chica más que grande nin mayor,*
> *non es desaguisado del grand mal ser foidor,*
> *del mal tomar lo menos, dízelo el sabidor,*
> *por ende de las mugeres la mejor es la menor.* 1617d

O la descripción de las bondades de su libro, seguida de la burla hacia aquellos devotos que se convierten impulsados por los avatares de la vida:

> *Buena propiedat ha do quiera que se lea,*   1627
> *que si lo oye alguno que tenga muger fea,*
> *o si muger lo oye que su marido vil sea,*
> *fazer a Dios serviçio en punto lo desea.*

Entre los numerosísimos ejemplos tenemos la descripción de los mancebos perezosos, el cuento de Pitas Payas, el debate entre los griegos y los romanos, o el encuentro con las serranas.

Muy inclinados al humor son los sufíes, quienes lo usan a modo de lecciones. Ya he hablado del curioso personaje cuya naturaleza antidogmática nos recuerda al

Arcipreste: el Nasrudín- Khoja, quien se deleita en demostrar que él está *al revés en el mundo.*

En *Los Sufís* tenemos la siguiente explicación:

> Los relatos de Nassrudin, conocidos por todo el Oriente Medio constituyen (en el manuscrito *Las sutilezas del incomparable Nasrudin)* uno de los más extraños aciertos en la historia de la metafísica. Superficialmente, la mayoría de los relatos de Nasrudin pueden usarse como chistes. Se cuentan en las casas de té y en las tertulias de las caravanas, en los hogares y por las emisoras de radio de Asia. Pero una cualidad inherente a los relatos de Nasrudin es que pueden comprenderse en alguno de sus muchos niveles. Nos encontramos con el chiste, la moraleja y ese algo extra que conduce a la conciencia del místico potencial un poco más lejos en su camino hacia la realización [. . .] Es imposible evitar que el humor se propague, sabe deslizarse a través de las pautas mentales impuestas a la humanidad por la costumbre o condicionamiento. [. . .] Nadie sabe reamente quién fue Nasrudin, dónde vivió o cuándo. Esto es muy típico, porque toda la intención es suministrar un personaje que no pueda ser caracterizado y que viva al margen del tiempo.[33]

Una primera función del humor como táctica psicológica es aliviar la mente del pensamiento rígido y las preocupaciones. En la disputa entre los griegos y los romanos, el narrador dice: *la mucha tristeza mucho pecado pon* (44d). Y hacia el final del libro, después de la muerte

---

[33] Shah, *Los Sufís,* 97-99.

de Trotaconventos, cita a "un filósofo" que dice que "pesar y tristeza al ingenio embotan" (1518b). Entre los dichos de Mahoma también se encuentra un principio similar: "Sorrow is a cloud that rains distraction."[34]

Otro resultado del humor es provocar una mudanza en el foco de la atención, una quiebra de la linealidad y desplazamiento del intelecto, para dar lugar al otro modo de procesar la realidad, el no secuencial. Como tal, constituye una herramienta preventiva contra la obsesión y el adoctrinamiento, lo que justifica plenamente su uso entre los sufíes, siempre atentos a evitar tales procesos y otros defectos de la inteligencia que militan contra sus más caros principios. Y, por la misma razón, sería una eficaz herramienta también para el Arcipreste, que no se conforma con el dogma impuesto por la jerarquía eclesiástica y los limitantes prejuicios sociales. Es un fenómeno reconocido e interesante el que, en todo régimen dictatorial, el humor surge espontáneamente de la población y se expande como un natural mecanismo de defensa ante las rígidas imposiciones del sistema.

Para las auténticas escuelas metafísicas, el humor tiene un uso adicional: una manera de reconocer a un falso guía es cuando carece del sentido del humor. Al sufí Bahaudin Naqshband se le atribuye una historia en que se descubre que, a pesar de su apariencia pública de serio y grave académico, entre sus discípulos era conocido por su naturaleza bufona y excéntrica. En una de sus *Risalat* (Cartas), Bahaudin dice:

> It is of the greatest importance that the Sufi should be able to be a fool and still be a Sufi. He must be

---

[34] Shah, *Caravan of Dreams*, 15-25.

> able to appear an idiot, because when pedants monopolize the role of man of learning, there must be people among whom *real* learning subsists [. . .] Keep opened the road which seems to lead to things of no consequence, viewed from the pedant's and the fanatic's eyes.[35]

Y Shah dice:

> It is not even too much to say that the distinction between the deteriorated "sufi" cults and the real message is found in the answer to whether the supposed mystic has a sense of humor and works with humor.[36]

De la misma manera, la aplicación del humor es un indicador para el guía espiritual, que puede predecir la flexibilidad del postulante según como éste reacciona ante sus comentarios o instrumentos de enseñanza humorísticos. Pero cualesquiera sean los múltiples significados del humor, no hay duda que éste ocupa un lugar indispensable en la auténtica enseñanza de las escuelas esotéricas. El mismo Rumi asegura su posición central en el proceso iluminativo: "If you want special illumination, look upon the human face / See clearly within laughter the Essence of Ultimate Truth".[37]

En cuanto a nuestro autor, si él era, como estoy proponiendo, alguien familiarizado con el sendero que

---

[35] Shah, *The Dermis Probe* (London, The Octagon Press, 1993) 47-48.

[36] Shah, *Special Illumination* (London: The Octagon Press, 1980) 5.

[37] Shah, *Special Illumination* 5.

transita el aspirante a la sabiduría ("Te daré inteligencia y te instruiré en esta carrera por la cual has de andar [. . .]") sabe también de la dificultad de conseguirla. Y con el espíritu alegre que debe caracterizar a un buen estudiante, dirige el humor hacia sí mismo:

> *ca devriénme dezir neçio e más que bestia burra,*
> *si de tan grand escarnio yo non trobasse burla.* 114 d

4.1.8 El múltiple ataque y la dispersión

La variedad de acercamientos (historias, poemas, reflexiones sobre el mismo tema) para atacar un mismo problema; y, convergentemente, la utilización de una única herramienta (pensemos en el cuento de los griegos y los romanos, que cubre tan amplia gama de significados) para dirigirse a problemas diversos, es otra marca del libro. Dicho en otras palabras, su arquitectura se basa en disparar hacia la misma dirección con diferentes armas, por un lado, y lanzarse simultáneamente en varias direcciones en una simple estrofa, por el otro lado. Ambas estrategias buscan ejercer un impacto en el lector desde varios ángulos y resultan efectivos en virtud de sus multifacéticas herramientas.

Esto se evidencia no solamente en las historias o reflexiones sino también en la diversidad de tonos—serios, paródicos, devotos, o ambivalentes— con que trata una misma imperfección humana; y asimismo en las heterogéneas formas poéticas, llevadas al extremo de exponer un mismo asunto en dos géneros líricos (tales como en poesía narrativa y en zéjel de los versos de las serranas).

Castro señala que:

> [. . .] la estructura del *Libro* se funda en la alternancia del verso narrativo con la poesía lírica o moralizante (fábulas y apólogos) en la cual, lo antes dicho en estilo llano, toma un sentido que vale como ejemplo-metáfora, en que vuelve el mismo tema en la abierta figura de un incansable arabesco. Bastaría esta forma de estilo para darse cuenta del mundo poético en que se movía el Arcipreste.[38]

De hecho, esta riqueza estilística es también propiedad de toda la literatura oriental. Basta verlo en *Las Mil y Una Noches*, las *Maqāmāt*, o el *Calila*. Dentro del sufismo, a esta técnica de valerse de diferentes estrategias para poner en evidencia un único defecto, o la opuesta, que consiste en usar un solo núcleo narrativo con efectos ramificados, se le ha llamado respectivamente "múltiple ataque" y "dispersión". La meta es suministrar al estudiante o lector un buen número de herramientas con la esperanza de que alguna vaya a penetrar en sus bien fortificadas defensas, de combatir desde todos los ángulos posibles al "Yo condicionado" o limitante en sus múltiples aspectos.

Ejemplos de la versatilidad entre los sufíes son las historias, el chiste, la alegoría, las fábulas, los consejos y proverbios, además de la heterogeneidad en los géneros poéticos o narrativos e, inclusive los ejercicios y movimientos, los signos y hasta el silencio.[39]

Nada mejor como ejemplo que el *Mathnawi -i-Manawi* o *Coplas Espirituales* de Rumi, quien emplea muy diversos

---

[38] Castro 417.

[39] En términos del silencio en literatura, véase el libro completo de Shah, *The Book of the Book* (London: The Octagon Press, 1970).

métodos para alcanzar el entendimiento del discípulo. Shah las describe de esta manera:

> [Rumi usa] chistes, fábulas, conversaciones, referencias a anteriores maestros y a métodos extatogénicos. Es un fenomenal ejemplo del método de dispersión, por el cual una imagen se dota de un impacto múltiple para infundir en la mente el mensaje sufi.[40]

Y agrega:

> La atmósfera única de las escuelas sufís se encuentra en el *Mathnawi* y el *Fihi Ma Fihi*. Pero muchos profanos consideran que son libros confusos, caóticos y mal escritos.[41]

El romance del poeta Jami también es una exposición de esta metodología. Acerca del amor, que es el motivo central, Pendelbury dice:

> Fortunately for us, Jami does not remain entirely silent on the subject; though he never attempts to tackle it head-on, preferring the Sufi method of "scatter", whereby a wide range of disparate, even contradictory, ideas and insights may be built up into a supra-verbal global apprehension, which is neither intellectual or emotional, as normally understood. The virtue of such a method is that it paralyzes the tendency either to facile theorizing and

---

[40] Shah, *Los Sufis*, 169.

[41] Shah, *Los Sufis*, 183.

didacticism or to emotional fixation. Love is nothing if not a perceived experience and few people take kindly to having something so subtle, elusive, personal and often painful reduced to the level of a theorem or a chemical formula.[42]

4.1.9 Lo literal vs. lo figurativo

Otra particularidad del libro, asimismo derivada de la literatura oriental, y que ha provocado consternación entre los críticos y lectores de Juan Ruiz, es la mezcla de lo literal y lo metafórico. No se trata aquí de mantener simultáneamente en la conciencia dos conceptos, sino de distinguir entre uno y otro, cuando se hace necesario, e interpretarlos correctamente. Su precisa comprensión resulta problemática para el lector menos acostumbrado, que cree ver todo de una manera o de la otra; o que ha leído sobre la posibilidad de tal simultaneidad, y da por sentado, sin justificación, que puede ser aplicada a todo cuanto lee.

La dificultad está magníficamente expresada, otra vez, en el extraordinario cuento de los griegos y los romanos, extraído también del acervo oriental. Mientras el romano toma lo figurativo de manera literal, el griego es asimismo desacertado en tomar lo literal como figurativo.

La misma preocupación se ve destacada en los tratados espirituales cuando se afirma que lo literal no debe tomarse como simbólico, y viceversa. Seiden spinner-Nuñez nos recuerda que en *De doctrina,* San Agustín "specifically formulated his law of caritas as a key to scriptural interpretation, in order to determine whether a locution is

---

[42] Hakim Jami 180-181.

literal or figurative".[43]

No tenemos la misma suerte con el *Libro del Arcipreste*, ya que las herramientas para tal distinción no nos son dadas en el texto. Y, como el lector está ya acostumbrado a las bromas y a los dobles sentidos del Arcipreste, no sabe si debe entenderlos literalmente o si se trata de otra burla.

¿Cuál es, entonces, la llave para distinguir burla de sentencia?

En el sufismo leemos con frecuencia que es la familiarización con los textos y con ciertos códigos, lo que lleva a obtener la capacidad de discernir.

En el *Libro*, creo que un primer paso sería estar alerta a la existencia de las dos posibilidades, y al peligro de tomar lo uno por lo otro. Por ejemplo, la advertencia hacia las dueñas, presentada inmediatamente después de la historia de Doña Endrina, debería ser tomada literalmente; no hay motivo para creer que el Arcipreste está mostrando otra cosa.

Así lo entiende Beltrán cuando dice:

> Pasa después a advertirnos que no compliquemos las cosas innecesariamente y que le demos a la burla lo que es de la burla, disfrutándola por bien contada y bien trovada (45d); y al dicho lo que es del dicho, meditando apropiadamente su "sentencia".[44]

---

[43] Dayle Seidenspinner-Nuñez, *The Allegory of Good Love: Parodic Perspectivism in the "Libro de buen amor"* (Berkeley: University of California Press, 1981) 181.

[44] Beltrán 72.

4.1.10 Conclusión

Los elementos a los que he aludido: discontinuidad, sorpresa, contradicciones, inversión o pluralidad de valores, simultaneidad, acercamiento y alejamiento, humor, alternancia entre lo alegórico y lo literal, y otras técnicas similares no es una lista exhaustiva, pero sí constituye lo más representativo de los procedimientos que encuentro en común entre los escritores sufíes y el poeta del *Libro*. Todos ellos funcionan de una manera conjunta y, huelga decir, no son aplicados por el mero placer de desestabilizar al sufrido lector, ni en uno ni en el otro, sino respondiendo a la necesidad de aplacar o silenciar el modo racional, aunque sea temporariamente, para propiciar la flexibilidad y el progreso en la mentalidad del lector, condición *sine qua non* para alcanzar una percepción superior. La realidad, afirman las escuelas metafísicas, es más multifacética que lo propuesto por las doctrinas morales y religiosas.

Además, hay que destacar que la operación del modo analítico, según las doctrinas esotéricas, está siempre bajo el peligro de la insinceridad, porque la retórica y la racionalización, hijas del intelecto formal, son herramientas de persuasión que pueden estar tanto al servicio de los mejores como de los peores propósitos, y se usan a menudo para manipular la verdad: motivo suficiente para estar alerta a su funcionamiento. Es por eso que en la colección de Nasrudín abundan los chistes que aluden a estos mecanismos internos de la racionalización para tergiversar la verdad.[45] En el *Calila* vemos esto una y

---

[45] Véase por ejemplo en esta historia, "Las circunstancias alteran los casos" en la colección de Shah, *Las hazañas* 42, donde Nasrudín, como de costumbre, se burla de los beatos:

otra vez, cuando sus personajes recurren al principio de la "falsa doctrina" en una competición verbal, con miras a actuar en beneficio del personaje y no de la verdad. Si sabemos leer entre líneas, el *Libro* también alude al mismo peligro de la manipulación psicológica cuando historias, aforismos y consejos (el *mentir fermoso* / el *fabrar fermoso*) son usados como armas más que como puntos de enseñanza.

La persistente –y perversa– costumbre de invocar una supuesta verdad consagrada y manipularla para fines espurios encontrará su máxima expresión en el tortuoso carácter de otro personaje clásico de la literatura española, la *Celestina*, otra alcahueta que no poco le debe a la Trotaconventos.[46]

> La lluvia caía con fuerza. Aga Akil, el más santurrón del pueblo, corría para resguardarse.
> - ¿Cómo te atreves a huir de la bondad de Dios? tronó Nasrudín al verlo-, ¡el líquido de los cielos! Como hombre devoto deberías saber que la lluvia es una bendición para la creación.
> - No se me ocurrió pensar en esa forma- refunfuñó Aga Akil y, acortando el paso, llegó a su casa todo mojado. Por supuesto, pescó un enfriamiento.
> Al poco tiempo, mientras estaba sentado, envuelto en frazadas junto a la ventana, vio a Nasrudín correr bajo la lluvia y lo increpó:
> - ¿Por qué te alejas de la bendición divina, Nasrudín? ¿Cómo te atreves a despreciar la bendición que contiene?
> - ¡Ah!- contestó Nasrudín-, usted parece no darse cuenta de que no quiero profanarla con mis pies.

[46] La racionalización significa asimismo una trampa para quien cree que puede capturar la esencia de la Realidad a través de una explicación verbal. Armstrong, 242, cita un poema de Rumi, en que Dios dice a Moisés:

> *That broken-open lowliness is the Reality,*
> *not the language! Forget phraseology.*
> *I want burning, burning.*
> *Be Friends*
> *with your burning, burn up your thinking*
> *and your forms of expression!*

4.2. Una nueva lectura de las *maqāmāt*

La crítica moderna, desde Félix Lecoy hasta nuestros días, concuerda en que el *Libro de buen amor* es una autobiografía ficticia, en la que un autor crea un personaje que narra su historia en primera persona.[47] Narrador, comentador y protagonista son la misma entidad, identificada como "yo, Juan Ruiz . . ."

Considerando este factor del *Libro*, así como en su estructura episódica, María Rosa Lida de Malkiel publicó un artículo en 1959 en el que vincula al *Libro* con un género literario de origen árabe, las *maqāmāt*.[48] La investigadora propone que un probable precursor del *Libro del Arcipreste* podría encontrarse en las *maqāmāt* hispano-hebreas (derivadas de las árabes), específicamente el *Libro de las delicias* del judío español Yosef ben Meir Ben Zabara, basando su argumento en que ambos textos son esencialmente autobiográficos y episódicos.

Tal observación representa una avenida de investigación sumamente útil, que he decidido retomar. Un estudio de las *maqāmāt* desde la perspectiva del didacticismo indirecto que he descrito me llevó a creer que el parentesco entre este género y el *Libro del Arcipreste* va más allá de lo autobiográfico o episódico, y que el *Libro* tiene más material en común con las *maqāmāt* árabes que con las hebreas, ya que las primeras comprenden una compleja pluralidad de sentidos, paradojas y signos ambivalentes que se hallan ausentes en la obra de Ben Zabara. Ellas son, asimismo,

---

[47] Lecoy 352.

[48] Lida de Malkiel, "Nuevas notas ... 22.

emblemáticas de toda literatura generada por el pensamiento sufí.

4.2.1 *Las Maqāmāt* de Al Hamadhani y de Al Hariri

Convendría primeramente hacer una somera descripción del género y su trayectoria.

Las primeras *maqāmāt*, inventadas por Badi al-Zamān Al Hamadhani, emergen como un nuevo estilo literario árabe en el siglo X, en un momento en que surge un discernible crecimiento en el interés por las clases más bajas de la sociedad, en las andanzas de los vagabundos, charlatanes y aun criminales.[49] A éstas les siguen, en el siglo XI, las *Maqāmāt* de Al Hariri, prominente mercader de seda de Basra, traducidas al hebreo por el médico y poeta judío-español Judah al-Harizi.[50] Estas sirvieron de modelo, probablemente, para las *maqāmāt* hebreo-españolas que se encuentran con cierta abundancia en la Península Ibérica en los siglos XII y XIII, entre las cuales se cuenta el *Libro de las delicias*. (Mas tarde la novela picaresca va a recoger la estructura, aunque no el significado, como comentaré más adelante.)

Desde el tiempo de las Cruzadas, las *maqāmāt* han sido leídas y admiradas desde el Hindu Kush a España, y consideradas por ocho siglos como el mayor tesoro de las letras arábigas, después del Corán.

Cada *maqāma* (asamblea) es una pieza de variada longitud. El núcleo de la *maqāma* es una anécdota construida en torno a un encuentro entre el personaje

---

[49] Para la obra de Al Hamadhani, usé la edición en inglés, *Maqāmāt of Badi'Al-Zamean Al Hamadhani,* trad. y notas de W. J. Prendergast y B. Litt (Londres: Curzon Press, 1973).

[50] Véase la introducción de Moses Hadas al libro *Book of Delight,*9.

principal (un viajero que aparece en diversos lugares) y un narrador, quien pretende ser el propio autor, y que cuenta la historia en primera persona.

En las *Maqāmāt* de Al Hamadhani, este autor-narrador crea un personaje, Abu il-Fath al-Iskanderí, profundamente lúcido, perspicaz, improvisador y aparentemente farsante, que vaga de lugar en lugar, mostrándose (y escondiendo su identidad) bajo diversos e inesperados disfraces, y haciendo su oportuna aparición en las reuniones de los grandes intelectuales y filósofos. Su muestra de enorme erudición a menudo produce ricos regalos de la generosa e ilustrada audiencia cautivada por sus habilidades retóricas. Sus hazañas, en general, consisten en las estratagemas que usa para vivir de la confianza o inocencia de la gente, según es visto a través de los ojos del narrador, quien, no obstante, se siente profundamente atraído por el extraño y sospechoso personaje, y a quien generalmente no reconoce hasta el final del episodio.

La colección de Al Hariri sigue la misma estructura, temas y atmósfera general. Aquí también hay un "pícaro", Abu Zaid, y su amigo, Harith Hamman, narrador en primera persona. Abu Zaid, siempre maltrapillo, peregrinando de lugar en lugar, sin otro medio de subsistencia que sus trucos y una insuperable elocuencia, gana su vida a través de tretas y ardides. Haciendo gala de su destreza verbal, inescrupuloso en cuanto a los medios de los que echa mano para conseguir su propósito, Abu Zaid explota la aparente devoción religiosa de los que se cruzan en su camino, poniendo de manifiesto la credulidad o hipocresía de su audiencia, o representando con su conducta las debilidades humanas. Y también aquí el narrador siente una irresistible atracción por este singular vagabundo, de cuyas picardías es testigo y a veces víctima.[51]

Me detendré en los aspectos de las *maqāmāt* árabes que tienen que ver específicamente con los métodos indirectos de enseñanza, lo que acerca más a nuestro Arcipreste hacia la vertiente oriental y a la teoría y práctica sufí que inspiraron la redacción de las *Maqāmāt*.

4.2.2. La doble lectura de las *maqāmāt* árabes

Para empezar, este género es eminentemente ambivalente, y si Lida de Malkiel ha visto un propósito didáctico en las *maqāmāt* hebreas, no podría decirse lo mismo de las árabes, sin aclarar que sólo serían didácticas en la medida en que la misma ambivalencia sea considerada como manera de instrucción alternativa.

En el otro extremo de la crítica, el profesor Monroe ha visto estas colecciones como predecesores de la novela picaresca española, por los rasgos negativos del personaje anti-héroe que vive de sus astutas artimañas, por la estructura episódica y repetitiva en torno a un personaje, o a un par, y por la particularidad falsamente autobiográfica

---

[51] Para las *Maqāmāt* de Al Hariri usé la edición de Amina Shah (London: The Octagon Press, 1980). Véase asimismo su introducción, ix y x, en donde la editora describe la obra de Al Hariri en estos términos: ' [. . .] he introduces specimens of all the different species of composition which it was his design to illustrate, [. . .] he has preserved a graceful dramatic effect and such a pleasing variety as might beguile and encourage his readers to study what he designates as "a combination of serious language with lightsome, refinement with nervousness of style, and elegant with recondite phraseology, a rich store of choice metaphors, and ancient proverbs, and riddles, and orations, and poems, religious, festive, plaintive and didactic." ' Esta descripción podría aplicarse, sin mayor dificultad, a la obra de Juan Ruiz.

de la narrativa.[52] Recordemos que en el *Lazarillo de Tormes* hay un narrador, Lázaro, que pretende contar su historia, la del Lazarillo, tanto como los autores -narradores de las *maqāmāt* pretenden ser los viajeros protagonistas de sus respectivas historias.

Pero si en el *Lazarillo* se adopta una estructura común a las *maqāmāt*, la similitud no va más allá de esto. Los objetivos del narrador *Lázaro* son harto más complicados, o mejor dicho, más retorcidos, fruto de la convulsa época que le tocó vivir a su autor, pero carecen de la dimensión interior de las *maqāmāt*, cuyo "pícaro" trae en sus venas la corriente de la sabiduría oriental.

En el prólogo de una edición en inglés de las *Maqāmāt* de Al Hariri, leemos:

> Every "Assembly" composed by Hariri is but a variation on the same theme. His hero, Abu Zaid, is always the same ill-dressed, crafty old man [. . .] <u>but with the veins of true feeling in him.</u> [subrayado mío][53]

Lo mismo se puede decir de la colección de Al Hamadhani. El mismo narrador lo reconoce en más de una ocasión; por ejemplo, cuando dice: "When this speech of his had penetrated my ear I knew there was excellence behind it, so I followed him . . ."[54]

La impresión de que la picaresca española tiene rasgos de fondo comunes con las *maqāmāt* proviene creo, de una

---

[52] James Monroe, *The Art of Badi az-Zamān Al Hamadhani as Picaresque Narrative* (Beirut: American University of Beirut, 1983).

[53] Al Hariri xi.

[54] Al Hamadhani, Badi al-Zamān. *The Māqamāt*. Trad. W. Prendergast y B. Litt. (London: Curzon Press, 1973) 83

interpretación literal de las asambleas árabes. Tal es el caso de Monroe, quien describe al personaje al-Iskanderí como un individuo marginal, corrupto, corrompido por la sociedad y presto a corromper a los otros, y como un "social pretender" de dudosa identidad, que quiere penetrar los círculos de los letrados. Su conducta, en fin, refleja la desintegración de su mente, es decir, es el producto de una esquizofrenia.[55]

Hay harta evidencia en las *Maqāmāt* que tanto al-Iskanderí como Abu Zaid (los viajeros inventados por Al Hariri y Al Hamadhani respectivamente) no son lo que parecen ser: ambos están en realidad del otro lado del espectro de la picaresca española en cuanto a significado, aunque la estructura sea semejante. Ambas *maqāmāt*, si las leemos con detenimiento, están llenas de pistas que indican hacia una dirección contraria a lo esperado: la enseñanza indirecta que se vale de estratagemas tales como la inversión de valores, la ambigüedad intencional, la representación de la realidad a través de su contrario, y la adopción voluntaria de una postura antiheroica que refleja y pone de manifiesto los defectos humanos, para beneficio de quien así pueda verlo.

En las notas de W. J. Prendergast y B. Litt al libro de Al Hamadhani, el vínculo con el sufismo queda claro:

> Thence he journeyed to Jurjean where, according to Tha'alibi (A. H. 350-429) he frequented the society of the Isma'ílí heretics, from whom he acquired a great

---

[55] El profesor Monroe, consciente de que el análisis de un texto árabe necesita una fuerte dosis de "defamiliarización", está revisando su posición, y en el momento en que se redactan estas páginas, está trabajando en un nuevo estudio sobre las *maqāmāt*, en donde reconoce la función de la ambigüedad y la inversión de valores como técnica premeditada.

deal of knowledge and received much enlightenment."[56]

En estos versos del personaje de Al Hamadhani vemos uno de los temas favoritos de los sufíes: [57]

> *The age and the people thereof are stupid,*
> *Therefore, I made my stupidity my steed!* [58]

O este otro poema de al-Iskanderí, irónico comentario hacia quienes se enorgullecen de poseer una instrucción superior:

> *I am the fountain of wonders,*
> *In my devising I am the possessor of high degrees,*
> *In truth, I am the camel's hump.*
> *In vanity, I am its withers.*[59]

También Abu Zaid representa el papel de la humanidad, y refleja, en cada encuentro, el dilema del ser humano, aprisionado en lo temporal y lo no permanente; por ejemplo, cuando dice: "I change between two conditions, distress and ease. I veer with two winds, the tempest and

---

[56] Al Hamadhani 4.

[57] En el libro de Shah, *Wisdom of the Idiots* (London: The Octagon Press,1979) el autor dice: "Because what narrow thinkers imagine to be wisdom is often seen by the Sufis to be folly, the Sufis in contrast sometimes call themselves 'The Idiots'. By a happy chance, too, the Arabic world for 'Saint' (*wali*) has the same numerical equivalent as the word for 'Idiot' (*balid*)".

[58] Al Hamadhani 104.

[59] Al Hamadhani 103.

the breeze." [60]

Si estudiamos las respuestas que da este carismático vagabundo-mendicante cada vez que se indaga o se descubre su identidad o se cuestiona su conducta, veremos que abundan las indicaciones de estar frente a un "maestro del camino". Tanto Abu Zaid como al Iskanderí, recuerdan al *qalandar* de la tradición sufí, al guía oculto, paralelo al Judío Errante de la tradición hebrea, o al Elías de la Biblia, o al Khidr del Corán, el maestro espiritual tantas veces anhelado y sin embargo tantas veces no reconocido.[61] Nótese que esta relación entre los pares—al-Iskanderí y su narrador, Al Hamadhani; y Abu Zaid y su narrador, Hamman—resulta muy semejante a la relación entre guía y discípulo. En los sistemas iluministas, esta asociación deviene del anhelo, por parte del adherente, de encontrar a este guía; por la atracción hacia ese "alguien", que puede ser el mentor que necesita; por el deseo de seguirlo, la duda, la sorpresa; y por el diálogo enigmático, como ocurre en las *maqāmāt*. En éstas, cada "asamblea" terminan frecuentemente con un comentario del narrador en que expresa un ardiente deseo de seguir al maestro, y pena por la separación. Al Hariri dice, en más de una ocasión: "Then he took leave of me and left coals of fire in my breast".[62]

---

[60] Al Hariri 12. Idéntica función cumplen los maestros sufíes. Por ejemplo, en la historia "Bahaudin and the Wanderer", recontada por Shah, en *Wisdom of the Idiots,* 21, Bahaudin explica a un grupo de discípulos que acaban de criticar a un *kalandar* errante por su conducta: "Fools! This man is acting the part of humanity. While you were despising him, he was deliberately demonstrating heedlessness as each of you does, all unaware, every day of your lives."

[325] Khidr es el "guía invisible" de los sufíes, y se cree que es la guía anónima de Moisés en el Corán. Este "El Verde" también se conoce como "el judío errante" y se le ha comparado en la leyenda con figuras como San Jorge y Elías.

[62] Al Hariri 21.

En este otro diálogo entre narrador y vagabundo, la pluralidad de intención y la apariencia "velada" de un maestro es evidente:

> I say: 'I am for peace, if thou wilt, or for war, if thou desires. Tell me, who art thou?'
> He replied: 'Peace hast thou found.'
> I said: 'Thou hast answered well, but who art thou?'
> He answered: 'A counselor, if thou seekest counsel, an orator if thou desirest converse, but before my name is a veil which the mention of no proper name can remove.'[63]

El "velo", en la terminología sufí, puede ser la cobertura bajo la cual se esconde la esencia del individuo (a menudo identificada como una furtiva gacela, en la poesía árabe). Pero también el guía puede estar ocultado bajo un velo para quien no sabe reconocerlo como tal, y lo que este guarda detrás del velo no es algo que se pueda denominar con una palabra ("the mention of no proper name can remove").

En algunos episodios, la verdadera alma del maestro se revela directamente. En el encuentro cincuenta y uno, por ejemplo, Abu Zaid aconseja al narrador: "Keep to truth though it scorches you with the fire of threatening".[64] En otros, el significado está más codificado, aunque suena bien familiar dentro del contexto sufí.

A la pregunta del narrador: "¿Cuál es tu oficio?" al-Iskanderí responde:

---

[63] Al Hamadhani 68.

[64] Al Hariri 88.

El método indirecto, II

> I roam about the interiors of the countries, in order that I may light upon the dish of a generous man. I have a mind served by a tongue, and rhetoric which my own fingers record. My utmost desire is a generous person who will lower me one of his saddle-bags and give me his wallet [. . .].[65]

¿Qué es lo que este mendigo requiere? Desde un punto de vista literal, es apenas el dinero de un hombre generoso. Desde la experiencia espiritual, el significado es que, en la consecución de un conocimiento superior, algo debe darse (puede ser generosidad) o a algo se debe renunciar (el apego al mundo de las apariencias) si algo va a ser recibido.

¿Por qué la identidad de al-Iskanderí/AbuZaid es tan difícil de reconocer para el narrador, su amigo y admirador? La respuesta está en la dificultad de ver la esencia, que es la consabida advertencia ruiciana sobre el riesgo de guiarse por las apariencias. Otra manera en que los exponentes de la filosofía perenne lo expresan sería esta: el ser humano no puede ver la unidad detrás de la multiplicidad, porque, como el narrador en las *maqāmāt*, sólo se atiene a lo exterior, a la corteza o disfraz, sin percibir el "meollo".

En la *maqāma* "Exortation", Al Iskanderí terminaba de pronunciar uno de sus elocuentes sermones, cuando el narrador, fascinado, se le aproxima y le pregunta quién es. El otro responde:

> Good Gracious! art thou not satisfied with pondering over externals, that thou madest for the truth and

---
[65] Al Hamadhani 68

> then failed to recognize it? I am Abu Fath Al Iskanderí! [66]

La falla en el reconocimiento del objeto de la búsqueda es temática común en la cuentística sufí.[67]

En cuanto a la identificación del vagabundo de las asambleas como guía de un camino espiritual es inequívoca en la última *maqāma* de Al Hariri, cuando el narrador describe la indumentaria de Abu Zaid, típica del derviche, en dos ocasiones:

> Then they told me that they [. . .] had seen there its renowned Abu Zaid, who had donned the <u>wool cloak</u>,

Y más tarde,

> He stood upright in his prayer-niche, wearing a <u>cloak stitched together</u> with a tooth-pick, and a <u>patched wrapper</u>" [subrayado mío].[68]

Asimismo, la forma en que eligió presentarse al mundo tiene también su explicación:

> If Him I have chosen, and trade as a buffoon,
> it was to be blessed with the portion fool-borne.
> For our age selects only the fool for its favors,

---

[66] Al Hamadhani 110.

[67] Véase como ejemplo la historia "Fahima and the Prince" recontada por Shah en *Seeker After Trruth* 168.

[68] Al Hariri 264. Recordemos que los derviches medievales a menudo usaban un manto de parches confeccionado por ellos mismos, o un rústico atuendo de lana.

and houses its wealth in the pools of the hollows,
while brothers of wisdom obtain from their age
not more than does the donkey
tied up in the courtyard.[69]

Hacer un análisis del contenido sufí de las *maqāmāt* árabes escapa a mi intención; solo quisiera enumerar algunos núcleos conceptuales, limitar los ejemplos a unos pocos, y resaltar el hecho de que el viajero-mendigo de estas colecciones es una figura de pasaje fugaz, múltiples apariencias y difícil acceso. Como la Verdad en las historias-enseñanza, es elusiva, cambiante e inesperada; como Ella, está en todos lados, puede estar muy cerca y muy lejos a la vez, se manifiesta de diferentes maneras y con variados nombres. En cada encuentro, el narrador/buscador cree estar frente a diferentes personas, cuando en realidad se trata siempre de la misma, y en cada oportunidad, una inexplicable afinidad y devoción se apodera de él. La unidad detrás de la pluralidad está, como en el *Libro*, manifestada de un modo estrictamente metafórico. Unidad y multiplicidad, recordemos, son conceptos esencialmente del neoplatonismo y de las escuelas pitagóricas, las emanantistas y otras emparentadas con la filosofía perenne.

4.2.3 Las *maqāmāt* árabes y el *Libro de buen amor*

La enumeración que sigue tampoco pretende cubrir todos los puntos en común, lo cual requeriría un estudio aparte. Subrayo al menos los más relevantes:

---

[69] Al Hariri 240.

a) Estilo e intención:

Prendergast y Litt notan que las *maqāmāt* hacen gala de gran variedad de lenguaje para representar diferentes estratos de la sociedad y extenso conocimiento en diversas áreas, y al comentar los textos de Al Hamadhani y Al Hariri, dicen:

> Allusions to popular sayings and customs, history and legend, theology and jurisprudence, specimens of eloquence and pulpit oratory, apt quotations from the Qur'an and the citing of proverbs, the use of the rare and the recondite, constitute the groundwork common to both books.[70]

Aseguran, asimismo, que la intención de los autores es múltiple. Acerca de Al Hamadhani, por ejemplo, notan que "[. . .] the triple aim of Al Hamadhani appears to have been to amuse, to interest and to instruct".[71]

La semejanza con el *Libro* es autoevidente.

b) Los encuentros/desencuentros:

Aquel vínculo especial entre los dos personajes de las

---

[70] Al Hamadhani 23.

[71] Al Hamadhani 17. Nótese la relación de la siguiente descripción del libro de Al Hamadhani con el libro del Arcipreste:

> When the author essayed, in the course of these dramatic discourses, to illustrate the life and language both of the denizens of the desert and of the dwellers in towns, [. . .] to show the use of strange and obsolete words and phrases, such as are found in the proverbs—probably the oldest forms of the Arabic language and the earliest utterances of the Arabian people—difficult and obscure passages were inevitable.

Maqāmāt a que he aludido es asimismo un tema relevante para nuestra discusión. Así como los cruces de caminos entre el vagabundo y el narrador en cada "asamblea" de las *Maqāmāt* no producen una inmediata identificación, pues este último falla en reconocer la identidad del primero, así también los encuentros del Arcipreste y su dama no dan resultados. El Arcipreste no *recabda*. En las *Maqāmāt* árabes, casi todas las reuniones terminan con algún comentario similar a éste: "Then I took leave of him, and he of me, and my heart was still sorrowing long after he had gone"; o este otro: "Then we parted; I went to the right and he went away to the left, I to the south, and he to the north",[72] lenguaje que revela más una separación de almas que una geográfica. En el *Libro del buen amor,* por otra parte, cada aproximación termina en inevitable separación, resultando en un lamento del Arcipreste. En otras palabras, esta repetición de la misma aventura (acercamiento y alejamiento) de las asambleas tiene un fuerte paralelo en el *Libro*, que se obstina en historias de amor sin éxito, y tanto la dama del Arcipreste como el maestro de las *maqāmāt* se presentan como identidades inaccesibles, tal como la Verdad. En ambos casos, *Ella* es elusiva, y se esconde bajo el velo de las apariencias en el mundo manifiesto.

c) La relación discípulo/maestro, la variedad de nombres y la unidad bajo la multiplicidad:

La paradójica relación entre discípulo (narrador) y maestro (vagabundo) podría asimismo ser extrapolada a la del Arcipreste con Trotaconventos, no solamente por ser un

---

[72] Al Hariri 64 y 47.

par similar en que el compañero de mayor estatura social es admirador y discípulo de otro, de baja clase, sino por las mismas características del "otro". El Arcipreste se considera discípulo de una vieja que gana su vida gracias a sus mañas y perspicacia, trotando de convento en convento, como el otro "guía" que anda de asamblea en asamblea aplicando sus artes retóricas ¿Acaso el Arcipreste no llama a Trotaconventos de "maestra", en una de las tantas inversiones de valores que caracterizan al texto? ¿Y no equipara a su "maestra" con la Virgen María, cuando a ambas las llama "comienzo y fin del viaje"? (Esta convergencia de opuestos en el par Virgen- Trotaconventos será analizada en mayor detalle en el capítulo V.)

Los diversos los nombres de cada uno de los "maestros" también viene al caso, por ser parte del disfraz bajo el cual se esconde una única realidad, en ambos textos.

De Trotaconventos, el Arcipreste dice:

> *Decir todos sus nonbres es a mí fuerte cosa;*   927c
> *nonbres e maestrías más tiene que raposa.*

Castro dice: "El existir de la Vieja consiste en el desplegarse de sus aspectos nombres: vieja, urraca (parlanchina), picaza, trotera, trotaconventos".[73]

Recordemos que el guía es, en la tradición iluminista, el vehículo e instrumento intermediario que posibilita el acceso a la Verdad, la confluencia entre Ella y el aspirante. Es el guía y mensajero. También Trotaconventos es la mensajera y guía. El término "alcahueta", uno de los nombres de Trotaconventos, en árabe significa

---

[73] Castro 439.

"guiadora";[74] y el apodo de Urraca (coplas 922d, 923a) le es dado por su habilidad retórica.[75]

Asimismo, en cada *maqāma* o asamblea, el maestro pretende ser de un diferente lugar de origen, lo cual es equivalente, en la cultura oriental medieval, a tener diferentes nombres.

Pero el simbolismo de esta pluralidad de nombres u orígenes no se nos escapa cuando leemos un pasaje como este en la "*Maqāma* del conocimiento":

> Now I heard language such as penetrated the ear, reached the heart, and quickly entered the breast, so I asked: 'O young man! Whence the orient of this sun?' Then he began to say: 'Alexandria is my home, if but in it my resting-place were fixed. But my night I pass in Syria, in Iraq my day'.[76]

O en este otro diálogo en la "*Maqāma* de Balkh":

> One of those present asked: Art thou not Abu il-Fath al Iskanderí and did I not see thee in Iraq going about the streets begging with letters?
> Then he recited, saying:
> Verily, God has servants
> who have adopted a manifold existence,
> in the evening they are Arabs,
> in the morning Nabateans.[77]

---

[74] Vicente Reynal, *Las mujeres del Arcipreste de Hita. Arquetipos femeninos medievales* (Barcelona: Puvill, 1991) 176.

[75] Beltrán 322.

[76] Al Hamadhani 153.

[77] Al Hamadhani 34-35.

d) El engaño:

En el mismo contexto de múltiples orígenes, nombres y apariencias que cobijan una única realidad, también el engaño es punto clave en las instancias que estamos analizando, (*Maqāmāt, Libro,* textos sufíes) con funciones semejantes. Si en las dos *maqāmāt* hay un maestro bajo el velo de un astuto vagabundo que vive de sus trucos y elocuencia, en el *Libro del Arcipreste*, Trotaconventos es la maestra-mensajera de profesión semejante:

> *Puña, en quanto puedas, que la tu mensajera*   437
> *sea bien razonada, sotil e costumera;*
> *sepa mentir fermoso e siga la carrera,*
> *ca más fierbe la olla con la su cobertera.*

En el sufismo, Kidhr también es un guía oculto, cuyo atuendo cubre su iridiscente manto verde.

De una manera u otra, estos mentores espirituales usan el disfraz y la astucia para poner en contacto al buscador con el objeto de la búsqueda, para hacer posible el encuentro. Todos ellos son intensamente sutiles, conocedores de la naturaleza humana; todos andan por el mundo disfrazados, practicando un oficio con una intención oculta y por lo tanto son criticados por la sociedad, pero secretamente procurados.

Algo más sobre el papel de la astucia: Según la tradición sufí, el engaño es también un concepto multifacético. Por un lado, se refiere a las trampas en que caemos por nuestra subjetividad, la tan famosa "ceguera" metafísica. Piénsese en los cuentos del *Sendebar*, o en las historias del *Calila e*

Dimna, de los varios hombres engañados frente a sus propias narices por sus ingeniosas mujeres.[78]

Por otro lado, el engaño es, en su sentido figurativo, una herramienta. Tretas y estratagemas funcionarían alegóricamente como las estrategias necesarias para derrotar al llamado "Yo Dominante", o Falso Ser, que no puede ser combatido frontalmente sino a través de un "arte sutil". El diagrama más común entre los cuentos sufíes para representar esta situación es la del prisionero que debe escapar inventando algún subterfugio, por ejemplo, emborrachando a su carcelero.

El ejemplo de Doña Endrina y don Melón merece un comentario al respecto. La seducción se realiza por medio de un engaño "profesional" practicado por la medianera, que acaba en violación por parte del seductor. Pero, "las cosas no se fazen por fuerza [. . .] sino por [. . .] artes e entendimiento", se dice en el *Calila*".[79] Esto en parte explicaría por qué el narrador Arcipreste, que no es necesariamente don Melón, niega que le haya ocurrido a él. Esta conducta no es aceptable ni en la filosofía del Arcipreste, ni en la del *Calila,* ni en la del buscador de la Verdad, quien debe "ganarse" a su dama en lugar de violarla. En los sistemas metafísicos, la violación es

---

[78] Pero es en el *Calila* en que el arte sutil o estratagema se nos presenta como uno de sus puntos principales, ya sea en la historia marco como en las historias de los prefacios o en los cuentos interiores de la colección. M. Parker dice, en *The Didactic Structure and content of "El libro de Calila e Dimna"* (Miami: Ed. Universales, 1978) 73, que en el *Calila* "cunning is not condemned,
only unskillful use of it is criticized"; y agrega: "The very practical philosophy of the *Calila* includes a strong and consistent advocacy of the preference of ingenuity over force. If one can deceive his enemy and avoid facing him in straightforward battle, he is urged, even compelled to do so".

[79] *Calila e Dimna,* ed. Blecua y Lacarra 29.

emblemática del ladrón que por fuerza "roba" o cree que puede robar un conocimiento secreto.

e) **La inversión de valores:**

A este altura ya resulta evidente que las *maqāmāt* árabes, tal como el *Libro,* están construidas sobre una total inversión de valores, no solamente en lo tocante a verdad vs. falsedad, sino a una multitud de aspectos en que lo bueno parece ser malo, lo trascendente parece insignificante, la persona más prominente se sitúa en lo más bajo de la escala social, la locura es sabiduría, la pobreza es riqueza[80] y la cordura es su opuesto, tal como lo encontramos en la literatura sufí. En el *Libro del Arcipreste,* esta inversión es, como sabemos, una constante. La mentira es elevada al rango de "mentir fermoso", la vieja alcahueta es adorada a la par de la Virgen María o la diosa Venus, la cordura y la desmesura se deslizan una sobre la otra hasta no poder distinguirlas. ¿Qué se proponen estos libros confusos al invertir los más apreciados preceptos de la moralidad humana? La respuesta nos la dan los textos cuando, aquí y allá, dejan "señales" en las voces de personajes como Abu Zaid, al Iskanderí, Alif the Thief, Nasrudín y otros tantos que afirman "estar a la inversa": su propósito es mostrar la Realidad en un mundo cuyos valores están alterados, contrarrestar la naturaleza invertida y engañosa del mundo (invertida en relación a lo que es invisible, atemporal, único y real) adoptando una posición obviamente contraria a lo que el mundo considera moral, espiritual, verdadero, etc.

---

[80] Los sufíes usan la palabra "pobre" para designar a uno de los suyos ("faquir"), que puede ser pobre en bienes materiales y rico en los inmateriales.

Si el mundo se dice "cuerdo", declaran, entonces ¡pleguémonos a la locura!

Al Hamadhani expone el nexo entre "tiempo", "multiplicidad" y "locura" cuando pone en boca de su personaje:

> I am Abu Qalamún, in every hue do I appear,
> Choose a base calling, for base is thy age,
> Repel time with folly,
> for verily time is a kicking camel.
> Never be deceived by reason,
> madness is the only reason.[81]

"La verdad", se dice en el sufismo, "se protege a sí misma" (bajo un aspecto insospechado o deleznable) de aquellos que no sabrán usarla. ¡Con razón el Arcipreste promete una "dueña garrida" a aquellos afortunados que saben leer entre líneas!

f) **El humor:**

Sobre el humor de Juan Ruiz se ha hablado extensamente, y no cabe duda de la jocosidad y la alegría que campea en todo el poema. Ya he recalcado, asimismo, la función del humor en las órdenes medievales, con su desfile de bufones, arlequines, contadores de chistes, y las variantes internacionales del legendario Nasrudín. En las *maqāmāt*, también las situaciones son básicamente graciosas. No sólo el desenlace de cada asamblea es de una renovada comicidad, aunque el lector ya sepa el resultado

---

[81] Al Hamadhani 75. Prendergast explica en sus notas que Abu Qalamún es "a kind of variegated Greek fabric [and] the expression is used to describe a very fickle person".

final, sino que el tono general es burlón y alegre, aunque entretejido con serias consideraciones filosóficas y verdadero ardor espiritual.

Nada más cercano al *Libro del Arcipreste*, si tenemos que buscarle "un modelo". Buena ilustración es la "*Maqāma de la madira*", uno de los encuentros más célebres en la obra de Al Hamadhani, tenida como una excelente parodia hacia el materialismo de los mercaderes. A modo de ilustración, citaré el episodio del mercader que invita a al-Iskanderí a comer una exquisita *madira*, pero insiste en describir largamente para su convidado los orígenes, precios y excelencias de cada objeto de su residencia y de su mesa, y dice:

> Now this napkin, ask of me its story. It is a fabric of Jurjān and it was woven in Arrajān. It fell into my hands and I bought it. Then my wife took part of it to make her underwear, while I took part for making napkins. Her underwear used up a whole seven yards, and I had to grab this amount from her hands by force, gave it to the embroiderer to make and embroider it as thou seest it.[82]

La demorada fanfarronería del anfitrión continúa, y la deseada *madira* nunca se deja ver. Aparte del valor como diversión, crítica social y comentario psicológico, la *maqāma* tiene un significado subyacente, y alude entre otras cosas a la superficialidad del rico mercader, que impide que la deliciosa *madira* sea consumida. Como consecuencia, el "alimento", en la simbología iluminista (la verdadera

---

[82] Al Hamadhani 95.

experiencia sustancial) se pierde, y lo que prevalece es lo aparente y lo superfluo.

Esta superposición de significados y uso múltiple del lenguaje, en varios niveles, de lo banal a lo profundo y de lo figurativo a lo literal, tiene amplias resonancias con la narrativa del Arcipreste, maestro también en el arte de desplegar significados concéntricos en un mismo episodio, o en un mismo verso.

g) **Impersonalidad y universalidad:**

Para terminar, notemos el paralelo entre el Arcipreste y el pícaro de las *Maqāmāt* en lo que atañe a su carácter universal.

Como ya se ha notado, el Arcipreste es "todos los hombres",[83] y el nombre Juan Ruiz lleva en sí mismo el vocablo "raíz".[84] J. Joset comenta sobre el "yo" del *Libro*:

> Juego de apariencias y transparencias, pues, regido por el ideosema fundamental del *Libro* que opone la corteza (los disfraces) al meollo (el *yo* único y proteico) [. . .], capaz de omnisciencia con toda naturalidad, [. . .] no sólo es a la vez "yo, Juan Ruiz, Arcipreste de Hita" y Don Melón de la Huerta (u Ortiz), amante y marido de Doña Endrina, sino el mismo libro: "De todos instrumentos yo, libro, só pariente".[85]

---

[83] Spitzer, 105; y Deyermond, *Historia de la literatura española* 232.

[84] De hecho, no podemos aún decidir si Juan Ruiz "eligió" un nombre ficticio por su significado o simplemente aprovechó su verdadero nombre para producir un efecto. Pero sin duda la inserción de su nombre en el poema ha intensificado la idea que quiso transmitir.

[85] J. Joset, *Nuevas Investigaciones* 27.

Es decir, la plurivalencia de ese "yo" del Arcipreste y su pasaje fluido de uno a otro responde al mismo principio que gobierna todo su trabajo.[86] También se ha visto ese "yo" como el típico "yo" del poeta medieval "[. . .] que se presenta a sí mismo como representante de todos los seres humanos [. . .]. [87]

Concuerdo ciertamente en que este es un "yo" atemporal y arquetípico. Hay que notar, primeramente, que la permutación de los múltiples "yo" que encontramos en la obra de Juan Ruiz tiene una fuerte reminiscencia con el plurivalente "yo" de las *maqāmāt* y de aquellos otros personajes árabes itinerantes. Decir Abu-Zaid es equivalente, en árabe, a decir Juan Nadie; no porque sea una figura común sino por su carácter arquetípico: 'The name "Zaid" is used by the Arabs to denote "any man whatever'.[88] Así lo es también el Mula Nasrudín, figura fuera del tiempo, que simboliza, en cierta manera, a todos los hombres.

Sin embargo, el significado en las órdenes místicas rebaza la experiencia colectiva, y la pluralidad se toma

---

[86] Ejemplo de ello nos lo señala J. Joset en *Nuevas Investiga-ciones* al analizar la famosa advertencia del narrador "Entiende bien la estoria de la fija del endrino/dixel' por te dar ensienplo, mas non porque a mí vino" (copla 909). El crítico dice que

> [. . .] no representa una mala incrustación del episodio de Doña Endrina en la estructura del *Libro* ni aún menos un "olvido" del poeta sino la marca de disolución de la dualidad del *yo* seductor y la recuperación de un *yo* didáctico listo
> para otras difracciones. [Se trata de] un juego de disfraces de un mismo ser ficticio que, según las necesidades lírico-narrativas, viste o se quita el traje de arcipreste, escudero (961b) o hidalgo (1031b).

[87] Spitzer 133.

[88] Al Hariri vii.

como otro de los tantos símbolos de la Verdad, que se manifiesta de maneras diversas y a menudo esquivas a los ojos mundanos. Llamada por diferentes nombres y de aspecto cambiante, es, sin embargo, omnipresente. Evelyn Underhill, en su tratado sobre misticismo, nos dice que "La Realidad siempre se asoma, y el Ser Prisionero la percibe, veladamente o en toda su exactitud".

Me he referido a varios paralelos entre las *maqāmāt* y los escritos sufíes, y entre el texto ruiciano y el de las *maqāmāt*, pero el tema se presta a una investigación más extensa. ¿Qué no diríamos, por ejemplo, de la continua dislocación física de los personajes pícaro y Trotaconventos? ¿O de las incongruencias entre tiempo y lugar de las Asambleas y del *Libro*? ¿O de las reflexiones sobre muerte, dinero, generosidad y otros tantos temas favoritos de sus respectivos autores?

Dejo el análisis en este punto, recordando solamente que la ambigüedad y plurivalencia intencional en todas sus variaciones, el didacticismo por el método de los contrarios, el humor y la universalidad son los trazos más relevantes y más originales de todos estos textos. Por eso, me atrevo a determinar que la influencia sufí en el *Libro de buen amor* que vine delineando podría haberle sido transmitida a su autor también a través de las *maqāmāt* árabes. El género era conocido en España entre sarracenos y judíos, y seguramente Juan Ruiz habría estado familiarizado, aunque sea de oídas, de aquel personaje que deambulaba por aldeas y ciudades del Oriente haciendo alarde de erudición, en desacato a los cánones de su tiempo, jugando trucos a los piadosos teólogos y estirados filósofos de las asambleas eruditas y, en fin, poniendo las cosas ostensiblemente al revés, pero siempre dejando, tras él, un rastro de Verdad.

Huellas del sufismo en el *Libro de buen amor*

5: Buen amor, Loco amor

A fin de demostrar la coincidencia de la obra de Juan Ruiz con la veta de la metafísica islámica, he comparado las técnicas predilectas de la literatura sufí y las de J. R. Retornemos ahora al tema central del libro para averiguar si hay un "meollo detrás de la corteza", a través de un cotejo con los sistemas místicos del islam y al móvil fundamental que mueve a ambos: el amor.

El hecho de que Juan Ruiz haya elegido el domingo de Pascua para la triunfante entrada de don Amor no es sólo evidencia de la claramente sincrética naturaleza del catolicismo (el rito de la llegada de la primavera y la renovación se yuxtapone a la celebración de la Resurrección de Cristo) sino también de la atemporal asociación entre "religión" (*re-ligare,* o, reconexión con los orígenes divinos) y "amor".

Sentimiento afín surge de la instantánea adoración del Arcipreste hacia Doña Garoza, justamente cuando la ve ante el altar, "en oraçion loçana" (1499-1502); o hacia aquella viuda a quien también contempla "rrogando muy devota", el día de San Marcos (1321-1322).

La aparentemente contradictoria confluencia de lo sagrado y lo erótico no es ni una burla ni una mera rebelión al orden establecido del dogma. Por el contrario, es la corroboración más directa del amor mundano en la dimensión del microcosmos humano y su natural relación con lo erótico, como reflejo del divino en el espacio del macrocosmos.

Para hablar de *buen amor,* amor mundano o amor divino, me remitiré a una manifestación literaria del tema amatorio anterior al Arcipreste donde se ven conjugadas ambas vertientes. Me refiero a la poesía lírica que floreció en los albores del islamismo en la península arábiga, cuyos ecos se sintieron más tarde en la europea durante la época de J. R. Pero primero habrá que hacer un breve preámbulo para comentar la deidad femenina como arquetipo que subyace en las capas más antiguas de la memoria humana.

5.1 La Diosa Universal: Venus, la Virgen María y la dama del Arcipreste

Desde los albores de la humanidad, según se ve en el arte prehistórico, existe una fuerte devoción hacia una figura femenina o Madre Universal que se ha manifestado de diversas maneras en todo pueblo pagano y aún sigue presente en diferentes credos. [1]

Las formas que esta deidad adquiere son numerosas y varían según la cultura, como lo ha expuesto magníficamente Robert Graves en su *White Goddess*,[2] Isis, Venus-Afrodita, Diana-Artemisa y otras deidades egipcio-

---

[1] Heber Muller, *The Loom of History* (New York: Harper & Brothers, 1961) 52-53. Según el autor, el esquema mítico es el siguiente: En los albores de la historia, la deidad primordial es femenina, una Diosa y Madre Universal, proveedora de vida, alimento y protección. Pero luego aparece en escena un joven dios masculino, Hijo de la Madre Universal, y que muere anualmente para renacer y asegurar el nacimiento de otro año (la resurrección). Esta inevitable asociación entre Madre e Hijo en los ritos de fertilidad, dice Muller, produce una relación incongruente: "Although a virgin, as the first cause of life, she became both the mother and the lover of the young god". Este dios masculino acaba imponiéndose en todos los sistemas teológicos más recientes, pero la deidad femenina permanece en el reino mítico y arquetípico del ser humano.

[2] Robert Graves, *The White Goddess* (New York: Farrar, Straus and Giroux, 1893).

grecorromanas, así como la Virgen cristiana, están íntimamente asociadas con el mar, con la luna y su blancura, y con la estrella vespertina.[3]

Dada esta profunda fe pagana en una deidad femenina, fuertemente arraigada en las regiones del Mediterráneo, el sincretismo con la Virgen María se realizó muy naturalmente, cuando ésta surge en la escena europea; y así, la señora cristiana surge también como Reina, Madre y Amada; como luz, estrella, aurora y estela de mar *(Stella Maris)*.

Del otro lado del Atlántico, el sincretismo europeo evolucionó hacia otra variante cuando la Virgen María dotó de los mismos colores del mar, blanco y azul, a la versión afro-brasilera de la *Yemanjá* de la tradición yoruba, que es en Brasil la diosa de las aguas.[4]

Sabemos que en el *Libro* hay una clara fusión entre Venus y la Virgen María y que las dos son identificadas por nuestro poeta como guías, medianeras, raíz de todo bien, e invocadas con igual fervor. Tal es el caso de la oración inicial, cuando el poeta se dirige a la Virgen y le pide que interceda por él de esta manera:

---

[3] Sir James Frazer, en su clásico *The Golden Bough, a Study of Magic and Religion* (Hertfordshire, Great Britain: Wordsworth Editions, 1996) 383-84, la asocia también con Sirius: [. . .] the bright start of Isis, which on July mornings rises from the glassy waves of the eastern Mediterranean [. . .] was the true Stella Maris, "the Star of the Sea". Este autor demuestra innegable similitud entre el culto a la diosa egipcia Isis y a la virgen cristiana, especialmente en lo que atañe a los atributos marítimos de ambas deidades, y comenta las inevitables confusiones que esto ha causado entre los devotos católicos: "Certainly in art the figure of Isis suckling the infant Horus is so like that of the Madonna and child that it has sometimes received the adoration of ignorant Christians".

[4] Wirkala, "Senhora que é das aguas..." 51-65.

> *Da me gracia, Señora de todos los señores;*   10
> *tira de mí tu saña, tira de mí rrencores;*
> *faz que todo se torne sobre los mescladores;*
> *ayuda me, Gloriosa, madre de pecadores.*

Y con el mismo tono de súplica se dirige a doña Venus:

> *Conplit los mis deseos e dat me dicha e ventura,*
> *non me seades escasa, nin esquiva nin dura.*   586d

En la copla diecinueve, la Virgen es comienzo y raíz de todo, y ya se ha observado el *adnominatio* con el que el autor juega con los vocablos raíz (la virgen) y Ruiz (el autor):

> *E por que de todo bien es comienço y raíz*   19
> *la Virgen Santa María, por ende yo, Juan Roíz,*
> *arçipreste de Fita, della primero fiz*
> *cantar de los sus gozos siete, que ansí diz:*

También hacia el final del libro, la Virgen es "comienzo y fin del bien":

> *Porque Santa María, segund que dicho he,*
> *es comienço e fin del bien, tal es mi fe.*   1626b

De Venus, entretanto, no dice menos:

> *Fui me a doña Venus, que le levase mensaje,*   583c
> *ca ella es comienço e fin desde viaje.*

Asimismo, ante ambas diosas el poeta se humilla. Dice a Venus:

> *noble dueña, omillo me yo, vuestro servidor;*   585b

Y en las cantigas a la Virgen, usa la misma humildad y devoción:

> *Omillo me, Reína,*   1046a
> *Madre del Salvador.*[5]

No hay duda de que esta intensa devoción del Arcipreste hacia la Virgen (las dos series de gozos, distribuidas estratégicamente a lo largo del *Libro*, son prueba de ello) estaba en plena armonía con la moda literaria de la época, cuando el culto mariano había alcanzado proporciones enormes en toda Europa. Sin embargo, la manera en que se da esta identificación Venus/Virgen sólo puede ser entendida si se tienen en cuenta estas creencias precristianas, a menudo conectadas con los principios herméticos y trinitarios.

He aquí un ejemplo: para Robert Graves, la Diosa Universal es tripartita, por su calidad de Madre, Amante y Musa inspiradora; pero a menudo es también Madre, Amante y Bruja. Empleando un lenguaje mítico-simbólico, Graves dice que ella nutre como una madre, atrae como una amante, y mata como una bruja, pero esta muerte no es más que la muerte necesaria para la renovación, o purificación y renacimiento.

Las interpretaciones y recreaciones latinas del mito de la diosa sirvieron también de base para que, ya en el siglo XVII, Sor Juana Inés de la Cruz la llamara a la luna, la "Diosa tres veces hermosa" en su extraordinario poema alegórico *Primero sueño*.[6]

---

[5] Para un comentario sobre las implicaciones del *adnominatio* de la copla diecinueve, así como de otras convergencias entre Venus y Virgen, véase Luis Beltrán, 66.

[6] Sor Juana Inés de la Cruz, *Obras completas* (México: Porrúa, 1969) 265, versos 14 y 15.

La característica tripartita de la diosa del amor en el *Libro* es asimismo notable, y vemos cómo una y otra vez el poeta se dirige a la Virgen María para luego descender a su amada terrenal o ascender nuevamente a la bella Venus, en una triangulación en que Olimpo, Cielo cristiano y Tierra se confunden en un curioso sincretismo filosófico-religioso. Venus era tan dueña de los cielos como la Virgen María. No estoy diciendo que el Arcipreste se adhería simultáneamente a credos paganos y cristianos, lo cual sería común entre la gente del pueblo, pero no para un sofisticado clérigo; pero sí creo que el poeta comprendía la noción implícita detrás del emblema.

Así es cómo el poeta nos describe a su "diosa blanca":

> *De la parte del sol ví venir una seña,*   1242
> *blanca, resplandeciente, más alta que la peña,*
> *en medio figurada una imagen de dueña,*
> *labrada es de oro, non viste estameña.*

Por otro lado, este elemento femenino de extraordinaria fibra poética fue utilizado también en la enseñanza esotérica en cierto momento de su existencia, como metáfora de Sabiduría (Sofía). Pero, si en la forma más primal, sea ella Venus, Isis o la Virgen María, es tomada literalmente como un ser real que habita una dimensión diferente pero que puede interceder en los destinos humanos como madre, amante y protectora, ha habido, sin embargo, una evolución en su función arquetípica: entre los poetas, ella es la entidad intangible que dicta las líneas más inspiradas; y en el sufismo, esta entidad sirve como analogía representativa de la Verdad o iluminación, para referirse a aquel objeto del anhelo humano que requiere una metáfora porque escapa a la descripción verbal.

Ibn el Arabi habla de Ella en estos términos:

> Mi amada es Trina. Y al mismo tiempo una.
> Muchas son las cosas que parecen tres,
> Pero son únicas. No le des nombre
> Para no poner límites a Aquella
> Cuyo vislumbre desbarata toda limitación.[7]

Consciente de la riqueza del simbolismo femenino, y en su afán de hablar a una múltiple audiencia y con una variedad de intenciones, J.R. se vale de esta voluble figura en todas sus formas. En la celestial, como diosa del Olimpo; en su variante más contemporánea a él, como reina del panteón cristiano; y en lo terrenal, en la forma de sus múltiples e inaccesibles damas.

Claro que esta imagen femenina también se puede ver desdoblada en el texto de Juan Ruiz en sus dos expresiones: la celestial y la terrenal, al modo platónico, lo que daría esa dualidad de signo tan ruiciana en cuanto al amor que ellas despiertan en el poeta. Si esta doble interpretación del amor resulta incomprensible en el mundo moderno y occidental, en que lo inmaterial y lo fenomenológico están tan absolutamente divorciados, no lo sería tanto para un poeta embebido en el pensamiento helenístico y árabe en el cual, como ha notado Castro, el pasaje y aun la fusión de lo terrenal y lo etéreo se hacía con mayor naturalidad. Así como Virgen y Venus se perfilan en la imaginación del artista con la misma pujanza sobrenatural que rige su destino, así también Venus y amada comparten funciones semejantes. De la bella de

---

[7] I. Shah, *Los sufis*

Calataúd, el Arcipreste dice: *de mí era vesina, mi muerte e mi salut* (582d). Y de la Virgen María, repite más tarde: *Ella es nuestra vida e ella es nuestra muerte.* (584a).

Tanto la lírica oriental como la andaluza, tan cercanas en lugar y tiempo al poeta de Hita, utilizó el símbolo femenino para referirse al amor desde esta dupla perspectiva.

5.2 La doble lectura de la poesía amorosa

Desde las primeras manifestaciones poéticas escritas la mujer ha sido objeto de veneración en una yuxtaposición de lo sagrado y lo profano. El clásico ejemplo es el *Cantar de los Cantares* de Salomón, lo que señala la fuerza del amor como móvil del quehacer humano y la casi inevitable asociación entre el éxtasis erótico y el místico, aunque el primero sería–para usar términos platónicos–apenas un reflejo mundano de la posible unión con la divinidad. Si en el cristianismo la asociación se ha aceptado, a regañadientes, viniendo de la pluma de ciertos poetas, y con la salvedad de que se trata sólo de una metáfora, la situación era algo diferente en la lírica oriental, que refleja la creencia islámica de una continuidad entre ambos planos de experiencia, como afirma Américo Castro. Pero también el islam ha tenido desde temprano sus teólogos fundamentalistas y su Inquisición, como veremos más tarde en relación a Ibn el Arabi.

5.2.1 La poesía amorosa en la península arábiga

A partir del islamismo y en el período de los Umayyad, el típico *qasida* de la península arábiga va a ser abandonado para dar lugar al súbito surgimiento de la poesía amorosa. Aparecen dos corrientes: la llamada escuela *udhrita,* que nace entre los poetas de la tribu beduina yemenita Banu Udhra, es una poesía amorosa-espiritual; la otra, llamada *umarita* o *majun*, que surge en las ciudades, tiene un tono más materialista, frívolo y aun narcisista, y combina a menudo la pena del amor insatisfecho con la glorificación del amor físico y el placer del vino. Los dos tipos de poesía, *mujun* y udhri, fueron cultivados al mismo tiempo, tanto en la península arábiga como en España.[8]

El amor udhri es esencialmente un amor platónico/espiritual. A diferencia del poeta de los *qasidas* pre-islámicos, el poeta udhri vive y muere por amor, un amor fiel, casto y eterno; su devoción hacia la amada es total, y su tema es básicamente el lamento por la separación, o por la imposibilidad de la unión. Reflexiones sobre la muerte y la esperanza de encontrar a la amada en la vida ultraterrena son asimismo leitmotiv en la poesía de amor udhri.

En el siglo VIII, varios poetas de esta escuela y sus amadas (Urwa y Afra, Jamil y Buthayna, Qays y Lubna, Majnun y Layla, Kuthayyir y Azza) son convertidos en los héroes de historias románticas.

El siguiente es un poema udhri, de Jamil a Buthayna:

> I have spent my lifetime waiting for her to speak,
> And the bloom of youth is faded from off my cheek,
> But I will not suffer that she my suit deny,
> My love remains undying, tho'all things die.[9]

---

[8] Para este tema puede consultarse la obra de A.R. Nykl, *Hispano-Arabic Poetry and its Relations with the Old Provençal Troubadours* (Baltimore: Furst Company, 1946).

[9] Nicholson, *Translations of Eastern Poetry and Prose* (London: Cambridge U. P., 1922) 24.

Majnun y Layla es la más célebre de todas las historias árabes de amor platónico. La versión más antigua de la leyenda es la de Ibn Qutayba (m. 889) también conocido como Majnun. Poco después, Ibn Dawud (m. 910) incluye en su tratado de amor *Kitab az-Zahra* poemas atribuidos a Majnun; y algo más tarde, anécdotas y fragmentos poéticos aparecen en el *Kitab al-Aghani*, o *El libro de las canciones*, de Abu Al-Faraj al-Isfahani, en el año 967. La figura de Majnun crece en importancia, y es recreada después por otros autores, según explica As'ad Khairallah.[10] Sería la versión del sufí persa Nizami, entretanto, la que le daría la forma orgánica de un romance épico y su dimensión iniciática.

Según la versión oriental, Majnun paseaba en su camello cuando se encuentra con un grupo de mujeres de su tribu, y entre ellas está Layla. Los dos se enamoran instantáneamente, pero su amor es secreto, y deben valerse de un mensajero, debido a las murmuraciones de la gente de su propia tribu y a la oposición del padre de la muchacha. A menos que Majnun haya estado a solas con Layla, razona éste, ¿cómo él podría describirla tan bien en sus poemas? Y si ellos han estado a solas ¿cómo no habrían irremediablemente sucumbido al deseo sexual? Esta diferencia entre el amor carnal en la imaginación de los padres, y el amor ideal que simboliza la pareja, es un punto fundamental de la historia, y representa el nacimiento literario de la doctrina del amor platónico.

Cuando Majnun recibe las noticias de la imposibilidad de la unión, cae en un estado de profunda depresión rayando en la demencia. Su padre lleva al desdichado amante a La

---

[10] As'ad Khairallah, *Love, Madness and Poetry. An Interpretation of the Magnun Legend* (Beirut: Oriental Institute, 1980).

Meca en peregrinaje para pedir a Alá que lo cure y lo libre de su aflicción; pero Majnun, abrazado a las cortinas de la *Kaabah*, exclama: "¡Alá, aumenta mi amor por Layla y no permitas que nunca me olvide de ella!".[11] El amante por fin se retira a un sitio salvaje habitado sólo por animales y vive en armonía con la naturaleza. Recita sus poemas, que son aprendidos de memoria por algún visitante ocasional que se acerca sigilosamente a su ermita, y finalmente muere en este lugar, como mártir de amor.

Esta versión fue ligeramente modificada por otros poetas persas y turcos (la versión de Nizami es la más conocida) quienes espiritualizaron la historia y la manejaron como una alegoría de la profunda atracción amorosa hacia Dios.[12] Pero hay indicios de que esta espiritualización ya existía antes, en la versión de Isfahani, quien también consta como un iniciado sufí. Khairallah dice:

> Before Nizami, and perhaps right from its first extant version, the legend of Magnun had already acquired its mystical dimensions, though clearly not on Nizami's level of complexity or artistic consciousness.[13]

En cierta ocasión en que la doncella encuentra a Majnun y lo llama para conversar, éste dice: "Cállate, porque si no,

---

[11] Khairallah 80.

[12] La llamada versión mística de la historia, de Nizami, de 1188, se concentra en el abandono del mundo y la comunicación con los animales, y recuerda mucho a las historias de San Francisco de Asís. Layla es la representación de algo bueno, que a su vez hará más bueno a su amante, tal como Beatriz es la inspiración de la bondad y la perfección en Dante.

[13] Khairallah 12.

me apartarías del amor de Layla". El amor de Majnun hacia Layla representa aquí el amor a lo esencial, lo que Layla simboliza. Layla como individuo en sí es el amor terrenal, un reflejo, aunque el más perfecto posible en la dimensión mundana, del verdadero.[14] Se ha notado asimismo que el amor udhri refleja el concepto monoteísta del islamismo. Rais Fatima dice: "We could refer to the singleness of God as the model for having one single beloved amongst the Udhirte."[15] Para Khairallah, no cabe duda que la leyenda "was the product, not only of the popular mind, but also of Sufi motifs" y "it became, and for centuries remained, the song of songs of Sufi poets". Y agrega:

> Thus, love, madness, and poetry must be seen as archetypal channels for communion with the divine, channels that were fused in one legendary character who symbolizes [. . .] the yearning of the "I" to be at one with the "Other". His project is to fulfill the eternal human desire to make the part identical with the Whole.[16]

Me he detenido en *Majnun y Layla* por ser la historia arquetípica dentro del estilo udhri, y por su fuerte simbolismo sufí. Pero también porque encierra todas las convenciones poéticas del amor idealizado que serán de primordial importancia en la poesía occitana—la imposibilidad de la unión, la ocultación, el amor eterno, la

---

[14] Véase la explicación de Ibn el Arabi sobre este fragmento, en el estudio de Khairallah 78.

[15] Rais Fatima, *Ghazal Under the Umayyads* (New Delhi, India: Kitab Bhavan, 1995)101.

[16] Khairallah 2.

enfermedad, el intento de cura, la resistencia a la cura y el placer en el sufrimiento—así como los personajes satélites a la pareja: el mensajero, el guardador, el "gilas", los "mistureros" o "cizañeros" y los espías. Aunque el debate sobre la procedencia árabe-andaluza del género de los trovadores aún persiste, es innegable que los motivos literarios, al menos, son los mismos. El elemento predominante, entretanto, es el tema de la imposibilidad de la unión amorosa, lo incondicional del amor y la noción de un "destino" de amar. En uno de los tantos poemas que denotan este inevitable destino, Majnun declara:

> Despite her deserting (me), her aloofness,
> and what befell me of her,
> I deem her love an inevitable decree.[17]

Ecos de esta actitud encontramos en el Arcipreste cuando nos habla de su hado, por haber nacido bajo los auspicios de Venus: su destino es amar y nunca llegar a su amada. Asimismo, la siguiente descripción de Rais Fatima, en su análisis de los poetas que él llama "Udhrite Ghazal", bien podría aplicarse al poeta de Hita:

> They, like their Pagan predecessors, dangled between hope and despair. They passed their life in pursuit of the fair sex without knowing what its result would be and used to recite their poems before them without gaining anything except having a glance of them or a short conversation with them [. . .][18]

---

[17] Khairallah 70.

[18] Fatima 83.

La conexión de la escuela udhri con el gnosticismo helenístico se hace casi forzosa si recordamos que el islam se nutrió en gran medida, desde el comienzo de su expansión, del cuerpo de conocimiento acumulado en el imperio bizantino, de cultura netamente griega. Pero lo curioso es que la poesía udhri nace entre las tribus árabes nómadas, las cuales supuestamente tendrían menos contacto con las nuevas nociones helenísticas traídas por la conquista. En base a este interesante hecho, se ha sugerido que, a pesar de las impresionantes coincidencias de ambas corrientes de pensamiento, el género udhri nació de forma independiente; no, como se podría suponer, alentado por formulaciones neoplatónicas. Esto hace pensar en una cualidad arquetípica de la figura femenina como símbolo de un ideal inaccesible, o de una experiencia difícil de ser capturada por el ser humano, y sin embargo anhelada, sentimiento surgido de las bases más arcanas de la psique humana. Sin duda ésta es una postura muy masculina, hecho inevitable ya que la mayoría de los poetas o filósofos que tradicionalmente podían expresarse eran hombres, y el sexo opuesto sería —en su mayor parte, aunque no siempre— el objeto de sus amores.

5.2.2. *El collar de la paloma*

El tema del amor eterno y del servicio a una única amada, junto a las otras convenciones poéticas *urdhi*, introdujo en España (y en el Sur de Francia, como expondré más adelante) la levadura que daría lugar a una producción lírica abundantísima.[19] Especialmente influyente fue el

---

[19] He aquí algunos fragmentos de poemas udhri., acerca de los tópicos más comunes, del libro de Nykl, *Hispano-Arabic Poetry*:
Acerca del sufrimiento, 32:

tratado sobre el amor de Ibn Dawud al Isfahani, el *Kitab al-Zahra*, o *El Libro de las flores,* en el que el autor incluye poemas atribuidos a Majnun, y que constituye la primera sistematización poética del amor platónico. Pero será Ibn Hazm de Córdoba quien, un siglo más tarde, e inspirado en Ibn Dawud, va a hacer uso de los tópicos principales del amor cortesano árabe en su tratado *El collar de la paloma*: el servicio incondicional a la dama ideal, el sufrimiento por su inaccesibilidad y su altivez, la obligación de guardar el secreto, el amor como enfermedad mental y física, el enamorarse de oídas, y la presencia de personajes satélites a la pareja, entre otros tantos. Las imágenes y símiles también se repiten: las lágrimas de sangre, la luna llena, los dientes como perlas, las miradas como flechas o espadas, los labios que intoxican o que curan, el alma como un pájaro, y tantos otros.

    My sadness grows when I look at the rose,
    The sight of the lily stirs up my pains anew
      (Al Hakam)

Acerca de la pérdida de la razón, 38:
    She snached my heart away and when I sent
    To claim it from her, she snatched away my reason!
    (Muslim Abu Obaida)

Acerca de los que impiden el amor, 142:
    Three things prevented her from visiting me: because she feared
    the watcher (*raqib*) and the envious one (*hasid*)
    (Al Mutamid)

Acerca del secreto, 319:
    O you, whose name I do not mention,
    But to which I merely allude.
    (Abu Gafar Ibn Said)

Otros tratados que pueden consultarse son los de Emilio García Gómez, *Poemas Arábigoandaluces* (Madrid: Espasa Calpe, 1959) y del mismo autor, *Poesía Arábigoandaluza* (Madrid: Instituto Faruc de estudios islámicos, 1959).

Además de la elaboración de todos los temas del género udhri, Ibn Hazm enfatiza los poderes ennoblecedores del amor tanto como la divina locura que éste produce, y determina que el verdadero amor está enraizado en el alma y alentado desde su fuente divina:

> For my part I consider Love as a conjunction between scattered parts of souls that have become divided in this physical universe, a union effected within the substance of their original sublime element.[20]

El libro de Ibn Hazm tuvo amplia difusión en la España cristiana, y Castro lo ve como un precursor del libro de Juan Ruiz, especialmente en lo que atañe a la fluidez del pasaje entre lo espiritual y lo terrenal y a la identificación del amor mundano con el divino. Su tesis ha sido desacreditada en cierta medida por la crítica, que se empeñó en buscar un modelo más cercano al extraordinario estilo narrativo y poético de Juan Ruiz y a la inusual arquitectura de su obra. Es verdad que en *El collar de la Paloma* no vemos el modo desenfadado de nuestro autor, ni la estructura episódica que narra constantes fracasos de amor, y eso distancia ambos textos (aunque sólo en cuanto a estructura y técnica narrativa). Sin embargo, resulta evidente la marcada ascendencia del primero sobre el segundo en otros aspectos. En primer lugar, porque los mismos temas amorosos son tratados bajo una óptica idéntica a la del amor cortés. Inclusive otros tópicos esenciales, tales como los pecados, las virtudes y la muerte, se

---

[20] Ibn Hazm, *The Ring of the Dove*, trad. A. J. Arberry (London: Luzac & Co., 1953) 23.

presentan en las dos obras notablemente en el mismo orden. En segundo lugar, porque, además de las coincidencias temáticas, hay un frecuente uso del mismo vocabulario. Sólo a modo de ilustración, veamos cómo Ibn Hazm describe los efectos del amor: "Por el amor, los tacaños se hacen desprendidos, los huraños desfruncen el ceño, los cobardes se envalentonan, [. . .], los desaliñados se atildan [. . .], los viejos se las dan de jóvenes". [21] Y el Arcipreste versifica:

> *El amor faz sotil al omne que es rudo,*   156
> *fázele fabrar fermoso al que antes es mudo,*
> *al omne que es covarde fázelo muy atrevudo,*
> *al perezoso faze ser presto e agudo.*

> *Al mançebo mantiene mucho en mançebez,*   157
> *e al viejo faz perder mucho la vejez,*
> *faze blanco e fermoso del negro como pez;*
> *lo que no vale una nuez, amor le da grand prez.*

No faltan tampoco en el poema del Arcipreste las alusiones a las figuras satélites de los amantes del *Majnun y Layla* y que también pueblan las páginas del libro de Ibn Hazm (el mensajero, el guardador, el "gilas", los "mistureros" o "cizañeros" y los espías).[22]

---

[21] Para una comparación de los tema, véase Américo Castro, 424-429.

[22] Ya en la oración preliminar el poeta se refiere al "falso testimonio de la falsa compaña" (4b) y a los 'mescladores" (10c), tema que se repite en la primera aventura amorosa:

> *los que quieren partir nos, como fecho lo han,*   93d
> *mesclaron me con ella, e dixieron le de plan*

> *Que me loava della commo de buena caça,*   94a
> *e que profaçava della commo si fuese çaraça.*

No es mi intención hacer aquí un estudio comparativo de ambas obras ya que de eso se ha ocupado Castro con copiosas ilustraciones. Pero creo que sería irresponsable ignorar los abundantes puntos de contacto, y parece imposible que Juan Ruiz no hubiera tenido a mano el libro de Ibn Hazm cuando compuso su poema. Para el tema de este estudio, entretanto, lo que más interesa es notar que en el libro de Ibn Hazm la doctrina udhri del sufrimiento es transformada hacia una positiva doctrina espiritual. Según Nykl, "[. . .] he is indirectly a follower of Greek philosophy, modified by sufi ideas".

Y en la comparación que hace este crítico entre Ovidio y el autor cordobés aduce que

> Ovid's aim is to show men an artful method whereby to capture *puellae* or dominate by flattery, gifts and pretense of service, deceit, dress and cosmetics. On the other hand, Ibn Hazm stresses the spiritual aspect of love; he enjoins Good and reproves Evil [...] Ovid is a sensual clever dandy, who like don Juan boasts of his ability to make conquests of women. Ibn Hazm is the fine-feeling seeker of the spiritual union, even in corporeal relations, much preferring the former. In other words, he preserves the original Platonic and Sufi spirit, whereas Ovid makes of love largely a motive for committing refined excesses.[23]

---

[23] Nykl, *Hispano-Arabic Poetry* 371. Acerca de los antecedentes del amor ovidiano, observa:

> Broadly speaking, therefore, we may say that he really goes back to the same Eastern source as Ovid, whose books on love were written in his twenties, in Latin, but immediately after a three-year period of travel and study in Greece, Sicily and the Near

Si *El collar de la paloma* está tan imbuido de neoplatonismo y sufismo, y se lo ha visto como precursor o, al menos, uno de los precursores de la obra de Juan Ruiz, resulta claro que el tratado de Ibn Hazm fue una avenida por la cual nuestro poeta pudo haber absorbido la esencia de la filosofía udhrí y sufí.

5.2.3 La poesía mística

Las escuelas iluministas siempre han debido adoptar un lenguaje simbólico para expresar su doctrina, porque, como dice Nicholson, la más genuina experiencia espiritual

> [. . .] cannot be communicated at all except through types and emblems drawn from the sensible world, which, imperfect as they are, may suggest and shadow forth a deeper meaning than appears on the surface.[24]

También en el sufismo, como he indicado, uno de los símbolos más usados es la mujer como representación de la Sabiduría, o Verdad, con todas las connotaciones que el amor a Ella implica: servicio incondicional, sacrificio, dedicación eterna, obediencia a sus mandatos y demás tópicos comunes a la unción religiosa. Según algunos críticos, la poesía udhrí ha penetrado en el vocabulario de la poesía sufí.[25] Pero Khairallah alega que es esta la que ha

---

East, drawing on sensuous Greek material, while he divorced two wives and married a third.

[24] Nicholson, *Mystics of Islam* 103.

[25] Véase "Udhri poetry" en la *Encyclopedia of Arabic Literature*, ed. Julie Scott Meisami and Paul Starkey (London: Routledge, 1995) 789-90.

dado los tonos místicos a la leyenda de *Majnun y Layla*. Como quiera que sea, el amor terrenal como símil del amor divino ya se manifiesta bien temprano en el espiritualismo islámico. Acerca de Bistami (m. 874), Khairallah dice:

> Bistami, like Rabiah, approached God as a lover. He believed that he should strive to please al-Lah as he would a woman in a human love affair, sacrificing his own needs and desires so as to become one with the Beloved.[26]

Rumi, en un poema del *Masnavi*, se disculpa por tener que aplicar el término de "novia" al referirse a Dios.[27] También las innumerables historias de la cuentística sufí hacen uso de la simbología femenina como representación alegórica, y muchas de las narraciones de las *Mil y Una Noches*, como ya se ha notado, se prestan a una ambivalente interpretación. Pero es sin duda el gran poeta Ibn el Arabi de Murcia (m. 1240) quien va a usarla como símbolo favorito. Hacer caso omiso de esta convención puede llevar–y ha llevado–a confusiones cuando se lee al poeta murciano. Es verdad que los poemas de Ibn el Arabi fueron inspirados en su amor, bien humano, por la joven Nizam. Karen Armstrong relata, acerca del poeta:

> In 1201, while making the circumambulations around the *Kaabah*, Ibn al-Arabi had a vision which had a profound and lasting effect upon him: he had

---

[26] Armstrong, 226.

[27] Jalálu-'D-Dín Rumi, *The Masnavi*, trans. E. H. Whinfield. (London: Octagon Press, 1994) 33. Glosa poética a la historia VIII, Libro I, "The Harper".

seen a young girl, named Nizam, surrounded by a heavenly aura and he realized that she was an incarnation of Sophia, the divine Wisdom.

Y luego lo cita: "Nizam had become the object of my Quest and my hope, the Virgin Most Pure".[28] De hecho, Nizam fue la inspiración para los poemas de su *Tarjuman al-ashwāq,* o *El intérprete de ardientes deseos,* en los que el poeta usa un lenguaje amoroso con tanta insistencia que fue acusado de blasfemia, como en estos versos:

> Oh, her beauty -the tender maid!
> Its brilliance gives light
> like lamps to one traveling in the dark.
> She is a pearl hidden in a shell
> of hair as black as jet,
> a pearl for which
> Thought dives and remains unceasingly
> in the deeps of that ocean.
> He who looks upon her deems her to be a gazelle
> of the sand-hills, because of her shapely neck
> and the loveliness of her gestures.[29]

En otros poemas, la calidad sutil y elusiva de esta entidad femenina pone de manifiesto su función simbólica:

> As the full moon appears from the night,
> so appears her face amid the tresses.
> Even to think of her harms her subtlety
> (thought is too coarse a thing to perceive her).

---

[28] Armstrong 234.

[29] Nicholson, *Translations...*102.

> [. . .]
> If this be so, how can she correctly be seen
> by such a clumsy organ as the eye?
> Her fleeting wonder eludes thought.
> She is beyond the spectrum of sight.
> [. . .]
> When description tried to explain her,
> she overcame it.
> Whenever such an attempt is made,
> description is put to flight.[30]

No obstante su intento de mostrar el simbolismo de sus poemas, Ibn al-Arabi no pudo escapar de las acusaciones de los teólogos de Aleppo de haber producido una obra erótica con pretensiones espirituales, y para defenderse ante el tribunal inquisidor de las autoridades islámicas se vio obligado a exponer su simbolismo en un comentario sobre sus propios poemas. En el *Diwan* dice:

> In this I conformed to my usual manner of thinking in symbols; this because the things of the invisible world attract me more than those of actual life and because this young girl knew exactly what I was referring to.[31]

---

[30] Traducido por Idries Shah en *The Way of the Sufis* (N.Y.: E. P. Dutton, 1970) 79.

[31] Armstrong 235. También ocuparon un lugar predominante en la vida de Ibn el Arabi mujeres ancianas. Castro, 335, dice:

> Para la literatura religiosa o moral de la Edad Media cristiana, la mujer simbolizó el pecado; en la literatura árabe del mismo tipo la mujer fue, muy al contrario incentivo en la marcha hacia Dios, no sólo cuando la mujer era tan bella como Nizam. Ocupó alto lugar en la vida de nuestro místico [Ibn el Arabi] la mencionada Nunna Fátima,

La influencia de Ibn el Arabi se hizo sentir más allá de la península. Según los estudiosos de Dante, el poeta italiano se basó en el *Libro del Viaje Nocturno* para su Divina Comedia. [32]

La poesía espiritual amorosa de los árabes va a ofrecer otro producto en el siglo XV, el ya mencionado poema de Jami, *Yusuf and Zulaikha,* que figura entre los de amor más intenso de la literatura oriental, y también uno de los más aptos para leerse de manera literal y figurativa a la vez. En este poema, la dualidad entre el amor espiritual y su opuesto, que no es exactamente el amor carnal sino la idolatría, está representada por Yusuf, el Amado, y Zulaikha, la amante. A pesar de ser posterior a Juan Ruiz, lo menciono aquí por ser la culminación de un pensamiento que ya estaba entre los sufíes: que el amor mundano es una preparación para el amor supremo, a modo de puente o vehículo. En su prefacio al poema, Jami dice:

> You may try a hundred things but love alone will release you from yourself. So never flee from love—not even from love in an earthly guise—for it is a preparation for the supreme Truth. How will you ever read the Qur'an without first learning the alphabet? I have heard tell of a seeker who went to ask a sage for guidance on the sufi way. The old man said to him: "If you have never trodden the path of love, go away and fall in love, then come back and see us". Unless you first quaff the cup of the wine of appearances, you will never taste a draught of the

---

a pesar de sus noventa años, lo mismo que aquella otra anciana, llamada Sol y Jazmín.

[32] Denis de Rougemont, *Amor y Occidente.* p. 8-9.

> mystic liquor. But do not linger in the abode of appearances: cross that bridge quickly if you wish to arrive at the supreme goal.[33]

5.3 El amor cortés y su relación con la poesía udhri y mística

Pasaré ahora a la poesía provenzal, cuyas conexiones con la árabe son aún hoy motivo de discordia. Peter Dronke niega cualquier influencia oriental en la lírica cortesana europea, y al referirse al duque de Aquitania, considerado el primer trovador, dice:

> [. . .] sus canciones representan menos los inicios de una tradición que una obra maestra dentro de ella. A sus espaldas quedan varios siglos de canción anónima romance o germánica, de la cual se nos han conservado solamente testimonios breves y fragmentarios.[34]

La propuesta teoría del origen latino de la lírica provenzal adquirió mayor peso en las últimas décadas, pero cualesquiera que sean los argumentos, hay dos hechos irrefutables. En primer lugar, hay una súbita explosión, en el siglo XI y XII, de la poesía amorosa y la exaltación de la mujer, que parece estar en todos los corazones de los poetas europeos, quienes cantan a una dama generalmente inasequible en un castillo o envuelta en misterio.[35] Éste no

---

[33] Hakim Jami, 6.

[34] Peter Dronke, *La lírica en la Edad Media* (Barcelona: Seix Barral, 1978) 137.

[35] José Joaquim Nunes, en su *Cantigas de Amor dos Trovadores Galego-Portugueses* (Lisboa: Centro do Livro Brasileiro, 1972) lo expresa así:

era un tema de las cancioncillas paneuropeas tradicionales, derivadas de un sentimiento arcaico y popular, según demostró Menéndez Pidal.[36] El hecho de que las *Cantigas d'amigo,* las jarchas y los villancicos peninsulares compartan los mismos motivos (la voz femenina, la presencia de la madre, el lamento por la ausencia del amando, entre otros), sugiere la existencia de una lírica occidental pre-trovadoresca que poco tiene en común con el amor cortés, y que sería fruto de un sustrato popular común y espontáneo.[37] En segundo lugar, si los antecedentes latinos en la lírica de los trovadores son unos "testimonios breves y fragmentarios", los sarracenos y andaluces, en cambio, están por doquier.

Denis de Rougemong conecta la tradición cortesana europea con el iluminismo árabe, y dice:

> ¿Por qué caminos la mística árabe y su retórica cortesana habrían podido llegar, en menos de un siglo, y a través de qué traducciones, a los iniciadores de la Iglesia de Amor del Mediodía? [...].

E agora, de repente, surge a primavera da canção amorosa. Das centenas de gargantas desde então não saem outros sons que não sejam amorosos [. . .]. Por um daqueles excessos que aparecem por vezes na historia da humanidade, viu-se de-repente exaltada, quasi que endeusada. Para ele, aquela que cortejava era uma espécie de santa, a quem apresentava humildemente as suas preces, mal se atrevendo a levantar para ela os olhos.

[36] Menéndez Pidal, *Poesía árabe y Poesía europea* (Buenos Aires: Austral, 1946).

[37] Véase, por ejemplo, el tratado de Carlos Alvar y Angel Moreno, *La poesía lírica medieval* (Madrid: Taurus, 1987).

> Si hay una vía de trasmisión geográfica, hay que buscarla, evidentemente, por el lado de España.[38]

En resumen, es el centro mismo del amor udhri, del que estaban embebidos los poemas árabes con aquel anhelo espiritual metaforizado por la dama perfecta, el que pasa a la literatura europea con extraordinaria pujanza, cuando surge el culto a la dama en el amor cortés, considerablemente distante del ovidiano, y se diría, ubicado en el otro extremo del espectro amoroso.[39] Como dijimos, el amor cortesano lleva en sí el simbolismo del culto al alma y según Olivares Zorrilla, se conecta con la filosofía de los catares. El beso en la frente o *consolement* de la herejía de los albigenses, nos recuerda, "suele ser el único contacto físico permitido entre el caballero y la dama o el iniciado y el alma."[40] Asimismo, se ha demostrado que el

---

[38] Rougemont p. 8-9.

[39] Resulta patente que el *Ars Amatoria* de Ovidio, aunque comparte algunas convenciones con el amor cortesano, no tiene el inconfundible sello del amor exaltado y devoto hacia una dama lejana, o del servicio incondicional o del placer en el sufrimiento. El elemento erótico-espiritual está ausente, y prevalece en cambio un amor típicamente materialista. Con respecto al anónimo *Pamphilus de amore,* erradamente atribuido a Ovidio, Lida de Malkiel dice, en *Selecciones del Libro de buen amor, y estudios críticos* (Buenos Aires: EUDEBA, 1973) 54:

> En ese poema [. . .] halló Juan Ruiz inspiración, aunque no modelo [. . .]. Entre el poeta latino y el castellano se interpone la concepción medieval del amor cortés, de origen arábigo-provenzal.

Para un estudio comparativo, véase también, de G. B. Gybbon-Monypenny, "'Dixe la por te dar ensienplo": Juan Ruiz's Adaptation of the "Pamphilus"', *Libro de buen Amor' Studies,* 123-147.

[40] Olivares Zorrilla, pp. 80-81.

movimiento albigense estaba "saturados de cultura súfica".[41]

La iglesia responde a este fervoroso movimiento poético con el culto extático a la Virgen María (quien hasta las Cruzadas no había ocupado una posición destacada en el catolicismo) y la poesía mariana.[42] Esta nueva moda literaria en sus dos vertientes se expande rápidamente conservando aquella mezcla de lo sagrado y lo profano, tan típica de la lírica árabe-andaluza y del libro de Ibn Hazm, que marcará, curiosamente, un punto decisivo en la historia literaria moderna cuando se integra a la pastoral de ascendencia latina, se lo introduce en el ámbito militar, y de allí surge la novela de caballería. Recuérdese que, en esta, el caballero realiza extravagantes hazañas en nombre de la dama de sus ensueños, y se embarca en una búsqueda que, en su más clásico ejemplo, es la demanda del Santo Grial. Es el tema del amor que encierra en sí el anhelo del ser humano de conseguir algo que está lejano. Cito a continuación la opinión de varios historiadores, críticos literarios y poetas que observaron el fenómeno desde diferentes ángulos:

Norman Cantor establece una fuerte conexión entre el anhelo espiritual y el nacimiento de las novelas de caballería, en las que él ve la presencia de las dos corrientes amorosas. El éxito del caballero, dice Cantor, está indisolublemente ligado a su perfección espiritual:

> The Arthurian romances [. . .] have as their theme the two forms of love, religious and secular, which

---

[41] Shah, *Los sufís*, 453.

[42] Véase el texto de Luis Beltrán, *Las Cantigas de Loor de Alfonso X el Sabio* (Madrid: Júcar, 1990).

> are closely related. The romantic yearning of the hero for his unattainable beloved appears as the earthly counterpart of the mystic yearning for the unattainable union with the deity, and the exertions of the chivalric knight are the mundane counterpart of the spiritual exercises of the holy mystics. The knight's lady is as mysterious, distant, and as gracious as the Virgin Mary herself. The blending of the sacred and secular worlds also appears in the motif of the Holy Grail. A young romantic hero, inspired by high idealism, undertakes a quest for the Grail and cannot be turned aside by any kind of physical or social obstacle [. . .] The Arthurian cycle opened up a whole dimension for European literature, that of romantic love, which only intermittently appeared in the literature of the ancient world and was, by and large, an original contribution of the twelfth century to Western civilization.[43]

Aquellas novelas que llaman la atención de Cantor por su mezcla de amor a Dios y amor secular rebosan asimismo de elementos y convenciones literarias del misticismo islámico, lo cual sugiere una transferencia de la cultura del Al Andalus hacia el resto de Europa poco antes del decisivo siglo XII. Asimismo, otros estudios afirman que la transferencia de estos valores literarios ha sido parte de un propósito consciente y de mayor alcance de parte de las órdenes sufíes, encaminadas a introducir en Europa los principios de su doctrina, a través de la simbología

---

[43] Cantor, 353.

femenina. En este contexto, y con respecto a la poesía occitana, Ernest Scott dice:

> It seems possible to detect a number of aims behind the Troubadour movement. The first was to suggest by a subtle symbolism the existence of a kind of love which could not be realized in human terms. Secondly, [. . .] the reinstatement of a passive, recessive feminine element into the stream of European life. This element was primary in the Great Mother impulse and has probably been defective in the entire history of the West. [44]

Scott incorpora un acopio de factores intrigante al referirse a este extraño triángulo amoroso que componían el amante, la amada y el esposo en las novelas de caballería, relación que, según Fulcanelli, era altamente simbólica:

> The Troubadours were a mystery, even in their own day. The movement apparently sprang from nowhere, without seeming ancestry, and when it appeared it was ready-made in its final form [. . .] Significantly, the lady was unobtainable, even at ordinary level, for she was [. . .] a married woman. Strangely enough, her husband did not seem to regard the suitor as an enemy or even a rival. Something of this strange and unnatural situation is to be found implicit in Arthurian material where the reader finds it impossible to discover where his allegiance is supposed to lie. Lancelot is Guinever's

---

[44] E. Scott 81-84.

> lover. She is Arthur's dutiful queen. Arthur is a hero-king. In the circumstances, the reader feels that Lancelot ought to be presented as worthy of the reader's moral disapproval. Instead *all three elements are presented as equally worthy.* In such a typically Troubadour *ménage a trois,* much of significance is symbolized. The alchemical content is suggested in relation to King Mark, Tristan and Isolde by the alchemist Fulcanelli [who says]: 'This is in accordance with the hermetic tradition which makes the king, the queen and the lover combine to form the mineral triad of "The Great Work"'. How did such an idea originate, and where did it come from? In the light of documents which emerged in Spain after the Second World War, [. . .] there seems little doubt that the Troubadours were one more social experiment of the Sufi Schools operating from Spain.[45]

La restauración de este elemento femenino y en el mismo momento histórico se hizo sentir en la literatura espiritual árabe y semita. A esto se refiere Karen Armstrong cuando comenta la poesía de Ibn el Arabi:

> [Ibn el Arabi] believed that women were the most potent incarnations of Sophia, the divine Wisdom, because they inspired a love in men that was ultimately directed towards God. Admittedly, this is a very male view, but it was an attempt to bring a female dimension to the religion of a God who was often conceived as wholly masculine.[46]

---

[45] E. Scott, 84.
[46] Armstrong 236.

También en la cábala española, según la misma autora, el elemento femenino fue introducido en aquel período, específicamente en el *Zobar* (1275), el libro de Moisés de León:

> The female Shekinash brought some sexual balance into the notion of God, which tended to be too heavily weighted towards the masculine, and it clearly fulfilled an important religious need.[47]

Esta coincidencia entre los símbolos que se delinean claramente en la poesía espiritual oriental y el fenómeno del culto a la dama en Occidente llamó la atención de Robert Graves. En su introducción al libro *The Sufis*, el erudito inglés nota que tal culto surgió en Europa juntamente con el período de mayor actividad súfica en Occidente, la cual representaba más un movimiento de contracultura que una introducción de valores islámicos. En primer lugar, Graves aporta interesante información semántica que conecta al sufismo con el movimiento de los trovadores:

> The songs of the troubadours (the word is unconnected with *trobar*, "to find", but represents the Arabic root TRB, meaning "lunatics") are now authoritatively established as of Saracen origin. Yet Professor Guillaume points out in *The Legacy of Islam* that poetry, romances, music and dance, all Sufi specialties, were no more welcomed by the orthodox authorities of Islam than by Christian bishops.[48]

---

[47] Armstrong 249.

[48] Shah, *The Sufis* (New York: Penguin, 1964) xiii.

En segundo lugar, el erudito conecta el misticismo árabe con el fenómeno mariano, la versión católica del culto a la dama:

> This love theme was later used in an ecstatic cult of the Virgin Mary, who until the Crusades had occupied an unimportant position in the Christian religion. Her greatest veneration today is precisely in those parts of Europe that fell strongly under Sufic influence.[49]

Otros hispanistas también escribieron sobre la trayectoria del amor udhri en la España medieval y renacentista:

> Estas historias de amor udhri o místico [. . .] viajaron a través del mundo hasta Europa, donde penetraron por España y la Italia musulmana [. . .]. Encontramos las trazas de esta psicología del amor inmaculado y sublimado, ascético, que hace morir a *Majnun* en el desierto por amor a *Layla* (la noche, en árabe), en los poemas del medioevo "cortés" del siglo XIII con su culto del "amor de Ionh" y sus ideales expresado por Margarita de Navarra en el *Heptameron*: "[. . .] pues el alma que no es creada sino para volver a su bien soberano, no hace, mientras está en el cuerpo, sino desear llegar a él."[50]

---

[49] Shah, *The Sufis* ix. Para la presencia de las convenciones poéticas árabes en la poesía mariana, véase mi artículo, "Senhora que é das aguas" 51-65.

[50] J. A. y Cosme Carpentier, "La experiencia y la escatología mística de Santa Teresa y sus paralelos en el Islam medieval de los sufís", *Santa Teresa y la literatura mística hispánica. Actas del I Congreso Internacional*

En resumen, el elemento femenino glorificado en la poesía udhri, y que empezó después a ser usado por estos "lunáticos" islámicos a los que Grave se refiere, tuvo una múltiple manifestación en Occidente.

Octavio Paz llega a una conclusión similar, extendiéndose, hacia atrás, hasta la filosofía neoplatónica, y hacia adelante, hasta la novela de tiempos modernos. En su análisis del amor palaciego en la sociedad de Sor Juana Inés de la Cruz, recorre, en pocas palabras, la larga trayectoria del espiritualismo a ambos lados del Mediterráneo y su rol en la reintroducción del concepto del amor europeo:

> Los árabes recogieron la herencia platónica, la reinsertaron en la mística sufí y la transmitieron a los provenzales. A través de los herederos de Provenza —Cavalcanti, Dante, Petrarca— esta concepción llega a la Florencia neoplatónica de los Médicis, donde, reformulada, se convertirá en el alimento espiritual de todos los grandes poetas y novelistas modernos.[51]

Estas convenciones literarias que viajaron del Oriente a Europa a partir del siglo XII, sea de manera espontánea o como parte de un plan, han llevado consigo su dimensión metafórica, aunque sería difícil precisar en qué medida fue entendida esta simbología. En cualquier caso, muchos de los temas de la ética del *fin amors* adquieren otro

---

sobre Santa Teresa y la Mística Hispánica, dirección: Manuel Criado de Val. (Madrid: EDI, 1984) 162.

[51] Octavio Paz, *Sor Juana Inés de la Cruz, o Las trampas de la fe* (México: Fondo de Cultura Económica, 1983) 137.

significado al comparárselos con sus antecesores orientales. Ya he comentado el tema principal: la dificultad de obtener la unión amorosa con la dama, siempre *longincua*, ajena, en su torre inaccesible a cuyos pies canta el trovador, es paralela a la distancia entre el buscador de un camino espiritual y el objeto de su anhelo: ambas metas son igualmente esquivas.

Curiosamente, la altivez de esta mujer adorada en la poesía provenzal y en la mariana se ha atribuido a la organización feudal de la sociedad cristiana. La teoría resulta muy improbable, considerando que la sociedad islámica, cuyos poetas usaron asiduamente el mismo tema, no tenía la misma estructura social de Europa, de modo que su significado debía ser otro bien diferente.

Según la doctrina sufí, la altivez de la arquetípica "dama" es su prerrogativa, pues ella se hace accesible según el mérito del pretendiente. Ibn el Arabi lo expresa simbólicamente en estos versos:

> If I bow to her as is my duty
> and if she never returns my salutation,
> have I just cause for complaint?
> Lovely women feel no obligation.[52]

También el enamoramiento de oídas (sin haber visto nunca a la persona amada) es tema de la literatura árabe, así como de la lírica europea y las novelas de caballería. Hasta don Quijote amaba a Dulcinea apenas por la fama de su nobleza y bondad que le había llegado a sus oídos.[53]

---

[52] Nicholson, *Translations...* 20.

[53] Véase el libro de Alvaro Galmés de Fuentes, *Épica árabe y épica castellana* (Barcelona: Ariel, 1978) 103-05.

El origen de tal convención se encuentra en los escritos de las escuelas iluministas, donde Ella es la representación del sueño del "buscador de la verdad": el que ama apasionadamente aquello que nunca ha visto ni experimentado pero que sospecha o intuye que existe.

Finalmente, el ennoblecimiento que consigue el trovador y el caballero por servir a su dama en la poesía cortesana no es diferente al de aquel otro dedicado poeta, Majnun, quien pule su alma a medida que pule los versos consagrados a su amada.

Otras convenciones de la lírica cortesana, que comentaré más adelante, tales como "la locura", "el secreto", "el servicio", "el mensajero", o "la maestría", pueden también ser leídas como nociones cifradas dentro de una escuela de espiritualismo, lo que tal vez ayudaría a comprender mejor el *trovar clus*, aquella poesía provenzal críptica, cerrada, alegórica, que nos lleva a pensar en un simbolismo sólo compartido por los poetas y los iniciados.

5.4. El amor del Arcipreste

Si aquella poesía erótica-simbólica que surgió en Provenza justamente cuando la actividad sufí era más intensa en el sur de Europa–como señala Graves–fue comprendida en toda su amplitud, o fue mayormente una moda poética, cuya práctica pretendía ennoblecer al poeta, pero carecía del conocimiento que permitiera leérsela de dos maneras, es un asunto que merece un estudio aparte. Lo que sabemos es que este movimiento inyectó una vitalidad y vigor que contrastaba con la fría doctrina tomasina. Y esta vitalidad es la que se siente al leer los versos del Arcipreste. Y me atrevo a afirmar que, del mismo modo en que Juan Ruiz utilizó las técnicas literarias consciente de su especial empleo en otra tradición, también utilizó los tópicos místico-amorosos a sabiendas de su significado dentro del contexto de estas enseñanzas de los gnósticos.

Los elementos en que me baso para formular esta idea son: la atmósfera del momento, las huellas de la figura femenina como símbolo y la posición filosófica del autor del *Libro*.

El momento histórico era indudablemente propicia para tal tipo de recreación, y el interés por la experiencia metafísica estaba en el aire, tanto en Oriente como en Europa, como lo demuestran las citas anteriores.[54] Según Armstrong, las enseñanzas de Ibn el-Arabi serían "abstruse for the vast majority of Muslims, but they did percolate down to the more ordinary people".[55]

A lo largo de todo el libro se nos habla de alguna dama; de un amor palpitante que es el objeto de un permanente deseo del corazón de aquellos que, como él, han nacido con tal vocación bajo el signo de Venus; y que es un objeto difícil de lograr. Este sentimiento de insatisfacción no sería ajeno a cualquiera que haya sentido algún impulso trascendental, desilusionado tanto con los frutos del pensamiento racional y materialista como con los del dogma teológico. Así, la dama, que bien podía ser noble, monja, panadera, joven, vieja, cristiana, mora –al Arcipreste le da igual, se vuelve emblemática.

Todo esto está a su vez respaldado en el *Libro* por una postura filosófica que se mantiene constante, en contraste con todo lo variado que caracteriza al texto. Primero, J.R. nos advierte en el prólogo/sermón que su libro es sobre

---

[54] En el momento en que redacto estas páginas, se puede atestiguar la aberración a que ha llegado este ideal de sabiduría en algunos círculos. Hoy, setecientos años más tarde, el significado de la palabra árabe "talibán" ("estudiantes" y "buscadores del conocimiento religioso") ha tomado un giro siniestro.

[55] Armstrong 239.

"entendimiento". Segundo, nos avisa repetidamente que su texto habla a diferentes niveles, y que se debe buscar el sentido escondido del mismo; que la Verdad está encubierta, y que debemos estar atentos a las sutilezas del libro y a su contenido interior y sustancia. Y, tercero, nos habla de su ineludible destino que es la dificultad de conquistar el amor, lo que va a ejemplificar con las numerosas narrativas de sus decepciones. Si la fórmula "comprensión = Verdad" se consigue a través de "Amor", pero éste implica sufrimiento y dificultad, de ello se desprende que el poema del Arcipreste puede ser una alegoría. Y lejos de ser una burla del amor cortés, sugiere una elaboración original y enriquecida del significado latente y en gran parte olvidado que pudiera haber detrás de la simbología del amor cortesano.

Seguidamente mostraré cómo Juan Ruiz recrea algunos de estos conceptos claves de la mística amorosa y el amor cortés.

5.4.1 Amor y locura

Una de las interpretaciones más comunes del *Libro* sugiere que el Arcipreste se sirve de la poesía devota dedicada a la Virgen para representar el "buen amor", mientras que el resto de su poesía está dedicado al "loco amor". Pero hay otras posibles interpretaciones:

El loco amor, desde la perspectiva iluminista, no sería cualitativamente diferente del buen amor; sólo lo es en apariencias. Es "loco" desde el punto de vista exterior, ciertamente. Pero para el aspirante, es un amor exaltado que, en el vocabulario iluminista, es sinónimo de "divina locura". Es la misma exaltación que llevó a Majnun a perder la cordura por amor a Layla, un amor espiritual pero irrefrenable que le hacía pedir a Dios que no lo privara de tal demencia.⁵⁶ También es "loco" el viajero de las *maqāmāt* árabes, aunque hemos visto cómo detrás de su locura se oculta algo más sustancial.

Entre los ascéticos, locura es un término técnico atribuido al aspirante, sinónimo de la pasión por Dios, en contraposición a la cordura de aquél que vive conforme a los dogmas estrictos de la religión institucional.

Asimismo, como mencioné en el capítulo anterior, "locura" es entendida en el ocultismo como opuesto a la cordura de la misma manera que la idiotez es opuesta a la lucidez: en una transposición de valores que tiene su razón dentro del marco de una doctrina paralela al platonismo, que ve el mundo como reflejo distorsionado de la Realidad. Y por tal motivo ellos se llaman a sí mismos "los locos de Dios".⁵⁷ La convención es bien conocida dentro de los estudiosos de sufismo, pero también otros hispanistas han notado la relación. J. A. y Cosme Carpentier explican que los sufíes pretendieron el título de *Majdhub,* que significa "locos de amor" (*salus,* en griego bizantino) para indicar la naturaleza de sus actividades. El "loco amor" está afiliado a los ejercicios de las escuelas esotéricas, que a veces toman forma de una combinación de movimientos físicos,

---

⁵⁶ Khairallah 89. Sobre la locura de Majnun, la autora comenta:

> [. . .] with the Sufis, this break has cognitive implications: it means that knowledge is possible only when free from the rationalistic cage, i.e., when it stems from the unconscious. [. . .]. On the other hand, spontaneous reactions, such as fainting, tears, shouts, total silence, express the state of the subconscious under the overpowering shock of too much or too little vision.

⁵⁷ Este principio está copiosamente ilustrado en las historias-enseñanza de los derviches, por ejemplo, en "The perception of the Madman", en la colección de Shah, *The Way of the Sufis,* 69. Véase también la nota N° 48 del capítulo 4 en la presente tesis.

colores y sonidos (llamados *Lataif* entre algunas órdenes),⁵⁸ las que, para quien observa desde fuera del sistema, se le antojan "puro delirio ".⁵⁹

El sentimiento de "locura" espiritual parece haber pasado al género cortesano donde tomaría el nombre de "folia" en la provenzal y de "loucura" y "desmesura" en la gallega. En la misma vena, Ramón Llull se dirige al "Amigo" (al amante de Dios, que es él mismo) con el vocativo "loco" ("Amigo loco", o "Dime, loco por amor", o "Di, loco:", u otros similares). Martín de Riquer señala que:

> De los dos sentidos que tiene la palabra *foll*, "necio" y "loco", en esta expresión luliana, tan frecuente en el *Libre d'Amic e Amat*, el que conviene es el segundo, pues Llull se considera presa de la locura del amor divino y en algún pasaje de sus obras se llama a sí mismo *Ramón lo foll*.⁶⁰

El término "necio" también se aplicaría. Los sufíes a veces se auto titulan "los idiotas", para distinguirse de los presuntos "sabios" entre los escolásticos y teólogos (distinción que también se sugiere en la célebre historia de los griegos y los romanos). Más tarde, Erasmo iría a escribir su *Elogio a la Locura*, trabajo inspirado en parte en los Alumbrados, aquellos grupos de ascendencia súfica de la

---

⁵⁸ En cuanto a ejercicios con colores, Rocío Olivares Zorrilla nos dice en su tratado sobre Gonzalo de Berceo: En el misticismo ismaelita del islam existe también la experiencia extática del cromatismo luminoso, y entre los primeros sufís ya había estas visiones. 65

⁵⁹ Carpentier 170.

⁶⁰ Llull 13.

España renacentista.⁶¹ No es sorprendente que todo este movimiento haya culminado en el loco más cuerdo de las letras españolas, cuando Cervantes abre el gran interrogante, por primera vez en la literatura occidental, sobre lo que es enajenación y cordura, fantasía y realidad.⁶²

Si este concepto de "folía" ya estaba conectado al amor y, lejos de ser negativo, mostraba lo verdadero a través de su contrario, y llevaba en su esencia el inconfundible sello de lo que era exaltado y ennoblecedor, ¿por qué habría de ser diferente en el libro del Arcipreste, tan adicto que era el poeta a nombrar las cosas por su opuesto?

El libro requiere muchas veces una lectura "al revés", y el inolvidable "chiste" del sermón inicial (*Enpero, porque es umanal cosa el pecar, si algunos, lo que non los aconsejo, quisieran usar del loco amor, aquí fallarán algunas maneras para ello*)⁶³ adquiere otro significado diferente al literal. Las "maneras" que el libro enseña serían las maneras de acercamiento a la dama = amor =Verdad. Pero ese amor lleva al sufrimiento y a la alienación mental, y por lo tanto el Arcipreste no lo aconseja, porque, como dice Llull, los caminos del amigo hacia el amante "son largos, peligrosos, y están poblados de consideraciones, de suspiros y de

---

⁶¹ Luce López-Baralt, 111.

⁶² Entre los sufíes este concepto de locura no es un fin en sí mismo sino una etapa a ser superada. Así lo explica Shah en *Los sufís:*

> ...los poetas derviches, pese a hablar de estar "locos de amor", subrayan que esta locura es resultado de una intuición y no de una experiencia genuina [la cual no deberá tomar una forma] de inútil arrobamiento.348-9.

Tal vez este haya sido el significado que Cervantes quiso darle a su Don Quijote.

⁶³ Zahareas 4, líneas 18-20.

llantos" aunque iluminados de amor.[64] El mismo Arcipreste no puede escapar de ese tormento, porque, nacido bajo el signo de Venus, está condenado a amar y sufrir. Pero, si algunos quisieran probar esta locura, dice el poeta, en su libro hallarán algunos consejos.

Claro que este juego dialéctico entre buen amor y loco amor tiene, como en todo lo que hace Juan Ruiz, también un aspecto paródico, de modo que la ambivalencia le sirve asimismo para reírse llanamente de los beatos que enjuician el amor mundano y urgen a los pecadores al arrepentimiento. De esta manera resultan muy graciosas la copla 1627, que sugieren que el arrepentimiento y la conversión llegan a aquél que tiene mujer fea, o aquélla que tiene hombre vil.

5.4.2 El servicio, con arte

Dentro del marco de la poesía amorosa, además del esfuerzo por alcanzar aquel grado de perfección necesario para hacerse merecedor del objeto de su amor, el poeta debe practicar el "servicio" a la dama.

Este motivo, tan insistentemente usado en la poesía del Languedoc y la mariana, también ha sido interpretado (desde una visión muy localista y estrecha, a mi parecer) como un reflejo del servicio que el súbdito debe ofrecer a su señor feudal.[65] Pero resulta que este "servicio" de la poesía cortesana es incondicional, lo que no encaja para nada con la obligación del súbdito, quien espera algo a cambio, ya sea remuneración o protección. Asimismo, conviene

---

[64] Llull 11.

[65] Menéndez Pidal, "La primitiva lírica europea..." 340.

recordar nuevamente la diferencia estructural entre la sociedad islámica y la Europa.

Si tenemos en consideración que las escuelas de desarrollo interior dieron a la lírica provenzal un léxico simbólico tales como "servicio", "locura", "secreto" y otros– todos términos técnicos que se refieren a la conducta o postura del practicante– resulta evidente que el significado original de este "servicio con arte" dista mucho de ser un servicio al señor feudal.

Para empezar, el servicio es más significativo que la piedad, o al menos la apariencia de piedad. El Sufí dice: "The road is not in the rosary or the robe, but in human service".[66] Al Hamadhani, autor de las primeras *maqāmāt*, lo conecta de forma directa con el conocimiento: "Service of humanity is not only helpful to correct living. By its means the inner knowledge can be preserved, concentrated and transmitted." [67]

También el servicio está conectado a la incondicionalidad, y entre los representantes de la espiritualidad ésta es una de sus máximas, firmemente establecida por la sufí Rabia el-Adawia en su célebre frase: "I will not serve God like a labourer, in expectation of my wages".[68] En la misma vena, otro maestro dice: "Service is the performing of duty without either reluctance or delight".[69]

---

[66] Shah, *Learning How to Learn* (San Francisco: Harper & Row, 1981) 274.

[67] Shah, *The Way*... 149.

[68] Véase mi artículo "El camino del Amor en el anónimo *No me mueve, mi Dios, para quererte*", JAISA, Vol 1. Number 2, (Spring 1996): 89-102.

[69] Shah, *The Way*...249.

El motivo adquiere un significado singular en el *Libro,* y ya desde el comienzo está claramente establecido:

> *Sabe Dios que aquesta dueña e quantas yo ví,*   107
> *sienpre quise guardalas a siempre las serví,*
> *si servir non las pude nunca las deserví,*
> *de dueña mesurada sienpre bien escreví.*
> [. . .]
> *En este signo atal creo que yo nasçí:*   153
> *sienpre puné en servir dueñas que conosçí;*
> *el bien que me feçieron, non lo desagradesçí*
> *a muchas serví mucho, que nada non acabesçí.*

Existe ya en estos versos el concepto de amor incondicional: "a muchas serví mucho, que nada no acabesçí", lo que se vuelve más explícito en los que le siguen:

> *Como quier que he provado mi signo ser atal,* 154
> *en servir a las dueñas punar e non en ál,*
> *pero aunque omne non goste la pera del peral,*
> *en estar a la sombra es plazer comunal.*

Ésta es una de las fundamentales diferencias entre el servicio del *Ars Amatoria* de Ovidio y el de Juan Ruiz: en éste, aunque el amor no sea correspondido, el amante estará allí, bajo el árbol, disfrutando, aunque más no sea que de su sombra y su perfume.

Asimismo, ambos conceptos de "maestría" y "arte" ya están presente en la lírica cortesana. En esta, el trovador se propone servir a su amada, servicio que le ennoblece como vasallo, al tiempo que perfecciona su arte y pule su verso. Asimismo, en las doctrinas iniciáticas, el "arte" se refiere a ese pulimento del alma del practicante para hacerse meritorio, como a la "maestría" o "artería" que debe desarrollar para combatir su falso "yo", como ya he descrito anteriormente (Capítulo 2).

Ambos principios aparecen con insistencia en el *Libro*. En la primera escena del célebre episodio de Doña Endrina, Doña Venus va a repetir los mismos consejos de su esposo, pero aquí ella asocia por primera vez el servicio a la noción de "maestría", tal como lo hace Venus en el *Pamphilo*.[70] Si bien esta duplicidad está presente en la comedia latina, parece desempeñar un papel diferente en manos de Juan Ruiz. Es interesante notar el mayor énfasis que este autor puso en este par de reglas amorosas en su recreación, y la transcendencia que adquiere este "saber cómo servir" en su poema. Ya lo observaron Catalán y Petersen en su análisis de esta sección:

> Doña Venus sólo pretende recordar a su devoto los consejos de su marido don amor, pero parece interesada, sobre todo, en destacar una fórmula: "sírvela con arte." Doce veces repite en poco trecho la raíz *servir* y catorce veces la de *arte*." La lección queda grabada de un modo imborrable cuando doña Venus, para ilustrar la frase "mover se a la dueña por artero servidor," golpea la mente del angustiado enamorado con ocho repeticiones de la voz "arte" en menos de tres estrofas.[71]

---

[70] Para confrontar ambos textos, véase *Una comedia latina del siglo XII (El "liber Panphili"). Reproducción de un manuscrito inédito y versión castellana*, trad. Adolfo Bonilla y San Martín (Madrid: Boletín-Academia de Historia, 1917).

[71] Catalán y Petersen, 91.

Reitero entonces: el "saber cómo servir" es un punto esencial de la literatura de iniciación, y uno de los temas favoritos de la cuentística sufí.

5.4.3. El mensajero

El servir con arte se refiere asimismo a actuar con la ayuda de un intermediario, alguien que conozca las sutilezas del oficio, es decir, el mensajero. Recurrir a una tercera persona para llevar mensajes de amor y poner en contacto a los enamorados era una realidad en la sociedad medieval, y sin duda juega un papel esencial en el amor ovidiano. Pero Castro sugiere que no es en la literatura latina donde debe buscarse el tipo de Trotaconventos, sino en la sarracena, donde el personaje de la "alcahueta", palabra de indudable procedencia semítica, estaba bien delineado.[72] Efectivamente, la mensajera en *El Collar de la paloma* guarda una notable similitud con la Trotaconventos, en figura y vocabulario.[73] Castro nota también la diferencia en carácter entre la mensajera árabe y la ovidiana:

> La Dipsas de Ovidio, más bien que una intermediaria entre amante y amada es una incitadora a la prostitución: no propone que la muchacha ame a nadie, sino que se entregue a quien más le dé [. . .] De aquí podía salir una literatura como la del

---

[72] Por ejemplo, en las historias de *Las Mil y Una Noches*, o en romances tales como los de *Bayad y Riyad*. Véase la traducción de Nykl, *Historia de los amores de Bayad y Riyad, una chantefable oriental en estilo persa* (New York: The Hispanic Society of America, 1941).

[73] Véase la descripción de la mensajera en *El collar de la paloma* 73-75.

Aretino, pero nada como las obras de Ibn Hazm y de Juan Ruiz.[74]

Sin embargo, lo que hace más peculiar a la mensajera de Juan Ruiz es su inequívoca convergencia con la Virgen María (ambas son "comienzo y fin de la carrera") y hasta con Venus, con la cual forma una santísima trilogía. Para el Arcipreste, la vieja sabia comparte con la Virgen María el rol de medianera, y abogada defensora, a la cual el Arcipreste le ruega su protección, como vemos en estos versos:

> *cuando a judgar,*   1641e
> *juizio dar Jhesú vinier,*
> *quiéreme ayudar*
> *e ser mi abogada.*

Por otro lado, se dirige a la vieja Trotaconventos con la misma devoción con que la dueña le reza a Dios:

> *Vi estar una dueña fermosa de veltad,*   1322
> *rogando muy devota ante la majestad;*
> *rogué a la mi vieja que me oviese piadat,*
> *e que andudiese por mí, passos de caridat.*

Igual de significativos son otros matices de esta conjunción de opuestos. Ya hemos visto, en relación a las *maqāmāt* árabes, que la mensajera como personaje arquetípico puede ser usada como una fachada que oculta otra realidad. La literatura sufí utilizó figuras de la vida cotidiana para ejemplificar algunos conceptos dentro de su

---

[74] Castro 437.

enseñanza, y así como algunos nombres de profesiones tenían un segundo significado dentro de su sistema de códigos, también la vieja medianera se delinea a menudo con una función especial: la del experto guía que, valiéndose de su arte y su saber, facilita el viaje del discípulo hacia su meta. Nótese que, si en el amor ovidiano la mensajera es hábil y artera, en el *Libro de buen amor* todo esto está extremada y funcionalmente exagerado. Su "maestría", su aguda perceptibilidad de la psicología humana y su identidad escondida bajo una apariencia a veces innoble o socialmente insignificante, la emparienta con otros personajes de la cuentística sufí, como expuse en el capítulo anterior.[75] Finalmente, debemos recordar que el Arcipreste llama a Trotaconventos "la vieja del amor", el "buen amor", y la abridora de puertas:

Non sé cómo lo diga: que mucha buena puerta   1519c
me fue después çerrada que antes me era abierta.

Por supuesto, no podemos descontar la alusión sexual en estos versos, cuando se trata del Arcipreste. Pero el verso me recuerda el significado de la palabra "derviche" ("aquél que espera a la puerta".) [76]

---

[75] Véase la historia "Alim the Artful" en Shah, *A Veiled Gazelle*, 79.

[76] Si el tipo trotaconventos resulta poco convincente como símbolo del maestro-mensajero, por la naturaleza negativa de su oficio, véase la historia sufí "When the Devil Went to Amman", de la colección de Shah *Seeker After Truth*, 154-59, versión similar a la que aparece en las *Mil y Una Noches*. Se trata de una vieja mujer que, yendo a visitar a su hijo a la ciudad de Amman, se topa en el camino con el diablo. Adivinando las intenciones de éste, la vieja pone en duda su inteligencia diabólica y lo desafía en acciones malvadas. El diablo promete que, si en tres días la mujer lo supera en maldad, él ha de retirarse de la ciudad para siempre. Astuta y diligente, la vieja comete una fechoría tras otra, hasta que el diablo se da por vencido. La vieja vuelve atrás y remeda sus acciones, de

Según la ideología de toda escuela esotérica, se hace tan necesaria la presencia del experto que, si uno se embarca sin él o ella en la odisea espiritual, se encontrará perdido, motivo alegorizado en la figura del viajero extraviado, el náufrago o la víctima de alguna trampa de sus muchas historias. El sufí Niffari dice: "If you cast yourself into the sea, without any guidance, this is full of danger".[77] Innegable paralelo encontramos en el terrible encuentro del Arcipreste con las serranas agresivas que le salen a su paso en sus viajes por la sierra, sin guía y sin medianera. Se ha notado frecuentemente que, en esta serie de episodios, en el hostil escenario de la sierra donde nuestro héroe se encuentra perdido y sin rumbo fijo, la inversión de valores de la lírica cortesana es total. No hay duda de que es una parodia del género de la pastorela, pero su inserción tiene propósitos más allá de lo paródico dentro de la alegoría más amplia que encuadra el libro del Arcipreste: el peligro de aventurarse sin un maestro que conoce los caminos a seguir. En la sierra, no fue él quien conquistó sino quien fue forzado, lo cual le deja en situación bastante ridícula y hasta peligrosa. Así, el ascenso que supone la subida a la sierra se convierte en un descenso a las regiones salvajes de la montaña, donde, como señala Beltrán, todo resulta de un orden innatural: la mujer es más recia que el hombre, y la barbarie de la sierra resulta más poderosa que la civilización.[78] El amante Arcipreste vuelve de su desdichado viaje como de un mal sueño; y se siente presto a rendir

modo que el equilibrio es nuevamente establecido, y el diablo nunca más retorna a la ciudad.

[77] Shah, *The Way...* 187. Varios otros ejemplos se encuentran en la colección del mismo autor, *Tales of the Dervishes*.

[78] Beltrán 265.

homenaje nuevamente a su Señora, la santa María del Vado, de la cual implora su protección y a la que dedica varias cantigas (coplas 1043-1066).

Y nada más alegórico que el hecho de haber conectado todas estas aventuras a las estaciones del año, y que el Arcipreste se haya perdido en una inhóspita región justamente antes de la llegada de la estación del amor y de la Semana Santa.[79]

Por otro lado, existe el peligro adicional, para el amante menos esclarecido, de elegir un mal intermediario, tema también clásico en numerosas historias de los derviches, de los falsos maestros y de las sociedades que se perpetúan como imitativas.[80]

El Arcipreste, típico ejemplo del aprendiz inexperto, no está exento de tal peligro, y ya en su segunda aventura cae en la inevitable trampa del practicante mal preparado:

> *E porque yo non podía con ella ansí fablar,*   113
> *puse por mi mensajero, coidando recabdar,*
> *a un mi conpañero. Sópome el clavo echar:*
> *el comió la vianda e a mí fazie rumiar.*

---

[79] Con respecto a esto, véase también, de James Burke, "Juan Ruiz, the *Serranas*, and the Rites of Spring", *Journal of Medieval and Renaissance Studies* V (1975): 13-35. En este artículo bastante convincente, Burke sugiere que el episodio alude a los ritos paganos conectados con el comienzo de la primavera, cuando a un período de inactividad le sigue uno de renacimiento de las fuerzas naturales. La interpretación es totalmente plausible, lo cual no contradice esta tesis, sino que aporta otra posibilidad en el múltiple universo alegórico de Juan Ruiz.

[80] Véanse "Finding a Teacher", "What a Sufi Teacher Looks Like" y "Self Deception" entre otros muchos subtítulos relacionados al tema, en el libro de Shah, *Learning How to Learn*.

Igual aventura sufre el andaluz Ibn Hazm, según nos relata en el *Collar de la paloma*,[81] incidente que el Arcipreste ha elaborado con su inconfundible toque humorístico: se llama asimismo "bestia burra" y, como buen aprendiz, se ríe de sus errores, decidiendo hacer por ello una trova cazurra.

5.4.4 El secreto

Otro motivo frecuente de la lírica cortesana y sus antecesores, que no podía faltar en el poema de Juan Ruiz, es la exigencia de mantener la relación encubierta, lo que va a ocupar varios versos, puestas en boca de don Amor.

Por ejemplo:

> *Si mucho le encelares, mucho fará por ti,*   567
> *do fallé poridat, de grado departí;*
> *de omne mesturero nunca me entremetí;*
> *a muchos de las dueñas por esto los partí.*

> *Como tiene tu estómago en sí mucha vianda,*   568
> *tenga la poridat, que es mucho más blanda;*
> *Catón, sabio romano, en su libro lo manda:*
> *diz que la buena poridat en buen amigo anda.*

Pero la idea de secreto en el *Libro* es ya palmaria en el comienzo (analizado en el capítulo 3), con su insistencia en la necesidad de ocultar algo verdadero tras el velo de las muchas veces mencionadas apariencias. Veámoslo más de cerca:

---

[81] Castro 426.

El "secreto" es un concepto susceptible de varias interpretaciones. Para empezar, hay que notar que la existencia de un enigma era extremadamente común en el medioevo europeo, indudable herencia de las filosofías espirituales del Oriente. Textos como el *Poridad de las Poridades (Secreto de los Secretos)* y otros en donde abundan las alusiones a lo oculto estaban ampliamente difundidos, y el equipo de Alfonso el Sabio no escatimó esfuerzos por traducir y reinterpretar todo texto esotérico, sea directamente del gnosticismo helenístico o a través del misticismo islámico. Ya en el *Calila*, la noción de un saber oculto se ve ilustrado en las historias del tesoro escondido (en la introducción de Ibn al Muqaffa), o en el origen del libro y los viajes de Burzoe. En la *General Estoria*, la narración de Burzoe no es parte original del *Calila*, sino una traducción de otras fuentes, lo que muestra que la idea de la existencia de un tesoro oculto, y su valor como analogía de algo valioso en el área espiritual y no fácilmente accesible, era lugar común en las literaturas de la época.[82] Castro ya describió en sus estudios la existencia de escuelas más o menos subterráneas; y hay evidencias asimismo de que la cábala era sumamente restricta, así como las sociedades alquimistas.[83]

---

[82] *Calila* 17.

[83] Véase Castro, 315-318:

> Los informes de don Lucas de Túy permiten vislumbrar la existencia de un brote de humanismo religioso y literario en la España cristiana del siglo XII, ahogado antes de que pudiera tomar cuerpo. Se han citado los nombres de Amalrico de Bénes y de David de Dinant, lo que demuestra que hubo gérmenes de cultura filosófica en León a fines del siglo XII; el pensamiento de aquellos extranjeros, introducido sin duda a través de religiosos franceses, estaba muy dentro de la tradición panteísta del misticismo neoplatónico, y relacionado igualmente con el foco toledano de cultura antes mencionado. Bénes y Dinant pueden

5.4.4.1 El secreto y la mujer en la lírica cortesana.

El "secreto" en la poesía amorosa tiene una realidad en la vida medieval, y especialmente en la islámica, en donde la obligación de proteger la honra de la dama y de su familia está fuertemente arraigada en la sociedad. Ya en el *Majnun y Layla*, el sigilo es necesario por la sanción social que existe sobre los amantes. De igual modo, en la poesía udhri que le sigue, ocultar la identidad de la dama para no comprometerla es un principio básico. Ibn Hazm dedica un

---

relacionarse lo mismo con Dionisio Areopagita, que con Avicebrón y Domingo Gonzalvo (Gundisalvus).

Si bien Castro aclara más adelante que "el sufismo pudo hallar vía libre en la Cataluña de Ramón Llull y no en Castilla", esto no significa necesariamente que no actuara en Castilla, sino que su presencia sería escondida, como lo ha sido tantas veces en diversas épocas y lugares. Sin duda no era conveniente para la empresa unificadora de Castilla, y debía ser erradicado. Castro continúa:

> El misticismo llevaba a la rebeldía y al particularismo político. El sufismo abarcaba desde las formas más altas de la mística hasta la milagrería populachera de santones y vagabundos.

Esta cita está respaldada por un hecho constante dentro del fenómeno sufí, (o dentro de cualquier otro movimiento auténtico) que es precisamente el brote de imitadores, que toman "la corteza en vez del meollo", y transforman lo que en principio era válido como instrumento de transformación, en una mera agrupación social que atrae a los buscadores de sensaciones. Esta fractura, imitación y pérdida del sentido original no niega de ninguna manera la existencia de un organismo realmente operativo. Ésta bien puede haber sido la situación en Castilla en el siglo del Arcipreste. Y más tarde dice:

> Del hervor del sentimiento religioso y de su expresión brotaban las actitudes personales y las sectas más varias, la interpretación esotérica (simbólica y alegórica) o exotérica (literal) del texto sagrado, el panteísmo, la indisciplina heterodoxa y social. Desconocemos los reflejos de ese aspecto del islam en tierras de Castilla, pero lo dicho antes basta para intuir hasta qué punto debió ser violenta la represión defensiva.

capítulo entero a "guardar el secreto" y otro a las consecuencias de divulgarlo.[84]

Es por esto que el poeta árabe se dirige a ella con el pronombre masculino, o le da un título masculino, *sayyidi*. De esta manera, podrá referirse libremente a "él" aunque piense en "ella".

Esta convención pasó a la poesía occitana con el nombre masculino de *midons* (mi Don) o *sidons*, en lugar de madona, o *donna*; a la poesía mariana con el título de *Senor*, al referirse a la Virgen, tal como hace el rey Alfonso en sus cantigas; y el mismo Arcipreste sigue la tradición al usarla en varias ocasiones, tales como esta:

> *Por cumplir su mandado de aquesta mi señor*   92
> *fize cantar tan triste como este triste amor;*

A pesar de las evidencias de este uso masculino en la poesía árabe-cortesana de Andalucía, algunos comentadores de la poesía trovadoresca han interpretado esta particularidad estilística nuevamente desde el prisma de la sociedad europea, interpretando el "senor" como una referencia al señor feudal y no a la dama. Luis Beltrán nos dice que el objetivo "era animar la relación amorosa de sentimientos análogos a los que, en la sociedad feudal, el vasallo debía sentir por su señor.[85] Pero la idea de que el vasallo sentiría tal incondicional amor por su señor suena muy improbable y de que el poeta transformara esta situación de sometimiento social en materia poética resulta más increíble aun, especialmente cuando tenemos la evidencia en la poesía del Islam, una sociedad no tan

---

[84] Ibn Hazm, *El collar de la paloma* 76-86.

[85] Beltrán 111.

rígidamente estratificada como la cristiana, de la existencia de una función diferentes. Naturalmente, el tratamiento masculino para proteger el honor de la dama es un mero *cliché*, pero importantísimo elemento que reflejaba un fuerte prejuicio social. Además, como veremos seguidamente, este motivo es susceptible de otro nivel de interpretación.

5.4.4.2 El secreto en las ciencias esotéricas

Ocultar la relación amorosa en el amor mundano es otra de las convenciones de las que se han apropiado los autores de las muchas historias sufíes y de las *Mil y Una Noches* para metaforizar una experiencia no mundana.[86] Su inserción en el poema del Arcipreste, tanto en los versos sobre la *poridat* como en su larga exposición sobre el meollo y la corteza del inicio del libro, también parecen formar parte de una multitud de valores que se relacionan de una manera u otra con los fundamentos del misticismo.

La palabra "secreto" tal como es usada en las escuelas esotéricas, y por su misma naturaleza (del griego *esoterikos* = íntimo o reservado a unos pocos adeptos), tiene una constelación de significados, todos más o menos ligados al concepto de algo que está oculto tras las apariencias, una supra-Realidad invisible por debajo, valga la contradicción, de una engañosa realidad cotidiana. La metáfora más corriente es el "velo" que la dama usa a fin de proteger su

---

[86] Ejemplo de tales historias abundan en los cuentos tradicionales y de origen oriental. Para una muestra de los diferentes aspectos del "secreto", véanse las historias en la colección de Shah, *A Veiled Gazelle*, "The Horse-Khan, Son of a Khan", 62-66; "The Boy who Had a Dream", 55-58; "His Lips are Sealed", 23-24; o "The Book of the Secrets of the ancients", 45-49.

identidad.[87]

Primeramente, la ocultación de las actividades o intereses de los adeptos existe, por supuesto, como medida de resguardo, ya que las escuelas gnósticas dentro y fuera del islam, han tenido que enfrentarse a incontables acusaciones de herejía, viéndose obligados a adoptar contraseñas, ademanes y palabras cifradas para proteger su identidad. En Europa, la situación era mucho más peligrosa. Basta recordar que el movimiento de los albigenses o cátaros, de arraigo neoplatónico y maniqueísta, fue suprimido con un vigor y crueldad sin precedentes, debido al esfuerzo en conjunto de la iglesia y el estado. El sufismo no es una excepción, y varios son los mártires que produjo el celo de los teólogos fundamentalistas. Aun en el momento en que escribo estas páginas, los que profesan tal doctrina son blanco de actos terroristas por parte de los movimientos islamistas y organizaciones yihadistas de inspiración *wahabbi,* en Egipto y otras regiones del Medio Oriente.

Hasta cierto punto, el que se embarca en una enseñanza de esta índole debe vivir en el mundo y evitar el apelativo de "lunático". Pero puede, en cambio, sublimar su "locura" en la poesía. Si el autor del *Libro* sentía, como estoy proponiendo, alguna identificación con las filosofías orientales, la necesidad de "secreto" tendría para él una realidad tangible.

Segundo, dentro de las doctrinas contemplativas, la norma es mantener la discreción para evitar el mal uso de los principios y técnicas que el no iniciado pudiera darles, con la consecuente aplicación de preceptos mal entendidos

---

[87] Tal vez la connotación negativa que tiene, en la sociedad occidental, el uso del "velo" entre las mujeres musulmanas, sea paralela a la reacción negativa que despierta el mero concepto de "secreto".

que resultan en una corrupción de su contenido interior. Este es uno de los motivos de la literatura codificada de la alquimia, la cábala, el sufismo y otras doctrinas emparentadas con el esoterismo. Los tratados de Geber (Jabir ibn al-Hayyam, de sobrenombre "el Sufí"), por ejemplo, considerado el padre de la alquimia, están escritos en una lengua tan cifrada que de ellos ha derivado la expresión "galimatías" (y *giberish* en inglés) para denotar un lenguaje oscuro y confuso.

Tercero, el conocimiento no puede ser regalado o dado indiscriminadamente. Tanto en el prefacio del *Calila* como en el comienzo del *Libro* se nos dice que sólo algunos entendedores podrán capturar el significado oculto de las historias.[88] Esta idea de exclusividad no se refiere a una *elite* intelectual que tiene acceso a ella por su posición social sino en razón de un genuino interés, preparación y merecimiento, de modo que el lector o estudiante podrá apreciar y usar lo que está encubierto sólo si lo gana, empleando sus facultades contemplativas y su habilidad por leer "las señales".

El Arcipreste hace hincapié en el trabajo que el lector debe poner para comprender: "trabaja do fallares/las sus señales ciertas" (68b); y si su libro es sobre el entendimiento, como avisa repetidamente, este debe ser extraído con arte y sutileza. El secreto, nuevamente, se protege a sí mismo.

Cuarto, el "secreto" es un término técnico que se refiere a la capacidad intuitiva del ser humano, que por estar

---

[88] En esta sección es el sabio Burzoe quien dice, acerca del libro: "Et tove que traía algo en él para quien le entendiese, et rogué a Dios por los oidores dél, que fuesen entendedores de las sus sentençias et del meollo que yaze en ellas". *Calila,* 121. Palabras semejantes usará Juan Ruiz en la apertura y el cierre de su obra, lo que indica la importancia que da a la consecución del *entendimiento.*

oculta bajo el velo del razonamiento o modo mental lineal, tiene las características de algo remoto, escondido y de difícil acceso. Resulta claro que toda la retórica de Juan Ruiz respecto al meollo y la corteza es para referirse a la existencia de una realidad que en general no es manifiesta y por tanto, en la práctica, permanece secreta. Pero, lo que es misterioso para algunos, es luz del día para otros.

Este principio de no divulgar el secreto como condición para mantener el vínculo con las fuentes del conocimiento fue un tópico que se trasladó a la ética cortesana (de allí el *trovar clus*). Más tarde sería aprovechada por los poetas místicos españoles y abunda en el poema "La noche oscura" de San Juan de la Cruz. Pero ya Juan Ruiz lo había absorbido, como vemos en su repetido concepto de la *poridat*.

5.4.5 La inaccesibilidad, el sufrimiento y sus causas

He comparado algunos puntos dentro de la temática del amor cortés–la folia o locura, el servicio incondicional, la maestría, la función del mensajero y el secreto– en el *Libro* y en sus posibles antecedentes en la literatura cortesana e islámica. Y de esta comparación surge que el significado metafórico de esos componentes en el sufismo ha dejado sus huellas en la obra del Arcipreste. Sin embargo, creo que *Libro* tiene un tema central, que es la angustia del amante que no consigue el objeto de su prolongada búsqueda, lo que más lo acerca a las escuelas de desarrollo interior.

El Arcipreste admite que su destino, como buen venusiano, es servir y no *recabdar*, como bien lo dijeran Catalán y Petersen al comentar varias estrofas de Juan Ruiz:

> [. . .] aunque sirve incansablemente a las damas, se ve siempre defraudado en sus aspiraciones por

causa de su hado, paralelamente al que estudia y no aprende, al que se ordena y no acaba en órdenes, al que arriesga su vida en las armas y termina no siendo caballero y al que sirve a un señor sin obtener mercedes.[89]

Este es, en efecto, el tema principal, y el que une el libro con la espiritualidad islámica, donde funciona como analogía del sentimiento originado por el anhelo de Dios no satisfecho. Tanto en la poesía de los iluministas como en la de los trovadores o en la mariana, la amada es un objeto alejado. Quien nunca la ha visto, la venera por su fama; quien la ha vislumbrado, por la gracia que de ella ha recibido. Por lo tanto, no es la situación del éxtasis que describe San Juan de la Cruz cuando el alma se encuentra con su amado en la noche oscura, porque el poeta udhrí, como el poeta trovador, como nuestro Arcipreste, están haciendo una poesía al objeto de su amor aun no alcanzado, y de ninguna manera está describiendo la unión espiritual ya conseguida. Es decir, este personaje es el buscador, y no el que ya ha encontrado. Es el derviche o practicante y no el sufí realizado. De ahí las *coitas*.

Si en la poesía cortesana la distancia podría atribuirse, a primera vista, al *status* de la dama, irreconciliable con el de su trovador; y en la mariana, a la propia naturaleza extraterrena de la Virgen, en el *Libro* la distancia sería esencialmente alegórica. No hay impedimentos sociales: varias de las damas tienen un rango social inferior al Arcipreste. Sus damas son dueñas guardadas, pero también panaderas promiscuas o moras remotas. El Arcipreste se obstina. Probará una y otra vez, de diversas

---

[89] Catalán y Petersen 86.

maneras, fiel a ese ideal en el cual se conjugan todos sus sentimientos, y como todo no iniciado, sufre momentos de fe y desesperanza, de regocijos y depresiones.

En primer lugar, él reconoce el placer que sería obtener el objeto de su amor:

> *Ca en mujer loçana, fermosa e cortés,*   108c
> *Todo bien del mundo e todo plazer es.*

Luego lamenta que los que nacen bajo el signo de Venus, como él cree haber nacido, tienen un grave problema:

> *Muchos nacen en Venus, que lo más de su vida*   152
> *Es amar las mujeres, nunca se les olvida;*
> *Trabajan e afanan mucho, sin medida,*
> *e los más non recabdan la cosa más querida.*

Esto es significativo, porque, de tomarlo literalmente, resulta obvio que no es verdad. No hay nada que indique que un hombre enamoradizo nunca consigue a la mujer amada. Aquí resulta más evidente que se refiere a otro tipo de "cosa más querida".

> *Ca, segund vos he dicho, de tal ventura seo*   180
> *que si lo faz mi signo o si mi mal asseo,*
> *nunca puedo acabar lo medio que deseo;*
> *por esto a las vegades con el Amor peleo.*

Este pesimismo volverá más tarde. Cuando don Amor describe a la mujer ideal, el Arcipreste piensa que tal perfección es demasiado lejana para él, y teme que el suyo va a ser un largo sufrimiento:

> *Yo, Johan Ruiz, el sobre dicho açipreste de Hita,*   575
> *pero que mi coraçón de trobar non se quita,*
> *nunca fallé tal dueña como a vos Amor pinta,*
> *nin creo que la falle en toda esta cohita.*

Esta estrofa sólo se nos presenta en la versión S del libro, lo cual bien podría indicar que el autor retocó su obra agregando elementos esenciales para la comprensión de su significado.

Los fallidos intentos que siguen–excepto por la aventura de Doña Endrina, que de hecho no le pertenece–corroboran su temor de no encontrar o no poder conquistar a la dama. Pero, si la distancia entre el Arcipreste y su dama no es una distancia impuesta por la sociedad, ¿por qué no *recabda*? Él mismo vuelve a hacerse esta pregunta, al reflexionar sobre los consejos de don Amor:

> *Partióse Amor de mí e dexóme dormir,*   576
> *desque vino al alva comencé de comedir*
> *en lo que me castigó; e, por verdat dezir,*
> *fallé que en sus castigos sienpre usé bevir.*

> *Maravilléme mucho desque en ello pensé,*   577
> *de cómo en servir dueña, todo tienpo non cansé,*
> *mucho las guardé sienpre, nunca me alabé,*
> *¿cuál fué la razón negra por que non recabdé?*

En primer lugar, el tema del padecimiento, según los principios y práctica sufí, no es independiente de los puntos nombrados arriba (locura, servicio, arte, maestría y discreción), porque la ausencia de los elementos "locura" (falta de constancia, de amor irrefrenable, y de una devoción total); "servicio a la dama" (poca generosidad); "arte y maestría" (ausencia de un guía apropiado); o "discreción" (no guardar el secreto), pueden ser fatales en la relación amorosa (el encuentro con la Verdad).

En el *Libro* abundan las alusiones a la torpeza muy propia del amante frente a la sutil tarea de la consecución de tal objeto de su deseo, y en esto se asemeja aún más a las historias-enseñanza del acervo iluminista, que insisten en que es menester una armonía de intenciones y un método adecuado. Si el amor es la energía que consigue la unión, todavía es necesario aprender la manera adecuada de acercamiento. El deseo no es suficiente. Bien dice Don Amor:

> *Quisiste ser maestro antes que disçípulo ser,*   427
> *e non sabes la manera cómo es de aprender.*

La necesidad de aprendizaje es el principio más elemental, al que los manuales sufíes dedican la mayor parte de sus páginas, para preparar al posible postulante o aspirante a la iluminación.[90]

Este aprendizaje, por lo tanto, es un subtema del libro, y los pecados capitales que elabora el Arcipreste, así como las sanciones morales que se deslizan aquí y allá, giran en torno a este pulimento del alma, al modo trovadoresco, a fin de llegar a la amada y hacerse merecedor de ella. Pero más elocuentes aún son las fallas que el Arcipreste admite, en diversas ocasiones, al no cumplir con las reglas del juego. Nótese que en su primer amor, en el *Ensiemplo de quando la tierra bramava* (coplas 98-103), se ilustra la poca generosidad del amante que promete mucho y da poco. La dama concluye:

---

[90] En el sufismo, "aprender a aprender" es una de las primeras normas, lo que dio el título al libro de Shah, *Learning how to Learn*.

> *E bien ansí acaesçió a muchos e a tu amo:*   101
> *prometen mucho trigo dan poca paja tamo.*
> *Çiegan muchos con el viento, vanse perder con mal rramo*
> *Vete; dil que me non quiera, que nol'quiero nil'amo.*

También deducimos que fue por falta de generosidad la pérdida de la "dueña encerrada" que el Arcipreste sufre en el tercer enamoramiento. En sus vesos destaca la serie de regalos no enviados, y contrasta con lo que sí le envió: unas cantigas que, como el poeta admite inmediatamente, eran vileza:

> *Cuidándola yo aver entre las benditas*   171
> *dávale de mis dones, non paños e non cintas,*
> *non cuentas nin sartal, nin sortijas, nin mitas,*
> *con ello estas cantigas que son deyuso escritas.*[91]

> *Non quiso reçevirlo, bien fuxo de avoleza,*   172
> *fizo de mi bavieca, diz: "non muestra pereza*
> *los omnes en dar poco por tomar grand riqueza;*
> *levadlo e dezidle que mal mercar non es franqueza.*

En la tradición sufí abundan las historias que ilustran a aquel postulante que promete de todo a fin de ser

---

[91] Algunos críticos han visto en el verso 171d," *con ello* estas cantigas", una afirmación de que los regalos fueron, de hecho, enviados. Pero la copla siguiente insiste en "dar poco", lo que confirma la sospecha de que no hubo tales regalos. Además, esto encaja con el sentido de otras historias ("Cuando la tierra bramava", coplas 98-104, o "Ensiemplo del garçón que quería cassar con tres mugeres", coplas 189-198) que enfatizan la diferencia entre lo prometido y lo realizado. Indudablemente, todo esto se conecta con el tema conductor del libro sobre lo aparente y lo real, y recuerda el dicho de la vieja del verso 946b: "Arcipreste, más es el roído que las nuezes".

aceptado en el círculo del maestro. Llegada la hora de probar su generosidad, muy a menudo se revela la naturaleza mezquina del individuo, lo que lo descalifica como aspirante a discípulo. Idéntico concepto es el de la historia XI relatada por Don Juan Manuel, "De lo que aconteció a un deán de Santiago con don Illán el gran maestro que moraba en Toledo",[92] en la que el sabio pone a prueba al visitante, creando una ilusión que revela la inadecuada preparación moral de éste para recibir el mágico aprendizaje que buscaba.[93]

La honestidad es también condición esencial de este aprendizaje, y la enseñanza iluminativa es una de las pocas cosas que no pueden ser "robadas". Como se asegura en la tradición esotérica, de poco sirve robar el anillo de Salomón si no se sabe cómo hacerlo funcionar. El "robo" está ilustrado en la fábula del ladrón y del mastín, donde el Arcipreste personifica al ladrón que quiere sobornar al perro con su "mal pan" y, consciente de haber cometido otro error de carácter, dice:

> *Començó de ladrar mucho, el mastín era mazillero:*
> *Tanto siguió al ladrón que fuyó de aquel çillero.*
> *Así conteció a mí e al mi buen mensajero*
> *con aquesta dueña cuerda e con la otra primero.* 178d

Entre las escuelas de desarrollo espiritual, la generosidad, como la humildad y la sinceridad, son medidas de conducta funcionales para lograr el máximo

---

[92] Historia similar se encuentra en *The Commanding Self*, Idries Shah, ("Revealing his True Nture) y en *The Magic Monastery* del mismo autor, quien recogió relatos sufíes de diversas fuentes antiguas.

[93] Don Juan Manuel, *El Conde Lucanor*, edición y notas de Carlos Alvar y Pilar (Palanco, Barcelona: Planeta, 1984).

grado de comprensión, y no tablas de salvación. Uno de los preceptos centrales al sufismo es que la Verdad, aunque busca al buscador tanto cuanto éste la busca a Ella (recordemos la historia "El acercamiento a Almotasín", de Borges), es esquiva cuando el acercamiento no es correcto. El aspirante no consigue lo que procura, o lo consigue momentáneamente, para luego evaporársele.[94] Lo que en los dogmas religiosos y moralistas se consideran pecados, para el sufí son apenas las "barreras" que separan al amante del Amado, y de allí la idea de un pulimento del alma, en el léxico de los gnósticos, que se transfirió a la ética trovadoresca como la práctica de "pulir el verso".

Finalmente, saber guardar el secreto es parte de las reglas del amor en la lírica udhri, cortesana y mística. En el *Libro*, el consejo de don Amor en las estrofas citadas más arriba viene muy a propósito, ya que en su primera aventura el desdichado Arcipreste había perdido a su dama por su indiscreción:

E segund diz Jhesu Cristo, non ay cosa escondida   90
que a cabo de tienpo non sea bien sabida;
fue la mi poridat luego a la plaça salida;
dueña, muy guardada fue luego de mí partida

---

[94] Shah dice, en *The Sufis,* Octogon, 125:

> Now the elusiveness of spiritual experience is glimpsed by the Seeker. If he is a creative worker, he enters the stage when inspiration enters him sometime, but not at other times. If he is subject to ecstatic experience, he will find that the joyous meaningful sense of completeness comes transitorily, and that he cannot control it. The secret protects itself: "Concentrate upon spirituality as you will–it will shun you if you are unworthy. Write about it, boast of it, comment upon it–it will decline to benefit you; it will flee. But, if it sees your concentration, it may come to your hand, like a trained bird. Like the peacock, it will not sit in an unworthy place.

5.5 Una única aventura

Si estos tópicos que vengo destacando no fueran tan prevalentes y repetidos en todo el poema como en realidad lo están, y además teniendo en cuenta las advertencias preliminares del poeta, podría concederse que se trata de una reelaboración de los temas del amor cortesano, o un adiós burlón a la moda trovadoresca, o el reflejo de una contradicción interna del propio autor, como la crítica ha propuesto. Pero lo cierto es que en el poema se conjugan estos tópicos que, vistos uno tras otros, van delineando poco a poco un panorama que guarda fuertes semejanzas con las corrientes esotéricas, y que, junto a las técnicas también típicas de la literatura iluminista, sugiere un padrón bien definido. En mi lectura, las huellas de la filosofía perenne que le llegara a J. R. vía Oriente están por doquier.

La más elocuente prueba del propósito alegórico del poema es su estructura repetitiva en torno a un tema único. No se trata, entonces, de muchas aventuras, una detrás de otra, sino más bien una singular con diferentes variaciones e ilustraciones diversas de un sólo hecho que es el acercamiento del Amante a su Amada. Lida de Malkiel advierte que:

> De las catorce aventuras del buen amor, cinco fracasan por negativa de la amada (77, 167, 1317, 1321, 1508), dos por su muerte (910, 1332), dos por perfidia o necedad del mensajero (112, 1622) mientras en las otras dos cantigas análogas, el poeta [. . .] se pinta a merced de las terribles serranas. La

única excepción es la aventura de don Melón [. . .], en ella el poeta no inventa sino que traduce.[95]

También Leo Spitzer ve la estructura como historias satélites de un núcleo central, diseño no accidental sino premeditado, y se pregunta:

> ¿Por qué en todas las historias de amor suceden siempre las mismas cosas, por qué el enamorado pretende las damas más distintas empleando siempre los mismos medios -envío de una tercera o de un tercero, de canciones amorosas, etc.? ¿Por qué las historias amorosas no están ordenadas conforme a un determinado principio psicológico de selección? Porque precisamente para nuestro autor no es importante lo psicológico; pinta una y otra vez nuevas ilustraciones del loco amor; ve un reino, valga la expresión, estático de seducción terrena, y el estado estacionario, el moverse sin salir de un sitio, la repetición de los mismos rasgos guarda relación con el hecho de que las historias amorosas particulares no se enhebren en un hilo psicológico, sino que se insertan en sentido radial en torno a una verdad central y autoritaria; cada narración simboliza en el fondo la verdad única [. . .]¿Qué es, pues, lo característico de este poeta tan chapado a lo medieval? Evidentemente su brío, su genio de expositor y narrador [. . .][96]

---

[95] Lida de Malkiel, *Selecciones* 249.

[96] Spitzer, 110.

Esta elocuente descripción necesita una elaboración: si estas historias se insertan en sentido radial en torno a una verdad central, lo que creo enteramente acertado, ¿cuál es el sentido de esa verdad central? Spitzer nos dice que son ilustraciones del loco amor ¿Es que entonces el Arcipreste dedica más de mil setecientas coplas al deseo hedonístico de *femea placentera*, o de complacencia en la seducción? Podríamos descansar en esta suposición a no ser por la casi constante indicación, a través de todo el libro, de una preocupación filosófica y espiritual.

Desde esta perspectiva veo que el constante vaivén entre anhelo y frustración del personaje de Juan Ruiz refleja, no un reino estático de seducción terrena, sino un reino dinámico de aspiración humana, una problemática que no sería ajena al hombre medieval, especialmente al español, crecido en un medio donde la inquietud espiritual estaba tan presente en toda aquella literatura llegada desde el Oriente. Recordemos un enunciado fundamental de aquellos textos: para el éxito en la consecución de un deseo de aprendizaje, dicen, se requiere constancia, desprendimiento y buen humor. Aquél que se ha embarcado en tal búsqueda podría verse identificado con las peripecias del Arcipreste.

5.6 Un acercamiento final. Amor vs. idolatría

La proposición que se desprende de lo que vengo exponiendo podrá sonar pesimista y descorazonadora, pues parece negar la posibilidad del triunfo al ser humano común que el Arcipreste representa. Sin embargo, hay en el libro, si no una línea ascendente, la posibilidad de un aprendizaje, que se pone de manifiesto al comparar las dos aventuras amorosas más memorables: el episodio de doña

Endrina y el de doña Garoza, que evidentemente se destacan de las demás.

A pesar de su extensión, el primero está fuera de los parámetros del amor ruiciano, según vemos en el estudio de G. B. Gybbon-Monypenny:

> [. . .] it is the only episode in which the lover meets with no disappointment of his aims, it is the only episode which is followed by a clear statement of the author's purpose in relating it, and it is the only one of the "auto-biographical" episodes which is in reality a paraphrase of a single existing literary model.[97]

A esto se puede agregar la falla en la continuidad que pone de manifiesto el estar relatando una aventura que le es ajena. Aunque el Arcipreste la introduzca en la narrativa como su vecina (596a) y Doña Endrina lo llame "mi amor de Fita" 845a), el hecho de que después del casamiento pronunciado por la mensajera volvamos a encontrar a un Arcipreste soltero y listo para nuevas andanzas prueba que la aventura es una inserción que, como las fábulas, tiene un sentido ejemplar. No se trata de una aventura autobiográfica o falsamente autobiográfica, sino de una traducción y recreación; una muestra, no de amor, sino de vileza, y que funciona a manera de contraste.

El propio narrador aclara:

> *Si villanía he dicho aya de vós perdón,*   891c
> *que lo feo de la estoria diz Pánfilo e Nasón.*
> [. . .]

---

[97] Gybbon-Monypenny, *"Dixe la por te dar ensienpro"* 123.

Entiende bien mi estoria de la fija del endrino: 909a
díxela por te dar ensienplo, <u>non porque a mí vino</u>.
[subrayado mío]

En otras palabras, la narrativa tiene la misma función que las tantas fábulas y cuentos que el autor decidió incluir para sus fines didácticos, y en palabras de Gybbon Monypenny:

> [. . .] his intention in adapting the *Pamphilus* seems to have been, partly at least, to demonstrate that this well-known plot could be made into an effective *exemplum*.[98]

En segundo lugar, y como ya ha sido notado, el triunfo de Don Melón no es una conquista de amor sino una violación, un amor robado y arrancado a la fuerza.

En el episodio de la monja doña Garoza, en cambio, hay una armonía no hallada en las otras aventuras. Mucho se ha debatido en torno a la verdadera relación entre Arcipreste y monja. Algunos creen ver claramente la conquista sexual de la monja.[99] Para otros, como Lida de Malkiel, no hay más que un amor platónico. Ella dice:

> [. . .] bajo la cubierta del nombre "infiel" [Garoza, en árabe "desposada"] se esconde la fiel desposada del Señor; tras la apariencia de devaneo mundano la conducta intachable, bajo el "habito e velo prieto", la blanca rosa.[100]

---

[98] Gybbon-Monypenny, *"Dixe la por te dar ensienpro"* 147.

[99] Ferraresi, *De Amor y poesía* 248.

[100] Lida de Malkiel, *Selecciones* 23 –24.

Para mi análisis, sin embargo, el debate no es muy relevante, ya que considero cada encuentro como un núcleo simbólico, en donde no interesa la carnalidad o el platonismo de la relación sino la <u>aceptación de la dama</u>:

> Resçibióme la dueña por su buen servidor   1503
> sienpre le fuy mandado e leal amador,
> mucho de bien me fizo con Dios en linpio amor,
> en quanto ella fue biva, Dios fue mi guiador.
>
> Con mucha oraçión a Dios por mí rogava   1504
> con la su abstinençia mucho me ayudava,
> la su vida muy linpia en Dios se deleitava,
> en locura del mundo nunca se trabajava.

Finalmente, tenemos aquí a un "buen servidor", leal y obediente, que recibe un limpio amor, no contaminado con los errores de un incorrecto acercamiento. La fuerte presencia de Dios en este episodio le ha llevado a Luis Beltrán a afirmar que se trata de un "triángulo a la divina", y comenta:

> En el nombre de Dios comenzó la aventura nuestro don Juan (1499a). [. . .]. Nueve veces aparece el nombre de Aquél a quien la amada del Arcipreste ha sido prometida, y nueve veces en el espacio de ocho coplas, durante las cuales la monja y Juan Ruiz se aman [...]. Carnal y Cuaresma se van sucediendo incesantemente entre estas dos criaturas prometidas a Dios.[101]

---

[101] Beltrán 346.

Para Beltrán, aquí no hay duda: amor carnal y amor divino coexisten. Y el nombre de Dios está exento del carácter paródico de otras estrofas de tono cazurro o sacrílego, o que permitían una lectura dupla. Aquí, por el contrario, el Arcipreste parece estar hablando simple y directamente, y toda la sección destila un cierto candor y deleite que difícilmente se hallaría en otra parte del poema.

Pero doña Garoza muere, dejando al Arcipreste nuevamente sólo, y una vez más nos cuenta de que la gracia que aquéllos "nacidos en Venus" buscan sin descanso, pocas veces les es otorgada, y cuando lo es, a menudo resulta apenas en un vislumbre pasajero: una muestra de lo que puede ser el verdadero vergel donde habita la *Sophia Perenne*, cuyo reflejo o vago recuerdo está sutilmente impreso en la memoria.

Resulta sugestivo el hecho de que, de todas las penas y decepciones por las que pasa el Arcipreste, incluyendo la pérdida de aquélla que mucho le ayudaba con su pureza, su abstinencia y sus ruegos, la verdadera tragedia del libro, si la hay, es la súbita muerte de la mensajera, a la cual le dedica un demorado planto. Nada más desconsolador para el amante que la muerte de su guía, porque sin él, o ella, se le reducen las esperanzas de que la puerta se le abra nuevamente.

Ahora bien: El "hado" que marca el destino del Arcipreste no le da tregua, y lo impulsa a continuar su derrotero, aun en ausencia de su guía. Después de otro inevitable revés, ya sin su fiel y experta vieja, el narrador vuelve a hablarnos de las apariencias, de cómo entender su libro, y se cierra el círculo con este leitmotiv con el que también lo comenzó. No resulta extraño que lo cierre aquí. Si antes, con su experta guía, el Arcipreste pudo a duras penas recoger un furtivo fruto ¿cuán más difícil sería ahora si quiera acercarse a su codiciado peral?

Sumada a esta visión alegórica que he sugerido sobre las cualidades, requisitos y accidentes del amor, creo que hay otra interpretación, no alternativa sino simultánea, que encierra una verdadera advertencia respecto a aquello que se opone entre el amante y su meta. Me refiero a la idolatría, que en la terminología sufí se define como el amor a un ente u objeto intermediario entre el ser humano y la divinidad. De la fábula de las ranas que pedían un rey a don Júpiter (199-205) se deduce esta falla humana: no contentos con Júpiter, las ranas clamaban por un rey a quien idolatrar, pero este objeto intermediario acaba siendo la causa de su propia perdición. Desde esta perspectiva, el "loco amor" es la idolatría.

Reiterando lo que ya expuse con anterioridad: este signo desdoblado del loco amor–como amor espiritual exaltado o como amor pasional por otro ser humano–perteneció originalmente a la literatura árabe espiritual. El mejor ejemplo es el poema de Jami, el *Yusuf and Zulaikha*, recreación del *José y Zuleica* relatado en la Biblia y en el Corán. Yusuf, en la versión de Jami, representa la perfección. Zulaikha se enamora perdidamente de Yusuf respondiendo a un intenso deseo de alcanzar la unión con Dios que había surgido en su alma durante un sueño; pero en el mundo real confunde el intermediario, Yusuf, con el Creador mismo. Según la ideología sufí, es este apego a lo exterior lo que impide ver lo esencial. El amor mundano, sostienen sus escritos, es un vehículo hacia el supremo, así como todo lo aparente tiende un puente hacia lo real. La idolatría es el término que indica esta confusión entre lo relativo y lo absoluto. Por eso Jami dice: "Cross that bridge as quickly as you can"; y Sanai: "It is surely the height of folly to linger on that bridge".[102]

---

[102] Hakim Jami 171.

El objeto de la búsqueda del Arcipreste es el *entendimiento*, como establece en el sermón inicial, pero una y otra vez se apega a su objeto intermediario, olvida las reglas del buen amor, y acaba insatisfecho. Una a una Juan Ruiz nos va relatando las aventuras de su Arcipreste, o las aventuras de otros personajes de las tantas fábulas insertadas, relatos que funcionan más bien como diagrama de los procesos mentales que de una u otra manera se interponen entre el buscador y el ente buscado. Vistos en conjunto, cada aventura, episodio o historia va a ser una pieza de un diseño mayor que es la representación de la psicología del aspirante a un conocimiento transcendental.

Huellas del sufismo en el Libro de buen amor

6: El mundo, los astros y el plan divino

Me he adentrado al enigmático *Libro de buen amor* por diversos senderos, con la finalidad de mostrar que, si bien la obra de Juan Ruiz es fruto del cruce de diversas tradiciones, hay sin embargo una voz de fondo que se hace escuchar insistentemente, y esa voz es afín a la de aquella filosofía perenne que ya había echado sus raíces en el misticismo islámico. A veces inequívocamente, otras veces de forma más sutil, es ésa la voz que yo he escuchado, que subyace bajo el chiste y la irreverencia, y que habla de una inquietud más trascendental que el aparente deseo de satisfacción sexual. En este contexto trataré ahora otro tema que, si bien es el último en el presente estudio, de ninguna manera cierra la lista de posibles paralelos con la tradición oriental. Me refiero a la postura existencial del Arcipreste respecto al mundo, y en especial a su tan discutida—y aparente, cree yo—contradicción en cuanto a la predestinación y el libre albedrío, dilema que ha ocupado la mente de los teólogos medievales tanto en Oriente como en Occidente y aún persiste en ciertos medios. Este tópico es especialmente relevante para entender cuál es la energía que impulsa al Arcipreste en su constante búsqueda del amor.

6.1 El carácter efímero del mundo

Algunos críticos han querido ver en el *Libro de buen amor* una especie de donjuanismo. Otros, entre tanto, ven la insinuación de la doctrina del *carpe diem* y la atribuyen a una reacción del hombre medieval agobiado por la rigidez del dogma eclesiástico cristiano. [1]

Hay varias razones que me llevan a pensar que no es así. Una muy obvia es que el *carpe diem* solo será un tópico recurrente en el Renacimiento y el barroco y no del siglo del Arcipreste. Pero la de más peso es la que he venido señalando en los capítulos anteriores:

Es menester contextualizar la obra de J.R. en su época, un siglo empapado en el pensamiento neoplatónico y cabalístico. Si damos igual peso a todas sus insinuaciones vemos que hay un empeño en demostrar que las cosas del mundo son engañosas o, en el mejor de los casos, pasajeras, relativas e inestables (ilustrado a un nivel narrativo por la fugacidad de sus amoríos, y a un nivel estilístico, por el constante "desliz" de un tema al otro) y de que esta fugacidad merece ser medida en relación a lo que es permanente , lo que para el autor es Dios y Jesucristo, y para los exponentes de la filosofía perenne es el Absoluto, o la Causa Primera.

Castro nota que el árabe y el español islamizado tenían la convicción de que el mundo, por unos y otros motivos, era un desfile de aspectos pasajeros y engañosos.[2] Tal convicción, lugar común en las filosofías del islam, deviene

---

[1] Graciela Cándano Fierro, *La Espina y la Rosa. La ambivalencia en torno al 'dogma' y al 'instinto' en el "Libro de buen amor"* (México: Universidad Autónoma de México, 1990) 12. La autora dice que

> [. . .] había llegado la hora de probar el reverso de la moneda: la nueva directriz consistió en incursionar en el terreno opuesto al de las imposiciones dogmáticas. Lo contrario al sentido trascendente de la vida era la mortalidad y, por lo tanto, lo pasajero, el presente que se tenía al alcance de la mano, lo aprovechable, aunque sólo fuera temporalmente.

[2] Castro 432.

directamente de las concepciones hermético-neoplatónicas del universo, las que insisten, como el sufismo, en que "lo único permanente en el mundo es la falta de permanencia". En las *Maqāmāt* de Al Hariri, Abu Zaid dice a su hijo:

> And turn on the stream of craft,
> so you may make the mill of livelihood go round.
> Ease your heart from distracting care
> if fortune is adverse,
> For the changing of events
> gives notice to man of life's uncertainty.[3]

Una dramática exposición de este tema aparece en el relato de las *Mil y Una Noches* "La ciudad de Bronce", donde se cuenta de unos viajeros conmovidos al leer las inmensas placas de metal que encontraron en esta ciudad deshabitada:

> ¡Entra aquí para saber la historia de los dominadores!
> ¡Todos pasaron ya!... ¡Los dispersó la muerte como a la paja el viento!
> [...]
> ¡La embriaguez de mi triunfo pasó cual el delirio de la fiebre, sin dejar más huella que la que en la arena pueda dejar la espuma!
> ¡Conserva tu alma! ¡Goza en paz la calma de la vida! ¡Aprende, viajero que pasas por aquí, a no enorgullecerte de las apariencias, porque su resplandor es engañoso![4]

---

[3] Al Hariri 251.

[4] *Las Mil y Una Noches*, 275.

El sentido de la evanescencia de las cosas del mundo y la caducidad del amor mundano podría haber llevado a la búsqueda incesante del placer terrenal con la conciencia de que estos son de corta duración pues el tiempo es breve (lo que ha inspirado los sonetos de seducción de poemas posteriores). Sin embargo, en el *Libro* se alude a la temporalidad del mundo apoyándose en la autoridad bíblica del libro de Eclesiastes ("Vanidad de vanidades y toda vanidad"); y este cuarteto no es paródico:

105
Como dize Salomón, e dize la verdat,
que las cosas del mundo todas son vanidat;
todas son pasaderas, vanse con la hedat,
salvo amor de Dios, todas son liviandat.

Como siempre, Juan Ruiz prontamente se desliza a lo mundano, advirtiendo que cortejar a una dueña que no le corresponde es una tontería, una pérdida de tiempo, una verdadera "vanidad" (lo que se envanece). Pero la burla y el juego de palabras, que tan bien le sirven para sacudir a su lector, no invalidan lo dicho anteriormente. Estamos nuevamente frente al dualismo entre lo relativo y lo absoluto, entre lo cotidiano y lo permanente. Si el *Libro* es un monumento al perspectivismo, y a la relatividad de la verdad, no significa esto que no se considere la existencia de la verdad última, ni su imposibilidad de llegar a ella, sino que es precisamente para llamar la atención hacia lo absoluto (representado por las figuras cristianas de Jesucristo o la Virgen).

Si todo lo que es relativo está una y otra vez contrapuesto a lo que es absoluto, y todo lo efímero se contrapone a lo perdurable, entonces lo absoluto y lo eterno cobran importancia en relación a sus opuestos.

Este es un tema capital dentro de las filosofías herméticas o del gnosticismo en general, que advierten que el hombre está en una posición paradójica y de fragilidad. Si el mundo es apenas un pálido reflejo e infiel espejo de lo real, el buscador no debe apegarse a él. Sin embargo (y esto es fundamental en el sufismo) tampoco debe apartarse de él, ya que en esta dimensión es donde reside su esperanza. Este principio está contenido en los dichos "lo conocido es el puente hacia lo desconocido", o "el mundo material es puente hacia el inmaterial o espiritual", como muestra la historia de amor *Yusuf y Zulaihka*.

6.2 La búsqueda del Arcipreste. Voluntad y Destino

El segundo aspecto de la posición filosófica de Juan Ruiz, que lo acerca a las de ascendencia hermética y sufí, es en lo que atañe al destino, el del ser humano en general, y el suyo en particular.

En primer lugar, hay que recordar que el signo o "fado" del Arcipreste determina no solamente su amor por las mujeres, sino—y especialmente—su fracaso con las mismas. De la misma opinión son Catalán y Petersen cuando expresan su sorpresa ante la tradicional afirmación de los críticos de que el autor-protagonista, por haber nacido en Venus, está destinado a amar, y aclaran: 'Las estrofas 152-154 no indican tal cosa. Según en ellas se expresa, el "signo" del autor-protagonista es amar y no conseguir (no "acabesçer")'. Y más adelante subrayan que, dada esta impotencia ante su destino, [. . .] la supuesta lección moral que una considerable cantidad de críticos modernos perciben en la "serie de fracasos" del protagonista queda vacía de significado o, a lo menos, adquiere uno más bien diverso.[5]

Este "sentido diverso" es a lo que me he referido en el curso de este estudio, al sugerir que la serie de repetidos fracasos en el amor es una alegoría de una búsqueda espiritual. Pero el punto que me ocupa en este momento es la persistencia de un Arcipreste amante ante un destino aparentemente implacable. Si en aquélla y otras ocasiones el protagonista nos informa que él está destinado a no conseguir lo que más quiere, por causa de un mal hado; y, en efecto, si el libro es una repetición de las mismas desventuras, y sin embargo el amante continúa su cruzada, cabe preguntarse, entonces, ¿por qué persevera? ¿qué papel tiene este "destino" en el libro de su vida, un aciago destino de amante no correspondido que parece haber sido dictado por su estrella? ¿qué lugar tiene la esperanza en esta inacabada historia?

Veo la respuesta en uno de los más discutidos pasajes del libro, que trata del poder de los astros frente al poder de Dios. Se trata de las coplas 123-139, en las que se narra el cuento de un rey moro y los cinco sabios "estrelleros" que pronosticaron acertadamente el futuro de su hijo a partir del signo zodiacal, en contraste con las coplas 140-152, en las que afirma el poder de las buenas acciones para mudar el rumbo del destino. Esta postura bifocal, nuevamente, ha sido vista a menudo como paradójica y ha llevado a varias conjeturas sobre la verdadera posición de Juan Ruiz respecto a este espinoso tema.

Sin embargo, el Arcipreste resuelve esta dicotomía. Y entre la fe cristiana en Dios que mantiene que el hombre es responsable por sus actos (conocer el bien y el mal y "elegir lo mejor") y la creencia popular oriental en las predicciones

---

[5] Catalán Petersen, 56-96.

astrológicas, avaladas por los "sabios de la antigüedad", dice él, y por su propia vivencia amatoria, hay un espacio donde la contradicción se resuelve.

En la primera parte, el Arcipreste habla del valor de la astrología y se apoya en la autoridad de los antiguos sabios, Ptolomeo y Platón (¿otro chiste de J. R.?):

> *Los antiguos astrólogos dizen en la çiençia*   123
> *de la astrología una buena sabiençia:*
> *qu'el omne quando nasçe, luego en su naçencia,*
> *el signo en que nasçe le juzgan por sentençia.*

A fin de confirmar esta idea, el autor nos muestra cómo los hombres se empeñan en diferentes empresas, pero a menudo son esfuerzos inútiles, pues muchos de ellos no consiguen lo que se han propuesto. La razón de esto, aclara el Arcipreste, no debe ser buscada sino en "el fado que les guía", o sea, la fuerza del destino que está regido por la ascendencia de los astros al nacer.

Siguiendo un diseño ya familiar, y que será utilizado en todo el libro, a este enunciado le sigue la anécdota ilustrativa del rey y los astrólogos.[6] Al nacer el hijo del rey, éste pido a cinco "estrelleros" que predigan la suerte que le espera al niño en su futuro. Los sabios profetizan una serie

---

[6] G. B. Gybbon-Monypenny, en las notas a su edición del *Arcipreste de Hita, Libro de buen amor* dice que "no se conoce otra versión que tenga la apariencia de un cuento oriental". Sin embargo, López Baralt, en su *Huellas del Islam*, 49, incluye un ensayo de Edgar Knowlton en el que se demuestra que una leyenda persa en torno a los horóscopos que levantan unos estrelleros al hijo único de un rey está mucho más cerca del relato del rey Alcaraz de la versión de Juan Ruiz que el epigrama latino "Hermaphroditus" que había sido indicado como posible antecedente.

de eventos catastróficos que llevarán al príncipe a su muerte, lo que enfurece al rey, quien manda encarcelar a los supuestos mentirosos. Pero pasados los años, el destino se cumple a través de una fatídica encadenación de accidentes (que habían sido correctamente previstos por los sabios) y el joven príncipe muere de todas las formas por ellos indicadas.

Ante tal evidencia, el rey (aunque no nuestro narrador) llega a una total convicción:

> *Desque vido el rey conplido su pessar,*   139
> *mandó los estrelleros de la prisión soltar;*
> *fizoles mucho bien e mandóles usar*
> *de su astrología en que non avié que dubdar.*

Sin embargo, al final de esta narrativa, que supone corroborar aquella porción de sabiduría que se nos había ofrecido unos versos atrás (y que le habría servido al Arcipreste para explicar su pésima suerte en el campo amoroso y la futilidad de luchar contra su tiránico hado, que le inclina a ser enamoradizo) declara, sin mucha transición:

> *Yo creo los estrólogos verdat naturalmente;*   140
> *pero Dios, que creó natura e açidente,*
> *puédelos demudar e fazer otramente,*
> *segund la fe cathólica yo desto [só] creyente.*

Es decir, si Dios creó las estrellas y con ellas el poder astrológico (la naturaleza) también creó el accidente, lo que se desvía de su curso natural y que puede alterar el destino. El narrador continúa por varias estrofas su defensa de la omnipotencia de Dios, a quien compara con el rey y con el Papa en su capacidad de hacer y deshacer, y concluye que:

> *Non son por todo aquesto los estrelleros mintroso* 150d
> *que judgan segund natura, por sus cuentos fermosos;*
> *ellos e la çiençia son çiertos e non dubdosos,*
> *mas non pueden contra Dios ir nin son poderosos.*

Por eso el Arcipreste pone sus esperanzas en Dios, en saber servirlo, y así poder recibir su gracia y escapar del triste destino que le había impuesto su estrella: el fracaso en el amor. El pase de lo general (el poder de las estrellas y el poder de Dios) a lo particular (su vivencia subjetiva) es también un estilo predilecto de Juan Ruiz.

Zahareas y Pereira observan:

> La polémica medieval de si Dios puede o no cambiar la prognosis de los astrólogos o lo que han determinado las estrellas [...] se ha integrado al nuevo contexto narrativo de un clérigo concubinario a quien esta polémica le afecta directamente –como protagonista y narrador.[7]

Algunos ven en este pasaje una indudable marca de la tradición musulmana. López Baralt, en el capítulo "Sobre el signo astrológico del Arcipreste de Hita', asegura que este pasaje del *Libro* es uno de los más fuertemente teñidos de *mudejarismo* de toda la obra, y se apresura a declarar que existe un determinismo astrológico que emana de la filosofía oriental.[8]

Otros ven en este vaivén entre el poder de los astros y el poder de Dios, y la creencia simultánea en dos tradiciones diferentes, (nótese que en la estrofa 140 hay un "Yo creo" y

---

[7] Zahareas y Pereira, *Itinerario*...67.

[8] Luce López-Baralt, 43-58.

un "Yo desto [só] creyente", refiriéndose a dos posiciones opuestas) un ejemplo más de la doctrina medieval de "la doble verdad". Finalmente, otros estudiosos ven en el libro la presencia simultánea de una mentalidad oriental y una mentalidad cristiana, con su énfasis en el libre albedrío, como reflejo de una realidad social, especialmente presente en la corte de Alfonso X.[9] Y que esta disyuntiva deviene de la tradición oriental. Parker observa que el islamismo nunca resolvió completamente el problema del destino frente a la voluntad individual.[10]

No es entonces el caso de que el Arcipreste esté ante tal disyuntiva. Por un lado establece una indiscutible jerarquía en la que Dios tiene la última palabra. Asegura que, en última instancia, todo depende de las acciones que el hombre haga para que Dios -que es más poderoso- cambie su destino.

Bien ansí nuestro Señor Dios, quando el çielo crió,
148 *Puso en él sus signos, e planetas ordenó;*
Sus poderes çiertos e juizios otorgó,
Pero mayor poder rretuvo en sí que les non dio.

Ansí que por ayuno e limosna e oraçión   149
e por servir a Dios con mucha constriçión,
non ha poder mal signo nin su costellaçión:
el poderío de Dios tuelle la tribulaçión.

Por otro lado, en la espiritualidad islámica tal contradicción no existe. La supuesta ambigüedad que se le atribuye a Juan Ruiz es una interpretación imprecisa de lo que es, intrínsecamente, una postura típica de las escuelas

---

[9] Zahareas y Pereira, *Itinerario* xxi-xxii.

[10] M. Parker 58.

de desarrollo interior, en que "libre albedrío" (voluntad individual) se combina con "entendimiento" y con "el Plan Divino" (voluntad de Dios). Los ejemplos son copiosos:

Rumi, en su *Masnavi*, trata el tema desde varios ángulos. Concede que el hombre está compuesto de compulsiones y de libre elección y que Dios le presenta la alternativa, pero también su preferencia.

En su poema "El ministerio de Dios reconciliado con el libre albedrío del hombre", Rumi comenta:

> Cualquiera que esté desconcertado
> por la vacilante voluntad
> Es que Dios ha susurrado en su oído
> Su enigma
> Para poder atarle en los cuernos
> de un dilema:
> Porque él dice: "¿Debo hacer esto o lo contrario?"
> También de Dios llega la preferencia
> de una alternativa;
> Es por el impulso de Dios que el hombre
> elige una de las dos.
> Si deseas sensatez en este desconcierto,
> No llenes de algodón el oído de tu mente.
> Saca del oído de tu mente el algodón
> de las malas sugerencias,
> Para que la voz celestial de las alturas
> pueda entre en él.
> Para que puedas entender ese enigma Suyo,
> Para que puedas ser conocedor de ese
> secreto abierto.[11]

---

[11] Rumi, *El Masnavi*, (Edicomunicación) 40-41. Estos versos son el comentario poético a la historia VI, Libro I: "Omar y el embajador".

Huellas del sufismo en el *Libro de buen amor*

El poeta asegura asimismo que el iluminado es aquél cuya voluntad concuerda con la Voluntad Divina, lo que el ilustra en su poema "Descripción de un santo cuya voluntad estaba identificada con la voluntad de Dios"[12]; y que algunas cualidades humanas son alterables mientras que otras no lo son.

En el poema de Rumi "Los argumentos de los Jabriyán, ("Los Fatalistas o Compulsionistas") dice:

> Los profetas respondieron,
> "En verdad Dios ha creado
> algunas cualidades en vosotros
> que no podéis alterar.
> Pero, Él ha creado otras
> cualidades accidentales,
> que, siendo criticables,
> pueden hacerse buenas.[13]

Haciéndose eco de un principio fundamental del sufismo, Rumi afirma, en su poema "Por qué el libre albedrío es bueno para el hombre", que la acción carece de valor si no es ejercida de libre voluntad:

> Dios dijo: Concede su grave petición,
> Amplía su facultad de acuerdo con
> su libre albedrío.
> El libre albedrío es como la sal para la piedad,

---

[12] Rumi 163. Comentario poético de Rumi a la historia XII, Libro III, "Las visiones contempladas por el Santo Duquqi".

[13] Rumi 169. Esta es la segunda glosa poética a la historia XIII, Libro III, "El pueblo de Saba".

De otra manera el mismo cielo sería motivo de compulsión.
[. . .]"
Si todos los hombres disolutos
fueran encerrados en prisión,
Todos sería benignos y devotos piadosos.
Cuando el poder de la elección está ausente
Las acciones no tienen valor.
¡Pero cuidado, no sea que la muerte
te arrebate tu capital!
Tu poder de elección es un capital
que produce beneficio,
¡Recuerda bien el día del recuento final! [14]

El Arcipreste, en un tono mucho más burlón, trata el mismo motivo hacia el final de su poema, cuando retorna al tema de cómo entender su libro:

Buena propiedat ha do quier que sea,   1627
que si lo oye alguno que tenga muger fea,
o si muger lo oye que su marido vil sea,
fazer a Dios servicio en punto lo desea.

No estoy sugiriendo que Juan Ruiz estuviera familiarizado con el Masnavi, obra en persa y poco conocida en occidentes hasta el siglo XVIII, pero sí que la posición dentro del sufismo sería conocida en la España musulmana. Las consideraciones del Arcipreste sobre el saber leer las señales ciertas, y escoger lo mejor, están ancladas en la filosofía representada por Rumi. También en

---

[14] Rumi 181,82. Comentario poético a la historia XV, Libro III, "El Hombre que pidió a Moisés que le enseñara el lenguaje de los animales".

el *Calila,* texto impregnado de material de la filosofía perenne, el problema de predestinación frente a la voluntad es un tema recurrente, y la solución es semejante a la que se deja ver entre líneas en el *Libro del Arcipreste.* Parker nos recuerda un relato del *Calila* muy ilustrativa al respecto:

> A final example of this theme occurs in Chapter XIV, which deals with a wolf who renounces the natural habits and practices of his kind and becomes an ascetic. One of the other wolves remonstrates: "Ca seyendo uno de nos, non te podrás cambiar de lo que eres, en non comer carne nin verter sangre." The ascetic wolfs insists that he can change "ca los pecados de los corazones son, e non por los lugares nin por las compañas".[15]

Esta historia contrasta con la de otro lobo, de origen sufí, que cuenta acerca de un rey que cría al animal desde pequeño para que se acostumbre a vivir entre los humanos. Pero un buen día, ya crecido, el lobo escucha el aullar de una manada que pasa por las cercanías, y sin titubeo escapa para unirse con los suyos. Los sufíes usan este conocido cuento para ilustrar que ciertas características humanas son determinantes (actúan como "predestinación") cuando no se realiza un cambio real en el ser del individuo (la muerte del falso "yo", también ejemplificada por una fábula de Rumi[16]), sino uno ficticio o superficial.

---

[15] Parker 58.

[16] Rumi, 64. Historia XI, Libro I, "El león que Cazó con el Lobo y la Zorra", seguido de la glosa poética titulada 'Hasta que el hombre destruye el "ego" no es un verdadero amigo de Dios'.

En el *Libro*, como en el *Calila*, se contrapone *destino, influencia astral y naturaleza* con *libre albedrío, Dios y esfuerzo individual*. Y se contempla, asimismo, la posibilidad y aun la necesidad de desafiar el primer compuesto de factores con el segundo, principio que se halla explícitamente expresado en la versión persa del *Calila*, las *Luces de Canopus*:

> Unceasing effort brings success;
> Fate, fate is all, let dastards wail;
> Smite fate and prove yourself a man;
> What fault if bold endeavor fail? [17]

La misma doctrina conciliatoria entre el poder de la naturaleza y el poder de Dios se encuentra en *El Caballero Zifar* (obra escrita poco antes de la primera versión del *Libro de buen amor*), lo cual no es de extrañar, ya que esta narrativa se nutrió de fuentes orientales; de hecho, es la reescritura de una historia de las *Mil y Una Noches*, con interpolaciones de otros textos orientales.[18]

Esta particular postura de aceptar la simultánea existencia de determinismo y libre albedrío no ha sido debidamente examinada; algunos se han apresurado a afirmar, por ejemplo, que la filosofía de los Hermanos de la Pureza era contradictoria. Baldick dice:

---

[17] Parker 60.

[18] *Libro del Caballero Zifar*. Ed., introd. y notas de Joaquín González Muela (Madrid: Castalia, 1982) 270. Entre otros datos, González Muela explica que el *Zifar* tiene mucho de magia, que elogia la secta herética de los albigenses y que muestra familiaridad con la obra de Llull.

> Although their eclecticism has incurred contempt (for example, in their self-contradictory espousal of free will and astrological determinism at the same time), they had an immense influence on the mystics of Islam. [19]

Pero el célebre Attar, en su *Recital de los Santos*, advierte: "The people of the world have a fixed destiny. But the spiritually developed receive what is not in their destiny".[20]

Esta enigmática frase no implica de ninguna manera una fe en la predestinación astrológica, que es normalmente negada entre los sufíes, sino que alude a la condición humana con su carga de herencia biológica y presiones culturales, además de otras condiciones cósmicas que, en la dimensión en que vivimos, nos limitan y nos someten a lo que simbólicamente se llama "sueño" o "prisión". Podemos acercarnos a este problema acudiendo a nuestra todavía precaria comprensión de la dinámica entre herencia biológica y ambiente. Aunque la moderna discusión considera que la segunda puede tanto atenuar como intensificar la primera, dentro de las escuelas esotéricas se mantiene que tanto los factores naturales como condicionamiento social producen un destino más o menos fijo: el hombre vive a merced de estas limitaciones, que lo mantienen en ese estado de semi consciencia, o semi vida, y se lo compara a menudo con aquél que vive permanentemente en una sala de espera, aunque lo niegue estruendosamente, como los prisioneros de la cueva de Platón. La Sabiduría, o factor liberador, sugiere Attar, no es parte natural del destino del común de la gente: es la

---

[19] Baldick, 51.

[20] Idries Shah, *Learning How to Learn*, 23.

excepción; el "accidente", lo que puede alterar su destino; en otras palabras, es el conocimiento que es otorgado sólo a quien ha "cambiado" y, por lo tanto, recibe "algo más", aquello que no está en su destino humano. El cambio sólo puede operar con la muerte del falso Ser, o muerte simbólica, aseguran los iluministas, lo cual se expresa en el dicho sufí "morir antes de morir", metaforizado en el mítico Fénix que renace para revivir en una nueva entidad: el ciclo alegórico de muerte y resurrección, o renovación.

Éste sería, por lo tanto, el significado subyacente a la cita bíblica, tema del sermón del Arcipreste: *Intellectum tibi dabo et instruam te in via hac qua gradieris; firmabo super te occulos meos*" (Te daré entendimiento y te instruiré en el camino, y fijaré mis ojos en ti).

El Arcipreste sabe que tiene un destino marcado por su hado, por el solo hecho de ser hombre-ente biológico, y vivir en el mundo, y admite, asimismo, que su prisión puede deberse tanto al destino como al comportamiento:

> *Ca, segund vos he dicho, de tal ventura seo*   180
> *que, si lo faz mi signo o si mi mal asseo,*
> *nunca puedo acabar lo medio que desseo;*
> *por esto a las vegadas con el Amor peleo.*

Pero cualquiera que sea su causa, a cada nuevo paso contempla la posibilidad de desafiar al destino, y declara que se puede salir de la desventura con el esfuerzo consciente para superar esos factores determinantes:

> *Ca puesto que su signo sea de tal natura*   160
> *como es este mío, dize una escriptura*
> *que "buen esfuerço vençe a la mala ventura",*
> *e "a toda pera dura grand tiempo la madura".*

El camino puede resultar difícil (el Arcipreste no lo aconseja). Pero si el amante no llega a conseguir su más ansiado anhelo, el ser amado, no por eso nuestro Arcipreste abandona su meta, o pierde el buen humor. Y si sus esperanzas se desvanecen, se contenta con su cercanía:

> *pero aunque omne non goste la pera del peral,*   154c
> *en estar a la sombra es plazer comunal.*

También en las *Maqāmāt* Abu Zaid aconseja a su hijo:

> Hunt for eagles, but if the chase should fail,
> content yourself with a tuft of feathers;
> Seek to pluck the fruit, but if that escapes you,
> be satisfied with the leaves.[21]

Obvia decir que Abu Zaid no se está refiriendo a un crudo logro materialista, sino al objeto del anhelo humano. Tampoco Juan Ruiz se refiere, en última instancia, a la consecución de un amor terrenal, cuando el Arcipreste declara igualmente su alegre y humilde disposición, al usar la analogía del peral, que guarda una asombrosa semejanza con la del escritor de Basra.

---

[21] Al Hariri 253.

Consideraciones finales

La comparación entre el libro de Juan Ruiz con textos conocidos en España durante la época de nuestro autor, llegados directamente de fuentes sufíes o indirectamente de otras que habrían recibido la influencia de aquéllas, revela una rica gama de coincidencias tanto en la temática central cargado de simbolismo como en las afines técnicas literarias, netamente oblicuas. Quisiera ilustrar este acercamiento que el autor del poema escogió para llevar su mensaje al lector con una historia atribuida al sufí Dul Nun el egipcio y recontada por el papa Silvestre II (al parecer discípulo del "arte sarraceno"):

> There was a statue with pointing finger, upon which was inscribed: "Strike on this spot for treasure". Its origin was unknown, but generations of people had hammered the place marked by the sign. Because it was made of the hardest stone, little impression was made on it, and the meaning remained cryptic. Dhun-Nun, wrapped in contemplation of the statue, one day exactly at midday observed that the *shadow* of the pointing finger, unnoticed for centuries, followed a line in the paving beneath the statue. Marking the place he obtained the necessary instruments and pried up by chisel-blows the flagstone, which proved to be the trapdoor in the roof of a subterranean cave which contained strange articles of a workmanship which enabled him to deduce the science of their manufacture, long since

lost, and hence to acquire the treasures and those of a more formal kind which accompanied them. [1]

La parábola, recontada por I. Shah en *Tales of the Dervishes,* era popular en los círculos de adeptos del norte de África y probablemente entre los españoles, gracias a la conexión entre los sufíes de Marruecos y los de Almería, de quienes el papa Silvestre II la habría aprendido. Es probable que relatos como éste y otros similares hubieran llegado a oídos de J.R. tal vez a una corta edad y en un medio ambiente absolutamente moro, como el de su posible ciudad natal, Alcalá la Real; o quizás más tarde, en su deambular por los arabizados escenarios de Toledo.

Creo que el autor de *Libro* se ha propuesto lo mismo: señalar hacia una dirección con un gesto entre burlón y serio, y encauzar la mirada hacia otra dirección con la propia sombra de aquel gesto, para aquellos que puedan verla.

Todos los elementos que he venido analizando, (la doble lectura del tema del amor, la repetición de un núcleo narrativo único, la dama como analogía de la búsqueda de la *Sophia Perenne,* las técnicas narrativas, el humor, el desliz y las ambigüedades, la insistencia en distinguir lo aparente y lo real, la posibilidad de desafiar el destino y otros más), vistos en conjunto, me han llevado a formular la tesis que enuncia que el *Libro* puede ser visto como un instrumento de enseñanza a la manera sufí.

Para tal afirmación me basé, primero, en lo que el texto mismo nos permite decir: que su intención y significado no están en lo aparente; segundo, en la mentalidad de un pensador medieval nacido en tierra española, en donde

---

[1] *Four Sufi Classics* (London: The Octogon Press, 1980)

campeaba el tema de la búsqueda (de un libro secreto, del árbol de la vida, del tesoro escondido, de la dama ideal); y finalmente, en los estudios comparativos.

Ahora bien, si Juan Ruiz halló inspiración en la filosofía sufí u otra con ella emparentada, el lector se preguntará, naturalmente ¿por qué no ha hecho una alusión más directa a tal doctrina, como lo hiciera Ramón Llull al comienzo de su libro? ¿por qué no ha dado una pista más clara, u ofrecido un nombre siquiera, o un título relevante, a fin de encaminar al lector para comprender el sentido de su poema, si éste es tal como lo estoy proponiendo?

En primer lugar, ello se debe a que los libros de doble lectura siguen a menudo un principio conocido entre los movimientos iluministas: "háblale a la puerta para que la pared escuche". El autor no le habría hecho justicia a la filosofía del "meollo y la corteza" si no hubiera sido extremadamente sutil, si hubiera hablado directamente en vez de hacerlo de esa manera tan desconcertante. Recordemos en aquellos célebres tratados medievales como el *Calila e Dimna*, *Las Mil y Una Noches*, las *Maqāmāt*, *El Caballero Zifar*, el *Disciplina*, el *Poridat*, la poética de Gonzalo de Berceo, y otras tantas, la expresa conexión con las fuentes de las escuelas esotéricas es esporádica. Con la excepción del vocablo "derviche"—que sí aparece frecuentemente en el palimpsesto oriental—las otras obras han sido más remisas a clarificarlo, aun cuando están absolutamente embebidas en pensamiento ascético musulmán. Si aceptamos que Juan Ruiz había absorbido esta doctrina largamente elaborada y hasta cierto punto secreta de éstas y otras fuentes, y bajo diferentes nombres que encerraban una única realidad ("el Credo del Amor", "la Gente de la Verdad", "los Maestros", "los Cercanos", los "Dignos de culpa", o la frase árabe *Mutassawif*), habría también adquirido la responsabilidad de mantenerla secreta, para que sea aprovechada por aquellos que la merezcan ("trabaja do fallares las sus señales çiertas", 68b), que la comprendan (*si la razón entiendes o en el sesso aciertas*, 68b), y que puedan hacer uso de ella (*entiende bien mi libro e avrás dueña garrida*, 64d).

En relación a lo que un escritor piense, pueda decir, o quiera decir, vale la pena leer esta observación de Al-Ghazzali, citada por Idries Shah en *Los Sufis*:

> El Hombre Perfeccionado tiene tres marcos de creencia: 1. El de su entorno; 2. El que comunica a los estudiantes de acuerdo con su capacidad de comprensión; 3. El que comprende mediante una experiencia interna, que solamente un círculo especial puede conocer.

Además, por obvias razones, el autor debió haberse sentido compelido a disfrazar muy bien su mensaje.

El sufismo, bajo los diferentes nombres en que actuaba en el siglo XIII, ya había sufrido serios ataques de parte de los propios Almohades, musulmanes fundamentalistas y básicamente ignorantes, que quemaron los libros de Al-Ghazzali y persiguieron a Ibn Masarra, una de las figuras más influyentes del misticismo peninsular, hasta que el mismo pasó a ser mayormente un movimiento clandestino.

Si la práctica sufí era reprobada en su propia tierra, ¿qué no sería del lado cristiano, especialmente si era adoptada por un representante del poder eclesiástico? J.R. habría tenido que cubrir su tan *mudejar* obra bajo un "tabardo" enteramente cristiano.

Con este estudio no pretendo dar una respuesta definitiva al problema literario que significa el *Libro de buen amor*, sino más bien mostrar otras avenidas de investigación que me parecen promisorias, ya que las numerosas razones que me han llevado a formular esta tesis raramente han sido abordadas individualmente y, que yo sepa, nunca han sido consideradas como parte de un todo orgánico, desde el comienzo de la crítica.

El Libro de buen amor es un libro sobre deseos y fracasos, y con algunos vislumbres del éxito prometido, pero sobre todo con una aspiración única y un objetivo de trascender las limitaciones humanas ¿No nos recuerda, acaso, a otro loco, el desastrado don Quijote, siempre procurando imposibles aventuras, y siempre errando, pero leal a su última meta de servir, y servir a su amada? ¿No resuena un eco del *Primero Sueño*, donde la voz poética de Sor Juana Inés de la Cruz narra una serie de fracasados intentos de llegar al conocimiento, con su águila/nave que se eleva para invariablemente volver a caer, destrozada, en la "mental orilla"? ¿Estaba nuestro Arcipreste tan mal preparado para esta empresa como lo estaría más tarde don Quijote? ¿O como lo están la mayoría de los seres humanos que buscan al Buen Amor, pero se encuentran con un repetitivo paisaje de espejismos sin saber cómo o dónde encontrarlo?

Nos encontramos ante un libro abierto, ante un laberinto de muchas entradas, un inacabable arabesco donde cada lector puede agregar a la malla su propio diseño. El autor no nos da la respuesta, pero tampoco nos cierra las puertas.

El Arcipreste, como el hidalgo caballero manchego, como la monja mejicana, nos habla de sus íntimos anhelos e aspiraciones y nos deja un interrogante, pero no por eso sugiere que el camino es infranqueable. Como afirmaría Jorge Luis Borges seis siglos más tarde, todo laberinto tiene una salida. Si hay una gracia salvadora en esta empresa, maravillosamente desplegada por Juan Ruiz en su delicioso poema, es la esperanza y el humor.

Huellas del sufismo en el *Libro de buen amor*

Agradecimientos

Debo mi mayor agradecimiento a la doctora Suzanne Petersen del Departamento de Romance Languages de la Universidad de Washington, quien fuera mi directora de tesis, trabajo que dio origen a este libro. Le agradezco su disposición para consultas, su entusiasmo, y su infatigable trabajo de leer y corregir concienzudamente las sucesivas versiones. Asimismo, a los miembros del comité de lectura y especialmente a la doctora Terri DeYoung del departamento de Near East Studies de la misma universidad, por introducirme al rico universo de la lírica islámica y preislámica, y a las deliciosas *maqāmāt* árabes. También estoy en deuda con el profesor Joseph T. Snow por su redacción de un muy acertado prefacio a este libro. A la doctora Rocío de Olivares Zorrilla de la Facultad de Filosofía y Letras de la UNAM, México le agradezco su valiosa información en cuanto a los diversos cruces de caminos de la cultura europea y la árabe en la España medieval.

Finalmente: a mi esposo Elwin Wirkala por su amor y su estímulo que alentó la escritura, tanto de la tesis original como de la presente edición. Mi trabajo se ha visto enriquecido por las muchas horas de conversación que mantenemos sobre un tema que resulta apasionante para los dos: las huellas del pensamiento sufí en el mundo occidental, su inserción en la llamada filosofía perenne, y las infinitas posibilidades que el pensamiento sufí pueda brindar a aquellos que, en palabras del poeta Robert Graves, poseen un "innato sentido del misterio central".

Seattle, octubre de 2020.

BIBLIOGRAFÍA SELECTA

Ediciones utilizadas

Juan Ruiz, Libro de Buen amor. Ed., introd. y notas de Alberto Blecua. Barcelona: Planeta, 1998.

Juan Ruiz, Arcipreste de Hita, Libro de buen amor. Ed. G. B. Gybbon-Monypenny. Madrid: Clásicos Castalia, 1988.

Juan Ruiz, Arcipreste de Hita, Libro de Buen Amor. Ed., Introd. y notas de Jacques Joset. Madrid: Espasa-Calpe, 1988.

Juan Ruiz, Libro del Arcipreste, también llamado "Libro de Buen amor. Edición Sinóptica de Anthony N. Zahareas (colaboración de Thomas Mc Callum). Madison: Hispanic Seminary of Medieval Studies, Ltd., 1989.

Obras de consulta

Actas. El Arcipreste de Hita. El libro, el autor, la tierra, la época. Actas del I Congreso Internacional sobre el Arcipreste de Hita. Dirección: Criado de Val. Barcelona: SERESA, 1973.

Alborg, Juan Luis. *Historia de la literatura española.* Vol. 1. Madrid: Gredos, 1966.

Alfonso, Pedro. *Disciplina Clericalis.* Trans. Eberhard Hermes. Berkeley: University of California Press, c 1977.

Al-Hamadhani, Badi al-Zamān. *The Māqamāt.* Trans. W. J. Prendergast y B. Litt. London: Curzon Press, 1973.

Al Hariri. *The Assemblies of Al-Hariri.* Retold by Amina Shah. London: The Octagon Press, 1980.

Alkhalifa, Waleed Saleh. "Impronta Árabe del Libro de Buen Amor". Universidad Autónoma de Madrid, 2003. www.hottopos.com/collat6/waleed.htm.

---. "El cuento del hijo del rey Alcaraz entre oriente y occidente". Incontro di culture. La narrativa breve nella romania medievale. Medioveo Romanzo, 30.2, 2006.

Alonso, Dámaso. "La bella de Juan Ruiz, toda problemas". Insula ,79 (1952), 3 y 11. *De los siglos oscuros al Siglo de Oro.* Madrid: Ed. Gredos, 1958. 96-99.

Alvar, Carlos y Angel Moreno. *La poesía lírica medieval.* Madrid: Taurus, 1987.

Arias, Consuelo. "El espacio femenino en tres obras del medioevo español: de la reclusión a la transgresión". *La Torre. Revista de la Universidad de Puerto Rico.* Año I, 3-4 (1987): 365-387.

Armstrong, Karen. *A Story of God.* New York: Alfred Knopf, 1994.

Asín Palacios, Miguel. *El Islám cristianizado. Estudio del sufismo a través de las obras de Abenarabi de Murcia.* Madrid: Plutarco, 1931.

---. *Obras escogidas,* Madrid: Escuelas de estudios árabes de Madrid y Granada, 1946.

Baldick, Julian. *Mystical Islam. An Introduction to Sufism.* New York: New York UP, 1989.

Banderas, César. "La ficción de Juan Ruiz," *PMLA* 88 (mayo 1973): 496-510.

Beltrán, Luis. *Razones de buen amor.* Madrid: Castalia, 1977.

Ben Meir Zabara, Joseph. *The Book of Delight.* Trans. Moses Hadas. New York: Columbia UP, 1960.

Benremdane, Ahmed. "Aspectos culturales árabo-musulmanes en el Arcipreste de Hita: El mudejarismo de Juan Ruiz y su influencia en Juan Goytisolo". *Primeras Jornadas. Estudios de Frontera Alcalá la Real y el Arcipreste de Hita, Congreso internacional celebrado en Alcalá la Real, del 22 al 25 de noviembre de 1995.* Alcalá la Real. 1995. 54-64.

Blackham, H. J. *The Fable as Literature*. London and Dover, New Hampshire: The Athlone Press, 1985.

Blecua, Alberto. "Nuevos Castigos al Buen amor. *Studies on Medieval Spanish Literature in Honor of Charles F. Fraker*. Madison: Hispanic Seminar of Medieval Sutides, 1995. xviii.

Bonilla y San Martín, Adolfo. *Una comedia latina del siglo XII (El "liber Panphili")*. Madrid: Boletín-Academia de Historia, 1917.

Borges, Jorge Luis. *Ficciones*, Madrid: Alianza, 1941.

Bueno, Julián L. *"La sotana de Juan Ruiz: Elementos eclesiásticos en el "Libro de buen amor"*. York, South Carolina: Spanish Literature Publications Company, 1983.

Burke, James. "The *Libro de Buen amor* and the Medieval Meditative Sermon Tradition". *La Corónica* 9 (1981): 122-27.

---. "Juan Ruiz, the *Serranas*, and the Rites of Spring". *Journal of Medieval and Renaissance Studies* V (1975): 13-35.

Calila e Dimna. Ed., introd. y notas de Juan Manuel Blecua y María Jesús Lacarra. Madrid: Castalia, 1984.

Cándano Fierro, Graciela. *La espina y la rosa. La ambivalencia en torno al 'dogma' y al 'instinto' en el "Libro de buen amor"*. Universidad Autónoma de México, 1990.

Cantor, Norman. *The Civilization of the Middle Ages*. New York: Harper Collins, 1993.

Cardona Castro, Ángeles. "La Mística sufí y su función en la mística española: De Ramón Llull a San Juan de la Cruz." *Santa Teresa y la literatura mística hispánica. Actas del I congreso internacional sobre Santa Teresa y la Mística Hispánica*. Dirección: Manuel Criado de Val. Madrid: EDI, l984. 150-160.

Carpentier, J. A. y Cosme. "La experiencia y la escatología mística de Santa Teresa y sus paralelos en el islam medieval de los sufis". *Santa Teresa y la literatura mística hispánica. Actas del I congreso internacional sobre Santa Teresa y la Mística Hispánica.* Dirección: Manuel Criado de Val. Madrid: EDI, 1984.

Castro, Américo. *Realidad histórica de España.* Mexico: Porrúa, 1954.

Catalán, Diego, y Suzanne Petersen. "Aunque omne non goste la pera del peral...". *Hispanic Review, Studies in Memory of Ramón Menéndez Pidal.* XXXVIII 5 (1970): 56-96.

Cervantes, Miguel de. *Don Quijote de la Mancha.* Notas de Martín de Riquer.Barcelona: Juventud, 1984.

Chapman, Janet A. "Juan Ruiz's Learned Sermon".*Libro de Buen amor' Studies.* Ed. G. B. Gybbon-Monypenny. London: Tamesis Books, 1970. 29-52.

Constantin, Gh. I. "Nasr ed-Din Khodja" chez les Turcs, les peuples balkaniques et les Roumains".*Der Islam* 43 (1967): 90-133.

Dagenais, John. *The Ethics of Reading in Manuscript Culture. Glossing the "Libro de Buen amor".* New Jersey: Princeton University Press, 1994.

Dangler, Jean."Vecina, adivina y/o prostituta en el *zajal* 84 de Ibn Quzman". Congreso homenaje a Joseph T. Snow: Dueñas, cortesanas y alcahuetas: *Libro de Buen Amor, La Celestina y la Lozana Andaluza,* ed. Francisco Toro Ceballos. Alcalá la Real, 2017.

Deyermond, Alan. *Historia y crítica de la literatura española, I. Edad Media.,* Barcelona: Crítica, 1980.

---. *Historia de la literatura española. La Edad Media, 1.* Barcelona: Ariel, 1976.

---. "Some Aspects of Parody in the *Libro de buen amor*". *Libro de Buen amor' Studies*. Ed. G. B. Gybbon-Monypenny. London: Tamesis Books, 1970. 53-78.

Don Juan Manuel. *El Conde Lucanor*. Ed. y notas de Carlos Alvar y Pilar Palanco. Barcelona: Planeta, 1984.

Dronke, Peter. *La lírica en la Edad Media*. Barcelona: Seix Barral, 1978.

Dunn, Peter N. "De las figuras del Arcipreste". *Libro de Buen amor Studies*. Ed. G.B. Gybbon-Monypenny. London: Tamesis Books, 1970. 79-93.

Encyclopedia of Arabic Literature, Ed. Julie Scott Meisami and Paul Starkey. London: Routledge, 1995.

Fatemi, Nasrollah S. "A Message and Method of Love, Harmony, and Brotherhood". *Sufy Studies: East and West. A Symposium in honor of Idries Shah's services to Sufi studies by twenty-four contributors marking the 700th anniversary of the death of Jalaluddin Rumi*. Ed. F. Rushbrook Williams. New York: Dutton and Co., 1973. 46-73.

Fatima, Rais. *Ghazal Under the Umayyads*. New Delhi, India: Kitab Bhavan, 1995, 83.

Ferraresi, Alicia C. *De amor y poesía en la España medieval: prólogo a Juan Ruiz*. México: El Colegio de México, 1976.

Ferreras, Juan Ignacio. *Las estructuras narrativas del "Libro de buen amor"* (Madrid: Endymion, 1999).

Flanagan, John T. "Long Live the Hodja". *Southern Folklore Quarterly* 33. (1969): 48- 53.

Fletcher, Richard. *Moorish Spain*. New York: Henry Holt and Co., 1992.

Fraker, Charles F. *The Scope of History. Studies in the Historiography of Alfonso el Sabio*. Michigan: The University of Michigan UP, 1996.

Frazer, Sir James. *The Golden Bough. A study in Magic and Religion.* Hertfordshire, Great Britain: Wordsworth Editions Ltd., 1922.

Galmés de Fuentes, Álvaro. *Épica árabe y épica castellana.* Barcelona: Ariel, 1978.

Garayalde, Giovanna. *Jorge Luis Borges: Sources and Illumination.* London: The Octagon Press, 1978.

García Gómez, Emilio. *Poemas Arábigoandaluces.* Madrid: Espasa-Calpe, 1959.

González-Casanovas, Roberto. "Mirrors of Wisdom in the Prologues to *Calila e Dimna*:Reception Models from Bidpai to Alfonso X". *Romance Languages Annual* 4 (1992): 469-77.

Goytisolo, Juan. *España y los españoles*, España: Lumen, 1979.

---. "El Arcipreste de Hita y nosotros". *"Contracorrientes"*, España: Montesinos, 1985.

Graves, Robert. Introduction. *The Sufis*, de Idries Shah. New York: Anchor Books, 1971.

---. *The White Goddess.* New York: Farrar, Straus and Giroux, 1893.

Guillaume, Alfred. *Islam.* (Londres: Penguin Books, 1954) 266.

Gybbon-Monypenny, G. B. "*Dixe la por te dar ensienplo*: Juan Ruiz's Adaptation of the Pamphilus". *Libro de buen amor' Studies.* Ed. G. B. Gybbon-Monypenny. London: Tamesis Books, 1970. 123-147.

Haboucha, Reginetta. *Types and Motifs of the Judeo-Spanish Folktales.* New York: Garland, 1992.

Hourani, Albert. *A History of the Arab Peoples.* Cambridge: The Belknap Press of Harvard UP, 1991.

Ibn Hazm. *The Ring of the Dove.* Trans. A. J. Arberry. London: Luzac, 1953.

---. *El collar de la paloma* de Ibn Hazm de Córdoba. Trad. Emilio García Gómez (Madrid: Sociedad y Publicaciones, 1952).

Jami, Hakim. *Yusuf and Zulaikha.* Ed. and trans. David Pendlebury. London: The Octagon Press, 1980.

Jewish Encyclopedia. Ed. David Bridger. New York: Behram House, 1962.

Joset, Jacques. *Nuevas investigaciones sobre el "Libro de buen amor".* Madrid: Cátedra, 1988.

Jurado, Alicia. *Genio y Figura de Jorge Luis Borges.* Buenos Aires: Editorial Universitaria, 1966.

Kalilah and Dimnah, or The Fables of Bidpai. Trans. Wyndham Knatchbull. Oxford: W. Baxter for J.Parker, 1819.

Khairallah, As'ad. *Love, Madness and poetry. An Interpretaion of the Magnun Legend,* Beirut: Oriental Institut, 1980.

Keller, John. "The literature of Recreation: *El libro de los engaños*". *Hispanic Medieval Studies in Honor of Samuel G. Armistead.* Ed.E. Michaele Gerli and Harvey Sharrer. Madison, 1992. 193-200.

---. "Moses Sephardi's *Disciplina Clericalis*: Jest or Earnest?". *Jewish Culture and the Hispanic World. Essays in Memory of Joseph H. Silverman.* Ed. Samuel Armistead and Michale Caspi. Newark, Delaware, c2001. 214-223.

Kinkade, Richard. "Arabic Mysticism and the *Libro de Buen Amor*".*Estudios Literarios de Hispanistas Norteamericanos dedicados a Helmut Hatzfeld con motivo de su 80 aniversario.* Ed. Joseph M. Solá-Solé, Alessandro Crisafulli y Bruno Damiani. Barcelona: Hispam, c 1974.

Koen-Sarano, Matilde. *Djoha Ke Dize? Kuentos populares judeo-espanyoles.* Israel: Kaza editora Kana, 1991.

Lacarra, María Jesús, y J. F. López Estrada. *Historia de la literatura española: Orígenes de la prosa.* Madrid: Jucar, 1993.

Las Mil y Una Noches. Prólogo de Teresa Rhode. México: Porrúa, 1986.

Lecoy, Felix. *Recherches sur le Libro de buen amor de Juan Ruiz, Arcipreste de Hita*. Paris: Librairie E. Droz, 1938.

Le Guellec, Maud. "Posturas e imposturas autorales en el *Libro de buen amor*" *El autor oculto en la literatura española, siglos XIV a XVIII*. Madrid, Casa Velazquez, 2014.

Libro del Caballero Zifar. Ed., introd. y notas de Joaquín González Muela. Madrid: Castalia, 1982.

Libro de los Engaños (Sendebar). Ed. María Jesús Lacarra. Cátedra, 1989.

Lida de Malkiel, María Rosa. *Selección del Libro de buen amor, y estudios críticos*. Buenos Aires: EUDEBA, 1973.

---. "Nuevas notas para la interpretación del *LBA*". *NRFH* 13 (1959): 17-82.

Landau, Rom. *The Philosophy of Ibn Arabi* (New York: Macmillan, 1959).

López-Baralt, Luce. *Huellas del Islam en la Literatura Española*. Madrid: Hiperión, 1985.

---. *Islam in Spanish Literature; from the Middle Ages to the present*. Trans. Andrew Hurley. Leiden: N. Y., 1992.

---. "Juan Ruiz y el morisco Tarfe, Galanes de la *dueña chica*", Congreso en Homenaje a Allan Deyermond (Alcalá la Real, 2007).

Lovera, Carmen y Francisco Toro Ceballos. "Origen Andaluz de Juan Ruiz", *XIV Certamen internacional de Poesía Arcipreste de Hita*. Ed. Francisco Toro Ceballos, Alcalá la Real: Diputación Provincial de Jaén, 1993.

Llull, Ramón. *Libro de Amigo y Amado*. Trad. y notas de Martín de Riquer. Barcelona: Planeta, 1985.

García de Paz, José Luis. "Unas notas sobre el Arcipreste de Hita".*Alcarría,* Ciudad de Guadalajara, Mayo 2002 http://www.alcarria.com/fita.cfm?body=yes&key=14.

Marquez Villanueva, Francisco. *Relecciones de literatura medieval.* Sevilla: Universidad de Sevilla, 1977.

Markus, R. A. "Augustine, St." *The Encyclopedia of Philosophy.* 4 vols. Ed. Paul Edwards. New York: Macmillan Publishing Co., 1972. 198-207.

Martínez, Esther. "La estructura circular del *Libro de buen amor*". *Asociación Internacional de Hispanistas I.* Irvine: University of California, 1994.

McGilchirst, Iain. *The Master and its Emissary. The Divided Brain and the Making of the Western World.* Yale University Press, NewHaven and London, 2009.

Menéndez Pidal, Ramón. *Los españoles en la historia.* Introd. Diego Catalán. Madrid: Espasa-Calpe, 1982.

---. *Poesía árabe y poesía europea.* Buenos Aires: Austral, 1946.

---. *España, eslabón entre la cristiandad y el islam.* Madrid: Espasa-Calpe, 1956.

---. *Poesía juglaresca y orígenes de las literaturas románicas.* Madrid: Instituto de estudios políticos, 1957.

---. "La primitiva lírica europea. Estado actual del problema". *Revista de Filología Española,* XLIII, 1960.

Menocal, María Rosa. *The Arabic Role in Medieval Literary History.* Philadelphia: UP, 1987.

Mettmann, Walter. *Cantigas de Santa María.* 3 vols. Madrid: Clásicos Castalia, 1986.

Michael, Ian. "The function of the Popular Tale in the LBA", *Libro de Buen amor' Studies.* Ed. G. B.Gybbon-Monypenny. London: Tamesis Books. 177-218.

Molho. M. *Actas del VII Congreso de la A. I. H.* (Providence, Rhode Island: Brown University, 1983) 317-322.

Monroe, James. *The Art of Badi az-Zamān al Hamadhani as Picaresque Narrative.* Beirut: American University of Beirut, 1983.

---. "Elementos de la literatura árabe en la estructura del *Libro de buen amor*". (Al-Qantara XXXII 1, enero-junio 2011).

Montes Romero-Camacho, Isabel. "Judíos y Mudéjares en Andalu-cía (s. XIII-XV)". *Un intento de balance historiográfico, Minorías étnico-religiosas na Península Ibérica* (Centro Interdisciplinar de Historia, Culturas e Sociedades da Universidad de Évora. Publicações do Cidehus, 2008).

Morreale, Margherita. "Más apuntes para un comentario literal del *Libro de buen amor*," HR XXXVII (1969): 162.

Muller, Heber. *The Loom of History.* New York: Harper & Brothers, 1961.

Mussons, Ana María. "Locura y desmezura de la lírica provenzal a la gallego-portuguesa". *Revista de literatura Medieval I*, Madrid: Gredos, 1989.

Myers, Oliver. "Form in the *Libro de buen amor*," PQ 51 (enero 1972): 74-84.

Nicholson, Reynold A. *The Mystics of Islam.* London: Penguin-Arkana, 1989.

---. *Translations of Eastern Poetry and Prose,* London: Cambridge UP, 1922.

Nojgaard, Morten. "The moralization of the fable: from Aesop to Romulus." *Medieval Narrative: A Symposium.* Odense: Odense UP, 1979.

Nunes, José Joaquim. *Cantigas de Amor dos Trovadores Galego Portugueses.* Lisboa: Centro do Livro Brasileiro, 1972.

Nykl, A. R. *Hispano-Arabic Poetry and its relations with the Old provençal Troubadours*. Baltimore: Furst Company, 1946.

---. *Historia de los amores de Bayad y Riyad, una chantefable oriental en estilo persa* (New York: The Hispanic Society of America, 1941).

Olivares Zorrilla, Rocío. *La imagen luminosa en dos obras de Gonzalo de Berceo*. México, Sindicato de Trabajadores Académicos de la Universidad Autónoma Chapingo, 1991 (Col. Quehacer Académico, Serie Humanidades, 2).

Ornstain, Robert. *Psicology of Consciousness*. New York: Penguin Books, 1986.

Palafox, Eloísa. *Las éticas del exemplum. Los "Castigos del rey don Sancho IV," el "Conde Lucanor" y el "Libro de buen amor"* (México: UNAM, 1998).

Parker, M. *The Didactic Structure and content of "El libro de Calila e Digna"*. Miami: Ed. Universales, 1978.

Paz, Octavio. *Sor Juana Inés de la Cruz o Las Trampas de la Fe*. México: Fondo de Cultura Económica, 1983.

---. *The Double Flame. Love and Eroticism*. Trans. Helen Lane. New York: Harcourt Brace, 1995.

Pines, Shlomo. "Maimónides", *The Encyclopedia of Philosophy*, vol. 5 (New York: Macmillan Publishing Co., 1972) 129-130.

Reynal, Vicente. *El Buen amor del Arcipreste y sus secretas razones*. Alcácer, Valencia: Ediciones Humanitas, 1982.

---. *Las mujeres del Arcipreste de Hita. Arquetipos femeninos medievales*. Barcelona: Puvill, 1991.
Ribera, Julián. *Orígenes de la filosofía de Raymundo Lulio*. Cornell
University Library. Del Hom. A M. M. Pelayo. M., 1899.

Rico, Francisco. "'Por aver mantenencia," El aristotelismo heterodoxo en el *LBA'*.*Homenaje a J. A. Marava*. Madrid, 1985. 271-297.

---. *El Pequeño Mundo del Hombre. Varia fortuna de una idea en las letras españolas*. Madrid: Castalia, 1970.

Rivas, Enrique de. *El simbolismo esotérico en la literatura medieval española. (Antología)*. Mexico: Trillas, 1989.

Rodríguez Puértolas, Julio. "Horizonte literario en torno al Arcipreste de Hita: Un hombre y un libro fronterizos". *Primeras Jornadas. Estudios de Frontera Alcalá la Real y el Arcipreste de Hita, Congreso internacional celebrado en Alcalá la Real, del 22 al 25 de noviembre de 1995*: 561-567.

Rougemont, Denis de. *Amor y Occidente*. p. 8-9. Editorial Kairos, 1993.

Rumi, Jalálu-'D-Dín Muhammad. *The Masnavi*. Trans. E. H. Whinfield. London: The Octagon Press, 1994.

---. *El Masnavi. Las enseñanzas de Rumi*. Trad. Alberto Manzano y María Marrades (Edicomunicación, Barcelona, 1998).

Sadiq, Sabid. "Otros ecos árabes en el *Libro de buen amor*". *Congreso homenaje a Jacques Joset,* Alcalá la Real, 2011.

Sáenz, Emilio y José Trenchs. "Juan de Cisneros (1295/1296-1351/1352) autor del buen amor". *Actas del I Congreso internacional sobre el Arcipreste de Hita* Barcelona: SERESA, 1973. 365-368.

Sánchez-Albornoz, Claudio. *El islam de España y Occidente,* Espasa Libros, 1981. Colección Austral.

Schimmel, Annemarie. *Mystical Dimensions of Islam*. North Carolina: North Carolina UP, 1993.

Scholberg, Kenneth R. *Sátira e invectiva en la España medieval.* Madrid: Gredos, 1971.

Bibliografía

Scordilis Brownlee, Marina. *The Status of the Reading subject in the "Libro de Buen Amor"*. North Carolina: North Carolina Studies in the Romance Languages and Literatures, 1985.

Scott, Ernest. *The People of the Secret.* Introd. Colin Wilson. London: The Octagon Press, 1985.

Seidenspinner-Nuñez, Dayle. *The Allegory of Good Love: Parodic Perspectivism in the "Libro de buen amor".* Berkeley-Los Angeles-London: University of California Press, 1981.

Shah, Idries. *A Perfumed Scorpion.* London: The Octagon Press, 1978.

---. *A Veiled Gazelle. Seeing how to See.* London: The Octagon Press, 1985.

---. *Caravan of Dreams.* London: The Octagon Press, 1988.

---. *Las Hazañas del Incomparable Mulá Nasrudín.* Ed. Paidós, 1991.

---. *Learning How to Learn.* San Francisco: Harper & Row, 1981.

---. *Los Sufís.* Barcelona: Editorial Kaidos, 6ta. Edición, 2008.

---. *Reflections.* London: The Octagon Press, 1978.

---. *Seeker After Truth.* London: The Octogon Press, 1990.

---. *Special Illumination: The Sufi Use of Humor.* London: The Octagon Press, 1980.

---. *Tales of the Dervishes.* The Octagon Press, 1984.

---. *The Book of the Book.* London: The Octagon Press, 1970.

---. *The Dermis Probe.* London: The Octagon Press, 1993.

---. *The Pleasantries of the Incredible Mulla Nasrudin.* London: The Octagon Press, 1983.

---. *The Sufis.* Introd. Robert Graves. New York: Penguin, 1964.

---. *The Way of the Sufi.* N. Y.: E. P. Dutton, 1970.

---. *Wisdom of the Idiots.* London: The Octagon Press, 1979.

Sheikh, Saeed. *Islamic Philosophy.* London: The Octagon Press, 1962.

Snow-Joseph-Thomas. "Las dueñas del libro de Buen Amor". *Actas de las IV Jornadas Internacionales de Literatura Española Medieval.* Buenos Aires, Universidad Católica Argentina, 1993.

Spitzer, Leo. "En torno al arte del Arcipreste de Hita". *Lingüística e historia literaria,* Madrid: Gredos, 1955. 103-160.

Tate, R. B. "Adventures in the sierra.". *Libro de Buen amor' Studies.* Ed. G . B.Gybbon- Monypenny. London: Tamesis Books, 1970. 219-230.

The Anwar-iSuahili or, Lights of Canopus, commonly known as Kalilah and Damnah. Adapted by Mulla Husain Bin'Ali Al Wai'z-al-kashifi from the fables of Bidpai. Trans. from the Persian by Arthur N. Wollaston. London: Murray, 1904.

Todorov, Tzvetan. *The Poetics of Prose.* Ithaca, NY: Cornell University Press, 1977.

Tornedo Poveda, Emilio. "El libro de buen amor y los libros árabes de buen amor". Anaquel de Estudios Árabes. vol. 20. Dpto. de Estudios Árabes e Islámicos Universidad Complutense de Madrid, 2009.

Underhill, Evelyn. *Mysticism, A Study in Nature and Development of Spiritual Consciousness.* (Evinity Publishing, 2019).

Varvári, Louise. "Peregrinaciones por topografías pornográficas en el *Libro de buen amor*". *Actas del VI Congreso Internacional de la Asociación Hispánica de Literatura Medieval, I.* Alcalá de Henares: Servicio de Publicaciones, Universidad de Alcalá, 1997.

Villanueva, Francisco M. "Alfonso X of Castile, the Learned King". International symposium. Harvard University, 1984. 86.

Walker, Roger M. "*Con miedo de la muerte la miel non es sabrosa:* Love, Sin and Death in the Libro de buen amor". *Libro de Buen amor' Studies.* Ed. G. B. Gybbon-Monypenny. London: Tamesis Books, 1970. 231-252.

Wirkala, Rita. "Don Quijote, Sancho Panza y el Mulá Nasrudín". *Working Papers in Romance Languages and Literatures* IV(1999-2000):113-130.

---. "El camino del Amor en el anónimo *No me mueve, mi Dios, para quererte*". JAISA 1.2 (1996): 89-102.

---. "La mujer en la literatura medieval peninsular: ¿Misoginia general o lectura superficial?". *Torre de Papel* IX.3 (1999): 99-132.

---. "Senhora que é das aguas. Paganismo y misticismo en las Cantigas de Alfonso el Sabio". *Romance Linguistics and Literature Review* 9 (1997): 51-65.

Zahareas, Anthony N. *The Art of Juan Ruiz, Archpriest of Hita.* Madrid: Estudios de Literatura Española, 1965.

Zahareas, Anthony N., y Oscar Pereira. *Itinerario del "Libro de buen amor".* Madison: Seminary of Medieval Studies, Ltd.,1990.

---. *La Función Histórica del Arte del "Libro del Arcipreste".* Madison: Seminary of Medieval Studies, Ltd., 1990.

www.ingramcontent.com/pod-product-compliance
Lightning Source LLC
Chambersburg PA
CBHW070529010526
44118CB00012B/1077